股权架构设计

法律、税务及30个实用场景

陶丽洁 张超 曹一坤 / 著

图书在版编目（CIP）数据

股权架构设计：法律、税务及30个实用场景 / 陶丽洁，张超，曹一坤著. -- 北京：企业管理出版社，2024. 11. -- ISBN 978-7-5164-3169-6

Ⅰ. F271.2

中国国家版本馆CIP数据核字第2024NZ7618号

书　　名：	股权架构设计：法律、税务及30个实用场景
书　　号：	ISBN 978-7-5164-3169-6
作　　者：	陶丽洁　张超　曹一坤
策　　划：	蒋舒娟
责任编辑：	刘玉双
出版发行：	企业管理出版社
经　　销：	新华书店
地　　址：	北京市海淀区紫竹院南路17号　邮　　编：100048
网　　址：	http://www.emph.cn　电子信箱：metcl@126.com
电　　话：	编辑部（010）68701661　发行部（010）68417763 / 68414644
印　　刷：	北京厚诚则铭印刷科技有限公司
版　　次：	2024年11月第1版
印　　次：	2024年11月第1次印刷
开　　本：	710毫米×1000毫米　1/16
印　　张：	16.75印张
字　　数：	325千字
定　　价：	78.00元

版权所有　翻印必究　·　印装有误　负责调换

PREFACE 序

在我们多年为公司提供法律服务的过程中，股权及股权架构是十分常见的咨询主题。客户咨询时问题的切入点各异，包括但不限于大股东持有多少股权比例合适，股东之间该怎么分配股权，持有现有股权可以在股东会、董事会享有什么权利，和其他股东产生分歧时怎么办，是否应该进行股权激励，股权变动是否需要缴税。总体而言，客户的问题主要围绕公司的控制权及股东等公司相关主体之间的利益分配，并常常涉及股权变动的税负问题，而这正是股权架构的三个核心问题。为了梳理、总结现有的服务经验和知识，以鞭策自身不断进步，同时为了今后能更好地服务客户，我们尝试写作本书。本书以公司控制权为主线，结合客户最为关心的问题展开，以期更具有实用性。

本书以股权架构为核心，第1章介绍有关股权架构的基础知识，第2章阐述股权架构设计的方法论，第3章是股权架构设计的涉税分析，第4章讲解股权架构设计的场景应用。

在第1章，我们以股权架构的理论知识为基础，介绍了何为股权，何为股权架构，并进而从控制权等角度阐述了股权架构设计的必要性。股权架构的本质就是围绕着持股主体、股权比例、不同持股主体利益诉求及其相互关系所设定的一系列规则。股权架构的规则是涉及股权取得、股权变动、公司控制权及股东关系平衡的规则。股权架构的要点在于维护公司控制权稳定，促进利益合理分配，具有动态的股权调整机制，兼顾税务筹划。同时为了使读者更全面地了解股权架构，本章还介绍了几种常见的不合理股权架构。

在第2章，我们以《公司法》的实践运用为基础，介绍了如何按照《公司法》的法理进行股权架构设计，以及设计好的股权架构在运行中可能出现的问题和解决方法。首先，我们介绍了不同持股比例在《公司法》项下的法律意义，尤其是不同持股比例代表的控制权，并围绕股权架构设计介绍了实践中常用的操作方法，包括一致行动和投票权委托等；其次，我们介绍了股东会、董事会及总经理等的职权，从《公司法》角度系统介绍公司的权力体系。同时，股权架构的设计离不开公司章程，章程是公司的"宪章"，但章程实际运行中会涉及效力审查等种种问题，本书也从司法实践角度结合案例探讨了公司控制权不稳定时可能出现的各类司法审查争议。

在第3章，我们以公司生命周期为主线，介绍了公司从诞生到消亡的过程中，股权变动涉及的税务问题。首先，我们从股东投资的角度，介绍了股东出资、增资、分红、股权转让、撤资等股权产生及变动过程中常见的涉税问题，重点介绍了涉税的基本知识及风险防范；其次，我们从不同持股股东的角度，对股东投资各环节的税收种类、税率、税收优惠进行分析比较，从而总结出不同的持股目的下最优的持股主体选择。同时，本书从实践角度对股权架构设计中常见的涉税风险通过案例分析的方式进行讨论，以期引起大家对股权架构设计中涉税问题的重视。

在第4章，我们从问题出发，用30个案例介绍了股权架构的常见应用场景。案例涉及不合理股权架构的调整、知识产权及劳务等出资方式及股权比例安排、股权代持、家庭财产风险隔离、公司控制权争夺、董监高风险控制，还涉及股权出资、转让、退出环节及对赌补偿等方面的税负。对于每个案例，我们通过"案情介绍"提出问题，通过"案例分析"进行法律分析，通过"建议方案"给出相应的解决之道，最后还梳理总结了该案例所涉及的法律法规供参考。

本书的写作由我和张超律师、曹一坤律师在繁忙的工作之余完成，历时一年时间。即将完稿时，新《公司法》的颁布使我们及时学习新法，并对书稿内容进行了更新。写作过程中我们得到了各自家人的支持，没有他们的理解和支持，我们无法在业余时间顺利地完成这项工作，在此特表感谢。

由于时间仓促及知识水平有限，本书在内容、观点或引用上一定有诸多不完善之处，恳请读者批评指正。

陶丽洁

2024年4月30日

重要文件基本信息及简称说明

全称	制定机关	文号	发布时间	简称
《中华人民共和国民法典》	全国人民代表大会	中华人民共和国主席令第45号	2020.05.28	《民法典》
《中华人民共和国公司法》	全国人大常委会	中华人民共和国主席令第15号	2018.10.26	原《公司法》
《中华人民共和国公司法》	全国人大常委会	中华人民共和国主席令第15号	2023.12.29	新《公司法》/《公司法》
《最高人民法院关于适用〈中华人民共和国公司法〉若干问题的规定（一）》	最高人民法院	法释〔2014〕2号	2014.02.20	《公司法解释（一）》
《最高人民法院关于适用〈中华人民共和国公司法〉若干问题的规定（二）》	最高人民法院	法释〔2020〕18号	2020.12.29	《公司法解释（二）》
《最高人民法院关于适用〈中华人民共和国公司法〉若干问题的规定（三）》	最高人民法院	法释〔2020〕18号	2020.12.29	《公司法解释（三）》
《最高人民法院关于适用;〈中华人民共和国公司法〉若干问题的规定（四）》	最高人民法院	法释〔2020〕18号	2020.12.29	《公司法解释（四）》
《最高人民法院关于适用〈中华人民共和国公司法〉若干问题的规定（五）》	最高人民法院	法释〔2020〕18号	2020.12.29	《公司法解释（五）》
《全国法院民商事审判工作会议纪要》	最高人民法院	法〔2019〕254号	2019.11.08	《九民纪要》
《中华人民共和国市场主体登记管理条例》	国务院	中华人民共和国国务院令第746号	2021.07.27	《市场主体登记管理条例》

续表

全称	制定机关	文号	发布时间	简称
《中华人民共和国企业破产法》	全国人大常委会	中华人民共和国主席令第54号	2006.8.27	《企业破产法》
《中华人民共和国合伙企业法》	全国人大常委会	中华人民共和国主席令第55号	2006.08.27	《合伙企业法》
《上海证券交易所科创板股票上市规则》	上海证券交易所	上证发〔2024〕52号	2024.04.30	《科创板上市规则》
《中华人民共和国证券法》	全国人民代表大会常务委员会	中华人民共和国主席令第37号	2019.12.28	《证券法》
《上市公司收购管理办法》	中国证券监督管理委员会	中国证券监督管理委员会令第10号	2020.09.28	《上市公司收购管理办法》
《上市公司章程指引》	中国证券监督管理委员会	中国证券监督管理委员会公告〔2023〕62号	2023.12.15	《上市公司章程指引》
《国务院关于开展优先股试点的指导意见》	国务院	国发〔2013〕46号	2014.01.02	《优先股试点指导意见》
《优先股试点管理办法》	中国证券监督管理委员会	中国证券监督管理委员会令第209号	2023.2.17	《优先股试点管理办法》
《中华人民共和国个人所得税法》	全国人大常委会	中华人民共和国主席令第9号	2018.08.31	《个人所得税法》
《中华人民共和国个人所得税法实施条例》	国务院	中华人民共和国国务院令第707号	2018.12.18	《个人所得税法实施条例》
《中华人民共和国企业所得税法》	全国人大常委会	中华人民共和国主席令第23号	2018.12.29	《企业所得税法》
《中华人民共和国企业得所税法实施条例》	国务院	中华人民共和国国务院令第714号	2019.04.23	《企业所得税法实施条例》

第1章 股权架构基础知识·· 001

1.1 股权是什么··· 001
1.2 股权架构是什么··· 005
1.3 股权架构设计的必要性··· 007
1.4 不合理股权架构··· 010
1.5 股东资格··· 013

第2章 股权架构设计的方法论·· 016

2.1 股权架构设计方法论之股权比例··································· 016
2.2 股权架构设计方法论之股东会····································· 020
2.3 股权架构设计方法论之董事会····································· 036
2.4 股权架构设计方法论之总经理····································· 047
2.5 股权架构设计方法论之章程······································· 053
2.6 股权架构设计之股东主体形式····································· 068
2.7 股权架构设计之动态股权架构····································· 074

第3章 股权架构设计的涉税分析·· 084

3.1 原始出资··· 084
3.2 股东分红··· 093

3.3 增资 097

3.4 减少注册资本 105

3.5 股权转让 107

第4章 股权架构设计的场景应用 121

4.1 分散型股权架构如何调整？... 121

4.2 "五五分"股权架构下公司僵局如何破？................... 125

4.3 亲兄弟制衡式股权架构，产生矛盾能否轻松破局？... 129

4.4 股东贡献大、股权少怎么办？....................................... 134

4.5 在公司占大股就行，其他让小股东放手去干可以吗？... 138

4.6 朋友看好我的公司想投点儿钱，怎么给股权？........... 143

4.7 朋友不想设一人公司，为帮忙参股1%有无风险？... 146

4.8 隐名股东有何投资风险？能否显名？........................... 151

4.9 股东没钱出资，先认缴，把股权比例占着行不行？... 155

4.10 股东没钱出资，用知识产权出资行不行？................. 161

4.11 公司创业如何实现劳务出资？..................................... 165

4.12 有限合伙企业作为员工激励持股平台有何利弊？..... 169

4.13 夫妻创业如何隔离家庭财产风险？............................. 176

4.14 如何避免股东之间抢证照、抢公章？......................... 180

4.15 合作破裂，小股东能否顺利"代位"替公司主张损害赔偿？......... 184

4.16 公司相对控股股东变更，如何"请"走原委派董事长？......... 188

4.17 实际控制人滥用控制地位长期不归还借款，小股东能否顺利维权？
 193

4.18 公司经营不善无法清算，谁来承担责任？................. 198

4.19 公司亏损时股东能按照公司设立前约定的分配方式获得收益吗？
 204

4.20 用股权转让的方式非规范增资，能否主张返还投资溢价款？......... 208

4.21 公司对外投资时让高管代持股权，高管是否应该拒绝？......... 213

4.22 公司如何帮助董监高降低风险？................................. 219

4.23 管理层越权履职有何法律风险？................................. 223

4.24	平价转让股权要缴纳个人所得税吗?	228
4.25	股权转让定价,"1元"与"0元"哪个好?	230
4.26	非税货币出资有何法律风险?	234
4.27	公司股权如何退回才能不缴税?	238
4.28	定向分红有税务风险吗?	241
4.29	员工持股平台"公司变合伙",要不要交税?	246
4.30	对赌协议补偿,税务如何处理?	249

第 1 章
股权架构基础知识

1.1 股权是什么

"股权架构"这一词组由"股权"及"架构"两个词构成,先有股权,才有股权架构。股权是股权架构的基础,因此,全面准确地理解股权是理解股权架构的前提。

1.1.1 股权的定义

中国民法理论上三大财产性权利为物权、债权和知识产权,《民法典》增加了股权和其他投资性权利。《民法典》第一百二十五条规定,民事主体依法享有股权和其他投资性权利。该条规定明确了股权是一项独立的民事权利,与物权、债权、知识产权并列;同时明确了股权的性质,它是一种投资性权利。就本质而言,股权来源于股东对投资财产的所有权,股东将自身财产的所有权让渡公司,从而获得让渡财产的对价,这部分对价及由此衍生出来的权利就成为股东的股权。[1]

股权主要基于投资行为取得,但也可能因为继承、赠予等原因取得。所以我们比较赞同的股权定义为:股权是股东基于对公司的投资或其他合法原因而持有公司资本的一定份额所享有的权利。[2]

在商业活动中,除股权外,我们还经常碰到股份、股票这两个概念。非法律专业背景的人,很难区分并正确使用它们。按我们的理解,股权、股份、股票在实质上是一致的,都是指股权这一投资性权利,但三者在使用场景上有区别:股权多用于有限责任公司,股份多用于股份有限公司,股票则多用于上市公司。

---

[1] 最高人民法院民法典贯彻实施工作领导小组,《中华人民共和国民法典总则编理解与适用(下)》,人民法院出版社,2020年版,第641页。

[2] 最高人民法院民法典贯彻实施工作领导小组,《中华人民共和国民法典总则编理解与适用(下)》,人民法院出版社,2020年版,第641页。

1.1.2 股权的特征

股权是公司融资的主要来源，公司通过出售自身的部分股权以筹集资金。与需要还本付息以及融资用途受限的债权融资相比，股权的特征在于：第一，股权是永久性的资金来源，公司对筹集的资金使用期限长，用途受限小；第二，对于股权融资所筹集的资金，公司无偿还义务，亦无支付利息的义务，不会产生还贷压力以及额外的财务成本；第三，公司通过股权融资筹集资金，增加公司的注册资本和/或资本公积金，有助于增强企业的资信。但同时要注意的是，股权融资所引入公司的股东持有公司部分股权，享有相应的股东权利，可能削减现有股东对企业的控制力，甚至可能导致现有股东失去公司控制权的风险，如要让该股东退出，其方案远比债权的还本付息复杂，成本也往往更高。

1.1.3 股权的取得

最高人民法院〔2008〕民抗字第59号民事判决书中有"……民事主体获得股权的前提是其取得相应的股东资格……"[①]，也就是说，要获得股权，先要成为股东，获得股东资格。根据现有公司法律法规的规定，公司股东资格的取得，主要有原始取得与继受取得两类。

股东资格的原始取得，是指通过认缴公司注册资本成为公司股东，包括公司设立时认缴注册资本和公司成立后认缴公司新增的注册资本。股东资格的继受取得，是指通过转让、继承、赠予等方式从公司原有股东处获得股权而成为公司股东。

在股东资格与履行出资义务的关系上，需要特别注意的是，获得股东资格不以履行出资义务为必要条件。在公司设立时，通常股东做了认缴公司出资的意思表示，其在所签署的公司章程成立之时即获得股东资格；在公司新增注册资本时，通常新投资人作出认缴公司新增注册资本的意思表示，其在公司原股东通过相应的股东会决议时即获得股东资格；在发生股权转让时，根据新《公司法》第八十六条的规定，受让人自记载于股东名册时起可以向公司主张行使股东权利。而出资是取得股东资格后股东的一项法定义务，而非取得股东资格的前提。根据《公司法解释（三）》第二十三条的规定，股东取得股权后有权要求公司签发出资证明书、记载于股东名册并办理公司登记机关登记。因此，股权资格是否取得，主要依据在于出资证明书、股东名册和工商登记，而非是否履行出资义务。

股东资格取得意味着投资人持有股权，可以作为股东行使法定以及公司章程

[①] 谢秋荣，《公司法实务精要》，中国法制出版社，2020年4月版，第48页。

规定的股东权利，同时根据权利与义务相一致原则承担相应的股东义务。如违反股东义务，则要承担相应的股东责任。虽然如前所述，履行出资义务并不是获得股东资格的必要条件，但股东取得股东资格后未按约定期限履行出资义务或抽逃全部出资，经公司催告缴纳或者返还，其在合理期间内仍未缴纳或者返还出资，则可能丧失股东资格，即公司可通过股东会决议方式取消该股东的股东资格。此外，公司可以依法或通过章程或股东会决议对未出资股东的股东权利进行限制，比如分红权、新增注册资本的优先认购权、剩余财产分配请求权。

需要注意的是，股权与股东权利并非同一概念，股东权利是基于股权而产生的权利内容。

1.1.4 股权的内容

股权中的收益权和表决权是股东最为熟悉的权利，因为股东进行投资最为关注的事项，第一是通过公司分红以及转让公司股权能获得多少收益，第二是投资公司后在公司有多少话语权。而事实上，作为《民法典》中与物权、债权、知识产权并列的一项独立权利，股权是一系列权利的集合，其内容非常丰富。最高人民法院行政判决书〔2015〕行提字第 24 号中有："股权作为股东享有的一种特殊形态的权利，具有复合性，是一束权利的集合，既具有普通物权的特征，也具有社员权的特征；既含有财产性权利，也含有非财产性权利。"[1]《公司法》规定了多项可以由公司章程自由约定的重要事项，因此股权除了法定的权利外，还包括股东间通过章程等方式约定的权利。

从法定权利的角度，股权大致分为股东财产权、股东治理权、股东诉讼权。其中股东财产权属于财产性权利，而股东治理权与股东诉讼权则是基于股东身份产生的权利，属于身份性权利。有限责任公司法定的股东权利如表 1-1 所示。

表 1-1 有限责任公司法定的股东权利

类型	权利内容	《公司法》依据
股东财产权	股权转让权	第 84 条
	优先购买权	第 84 条、第 85 条
	股权回购请求权	第 89 条
	分红权	第 210 条、第 212 条

---

[1] 谢秋荣，《公司法实务精要》，中国法制出版社，2020 年版，第 48 页。

续表

类型	权利内容	《公司法》依据
	优先认购权	第 227 条
	剩余财产分配请求权	第 236 条第 2 款
股东治理权	知情权	第 57 条、第 64 条
	表决权	第 60 条、第 65 条
	临时股东会提议召开权	第 62 条第 2 款
	特殊情况下股东会召集及主持权	第 63 条第 2 款
股东诉讼权	对利用关联关系损害公司利益者的派生诉讼	第 22 条，《公司法解释（五）》第 1 条、第 2 条
	请求确认股东会、董事会决议不成立、无效或撤销的诉权	第 25 条、第 26 条、第 27 条，《公司法解释（四）》
	股东资格确认之诉	第 56 条，《公司法解释（三）》第 21 条
	股东查阅会计账簿、会计凭证的诉讼	第 57 条，《公司法解释（四）》第 10 条
	回购请求权之诉	第 89 条
	对董事、监事和高管损害公司利益的双重代表诉讼	第 188 条，第 189 条第 1 款、第 2 款
	对他人损害公司利益的派生诉讼	第 189 条第 3 款
	对董事、高管损害股东利益的损害赔偿之诉	第 190 条
	股东利润分配请求之诉	第 210 条、第 212 条，《公司法解释（四）》
	请求司法解散公司之诉	第 231 条

1.2 股权架构是什么

1.2.1 股权架构的价值

股权架构通常是指公司的股东构成,包括股东类型、持股比例及其相互关系。公司治理,就是基于公司所有权与控制权分离而形成公司的所有者、董事会和高级经理人员及公司利益相关者之间的一种权力和利益分配与制衡关系的制度安排。[1] 公司治理要确保公司决策科学化,公司运营处于正确的轨道之上,维持公司各利益相关者的利益,达到各方利益的最大化。

由于股权架构主要决定的是不同股东的股权比例,不同股东在股东会、董事会的权利划分,也就是说股权架构决定了公司内部权利的归属,也决定了公司利益的分配,故股权架构是公司治理的基础和逻辑起点。股权架构所确定的控制权是否稳定,分配机制是否合理,动态调整及退出机制是否有效,在很大程度上决定了公司是否能够稳健经营,业务增长是否有动力,因此股权架构对于公司具有重要的价值。

1.2.2 股权架构的本质

股权架构的本质就是围绕持股主体、股权比例,不同持股主体利益诉求及相互关系所设定的一系列规则。

股权架构所涉及的规则,是关于股权取得、股权变动、公司控制权以及股东关系平衡的规则。

1. 股权取得规则

股权取得规则主要涉及以下几个因素:

①持股主体的组织形式。目前公司常见的股东形式是自然人、公司法人、有限合伙。

②投资主体的持股方式。主要有直接持股、间接持股、股权代持。

③股东的出资方式。法定的公司出资方式为货币和实物、知识产权、土地使用权等可以用货币估价并可以依法转让的非货币财产。目前《公司法》尚未将人力资本列入公司的出资方式,但商业实践中对于人力资本在公司出资中的价值也有相应的探索。

---

[1] 胡晓明、许婷、刘小峰,《公司治理与内部控制》,人民邮电出版社,2018年4月版。

2. 股权变动规则

股权变动规则既包括法定的规则，如股权转让、公司增加或减少注册资本、股东回购请求权、公司清算等方面的规则；也包括股东约定产生的变动规则，如基于股东之间就股东价值贡献约定进行的动态股权调整规则，基于对赌、反稀释、优先购买权、回购权、共同出售权、拖售权、优先清算权等约定产生的规则。

3. 公司控制权规则

公司的控制权涉及事实上的控制和法律上的控制。事实上的控制即经营管理控制，比如对公司证照及印章的控制、对公司上下游的控制、对公司财务的控制、对人事安排的控制。法律上的控制即控制权规则，常见的控制权规则有股权比例规则以及基于股权比例设计的股东会议事规则、董事选任规则以及董事会议事规则等。

需要注意的是，设定控制权规则时，除考虑控制权的稳定外，要兼顾股东之间关系的平衡。

1.2.3　股权架构的核心

股权架构是企业的根基，是企业顶层设计中最关键的内容，它决定企业中最关键的两个问题——控制权、利益分配，决定企业是否可以按照创始人的想法去发展，以及利益的共创和共享机制安排。[①]

讨论股权架构的核心，我们需要明确股权架构为谁而设计。创业公司早期的核心人物为创始人、合伙人、核心员工、投资者。公司股权不是创始人想拿多少就拿多少，股权架构是上述主体博弈的结果，是创始人考量各方利益后确定或各方协商的结果。

创始人掌握公司的发展方向，所以创业公司的股权架构设计首先要考虑创始人的诉求，而创始人的核心诉求就是获得公司控制权。合伙人是创始人的追随者，二者理念与价值观高度一致，合伙人通常希望在公司有一定的参与权与话语权，因此需要在股权上体现其作为公司的所有者之一。核心员工在公司高速发展阶段起到至关重要的作用，其诉求通常是在经济上共享公司发展的增值收益，因此在早期做股权架构设计的时候应预留股权用作后续激励。而投资人需要区分来看，财务投资人追求高净值回报，主要是通过投资取得的股权增值完成投资，希望快速进入和快速退出；而战略投资人不以退出为目的，以战略协同为目的，通

---

① 于强伟，《股权架构解决之道：146个实务要点深度解释》，法律出版社，2019年1月版，第32页。

常长期持有公司股权，对参与度和话语权的要求都更高。

股权架构设计围绕满足前述主体的诉求展开。首先，应考虑创始人的控制权诉求，这决定公司是否可以按照创始人的想法去发展；其次，兼顾其他主体的利益诉求，要有相应的利益共创和共享机制；最后，公司、股东及员工的税后利益最大化是各方的共同诉求，股权架构设计应对其予以充分的重视。

因此，股权架构的核心在于控制权、利益分配以及税务筹划，本书内容也将围绕这三个要点展开。在博弈的过程中，创始人可利用股权架构设计的工具，建立和维护一个保障自身控制权，体现各方均衡利益，且税负较低的股权架构。

1.3 股权架构设计的必要性

1.3.1 维护创始人控制权

刘强东曾说过："如果不能控制这家公司，我宁愿把它卖掉。"很多公司曾发生控制权争夺，如 1 号店、雷士照明、俏江南、真功夫、西少爷。发生控制权之争的公司大多发展受挫，甚至从此销声匿迹。

维护创始人对于公司的控制权，不仅是尊重创始人的天然诉求，更是公司健康稳健发展的必然要求。

首先，公司的创立和初步发展都依靠创始人的努力，创始人怀揣梦想，历经创业艰辛，其创业初衷就是保持自己在公司中的话语权，实现自身利益的最大化。自己创立公司，最后给别人作嫁衣，这是任何一个创始人都无法接受的。

其次，创始人往往是公司的精神领袖，最为了解公司的价值，其有能力团结和带领创业伙伴、员工，引领公司的发展。不尊重创始人的控制权，甚至让创始人出局，公司没有了灵魂人物，就没有了关键决策人和领导人，往往就开始走下坡路。

因此，应当维护创始人的控制权，保障公司有最终的决策者；维护创始人在公司的影响力和话语权，不损害创始人带领公司发展的利益基础。

1.3.2 凝聚合伙人团队

所谓独木难支，创业的艰辛，只有经历过的人才懂；同时，因为市场竞争加剧，市场变化节奏加快，联合创业的成功率远高于个人创业。从现实的商业案例看，每一个成功的企业家背后，都有优秀的创始团队。

创始人与其创业合伙人，定然是基于共同的理念、基于信任走到一起的，企业的合作经营不能止步于理念认同、信任，最终要靠合理的利益分配，靠清晰的权利、义务与责任安排，也就是俗语中的"亲兄弟，明算账"。但实践中，大家在创业初期将创业激情投入公司业务，目标是把公司这个蛋糕做大，此时容易出现一些合伙人的投入、回报预期与初始比例的错位。

因此，应通过股权架构的设计体现合伙人的利益诉求，实现其对自身利益的合理期待，尤其要通过股权架构的动态调整机制确保其价值贡献与利益获取相匹配，以便持续凝聚好合伙人，使得创始团队更有竞争力。

需要注意的是，目前商业实践中对于"合伙人"的理解偏取广义，通常包括民事合伙人、商事合伙人以及公司股东。此处所指的"合伙人"，并非民事合伙之合伙人，亦非《合伙企业法》所规定的合伙企业的合伙人，而是有限责任公司的股东。

1.3.3　让员工分享公司财富

股权是一种创造财富的工具，在过去几十年中，大量公司通过IPO或并购创造了巨额财富。中国社会中有部分富裕人群就是获取了股权所创造的财富，典型事例是当互联网蓬勃发展，许多互联网公司的股权快速升值，为公司和员工创造了财富。

劳动力作为五大生产要素之一，是公司在经营过程中必须具备的基本因素。知识密集型企业对于人才的依赖度尤其高，公司的核心竞争力就是人力以及人力所创造的知识产权或流量，东方甄选的"小作文"事件生动地体现了核心员工对于公司的价值和重要性。因此公司在进行股权架构设计时，必然需要体现员工这一相关方的利益诉求。

目前公司普遍采用员工股权激励计划，使员工收益与公司效益紧密联系起来，促使员工通过提升公司价值来增加自身收益。用股权激励计划让员工分享公司发展红利、分享财富，有利于增强员工的稳定性，塑造公司长远健康发展所需的团队精神。像华为、小米等知名企业的发展，都离不开公司合理的激励机制。

1.3.4　吸引投资人进入

业内有种说法：投资＝投人＝投股权结构。现在投资人在决定是否投资一家公司时，除关注产品、市场、财务指标等，还会在尽职调查阶段重点关注一些因素，如公司创始人是否有格局、凝聚力，联合创始人的背景、经验、优势与价值，是否为联合创始人及核心员工预留了激励股权，而这些因素都会体现在股权架构中。由公司的股权架构可以看出创始人的格局和思维、创始团队的和谐程度等重要内容。股权架构不合理，公司一定做不成，投资风险自然就过高。

如果一家公司的股权架构中，创始人具有对公司的控制权，联合创始人的价值贡献与其股权利益相匹配，核心员工利益与公司利益绑定，则投资人会认为架构科学合理，不会成为投资人选择的障碍，能有效提升融资成功率及融资效率。

相反，公司股权架构混乱，如一股独大、股权平均分配、不考虑员工激励等，则意味着公司内部不稳定。如创始人一股独大，可能造成大股东独断专行，其他股东难有发言权，难以对大股东产生制衡，可能导致联合创始人出走或与创始人发生股权争议。对于此类股权架构，投资人可能在投资前要求公司予以改善，也可能直接放弃投资。

1.3.5　不制造上市障碍

初创公司一旦创业成功，早期存在的股权架构问题将成为公司后续发展的障碍，甚至是公司上市的障碍。每个创业者走过了艰辛的创业之路，都希望通过公司上市获得经济利益的回报。但只要上市，资本市场就要求公司的股权结构清晰、合理，不存在重大权属纠纷。

比如公司无控股股东且各股东持股比例接近，公司的董事会、监事会以及管理层人选的提名可能产生矛盾，在进行重大事项决策时更容易陷入争执，导致决策效率低下，影响公司正常经营，错失发展机会。因此，这种股权架构很有可能成为上市的障碍。

上市规则有此要求，是因为股权架构是公司健康、稳定发展的基础。所以股权架构设计需要考虑公司快速发展并上市时需要遵守的上市规则，避免成为上市障碍。

1.3.6　合理降低税负

税务筹划是合法降低税务成本的重要措施，股权架构是公司治理的基础，也是进行税务筹划的立足点。

公司在分红、股权转让、股权激励、改制上市等各个环节都有相应的税负，并且自然人、公司、合伙企业等不同组织形式的主体在同一环节的税负均不同。将税务筹划融入公司的股权架构之中，能使公司及股东、员工等激励对象的税后利益最大化。

以股权激励的退出环节为例，作为激励对象的员工取得投资收益通常都希望落袋为安，以便将其用于改善个人及家庭的生活，或用于后续个人投资，这意味着投资收益必须最终分配到员工个人。基于此，员工激励平台目前通常采用有限合伙企业这一组织形式。其原因在于：第一，由激励对象作为有限合伙人，由创始人或其控制的公司作为有限合伙企业的普通合伙人，并作为执行事务合伙人控制该有限合伙企业，进而实现增加创始人对目标公司股权控制比例的目的；第二，在员工激励平台出售目标公司股权时，在公司形式下，员工的综合税率为40%，在有限合伙企业形式下，员工按经营所得税缴纳税率为5%～35%的个人所得税，税负更低。

2023年同花顺25亿元补税风波产生的原因就在于，员工激励平台凯士奥涉嫌在转换组织形式的过程中未申报缴纳相关税款。凯士奥原为有限责任公司，在同花顺上市后，凯士奥的组织形式变更为有限合伙企业，该次组织形式转换未申报缴纳相关税款。该事件后续未见进一步的报道，但其给我们的启发是，股权架构设计作为公司的顶层设计，一定要尽早安排，随着公司的发展和估值提升，股权架构调整的税负成本会提高。

1.4 不合理股权架构

世界上没有完美的股权架构，只有符合公司发展实际的合理股权架构。股权架构设计的目的就是搭建结构合理的股权架构；反过来讲，股权架构设计要规避不合理的股权架构。合理股权架构的原理是相通的，不合理股权架构的表现形式多种多样。下面介绍六种典型的不合理股权架构，分析其给公司带来哪些问题，从而使我们在设计之初就避开这些"坑"。

1.4.1 股权均分

此种不合理的股权架构常见于早期的民营企业。在创业初期，由于数个合伙人贡献相当，或者关键合伙人的股权意识薄弱，企业于是采用了股权均分的股权架构，比如两个合伙人每人占股50%，三个合伙人每人占股33.3%。该类型的股权架构，若仅有两人，则其弊病更加突出，有人将其称为"最差股权架构"。股权均分突出的问题表现在：

第一，容易激化矛盾。在此种股权架构下，每个股东的股权一样，拥有一样的表决权，大家对公司的控制权都一样。若此时出现一位表现突出、风格强势的股东对公司贡献大，其他股东未必买账，甚至会激烈反对，导致公司股东之间冲突不断。

第二，容易形成股东之间的僵局。在股东矛盾激化的情况下，由于没有绝对控股的一方，对于公司的重大决策股东们难以达成一致；若达不成一致，则就会形成公司僵局，根本形成不了有效的决策。这对公司及股东的权益都是一种极大的损害，最终可能导致公司分崩离析，即使公司勉强存续，也毫无前途可言。

第三，公司难以融资。此类股权架构的弊端显而易见，外部融资主体一定会关注到。内部连基本的一致意见都很难达成，更不要说对外吸引投资了。

此外，还有一种情况，虽然看起来股权没有均分，但其后果和股权均分相似。比如三个股东，股权比例为50∶40∶10，或者50∶25∶25，大股东股权比例大，但两个小股东一旦联合，股权比例正好等于大股东的比例，相当于股权均分，会发生与股权均分同样的问题。

1.4.2 股权分散

此种不合理股权架构是指股东众多的公司，股权分布平均或者接近平均，每个股东的份额都不大，没有控股股东，形成"股权人人有份，股权相对平均"的格局。与股权均分类型的股权架构相比，此类股权架构的股东人数更多，公司中股东的所有权和经营权相对分离，有比较成熟的管理团队。除了股权均分容易产生的问题外，这种股权架构还可能产生的问题有：

第一，管理层控制公司。此种股权架构对管理层职业道德有较大的考验，容易发生道德风险。因为股权分散，没有控股的股东，对管理层的监督力量自然也分散，管理层极易通过信息不对称的漏洞，违背对股东的忠实义务，为自己的利益滥用控制权，形成管理层控制公司的风险。

第二，决策难度大，成本高。因为股东众多，又相互制约，很难形成统一的意见，公司决策的沟通成本和时间成本较高。特别是公司要作出重大决策时，该弊病更会凸显出来，对公司的负面影响更大。

1.4.3 小股东要挟

从字面理解，此种不合理股权架构就是小股东可以要挟大股东。小股东通过要挟大股东，甚至可以控制公司的决策。比如有三个股东，股权比例为45∶45∶10，或者40∶40∶20，在此股权结构下，两个大股东都没有形成控制权，若公司进行决策，两个大股东意见不一致，小股东的态度成为关键。两个大股东为了实现自己的意图，不得不竞相争取小股东的支持，导致小股东实质性地控制了公司的发展走向。

小股东所持股权比例对应的收益权小，却拥有与之不相匹配的控制权，造成公司控制权与收益权的失衡。当公司的控制权由持股比例较小的股东掌控，其收益权很小，必然会想办法利用自己的控制权扩大自己的额外利益。这种滥用控制权的法律风险是巨大的，对公司和其他股东利益都可能产生严重的损害。

1.4.4　一股独大

相对于股权分散，此种不合理股权架构下，股权过于集中，走向了另外一个极端。比如创始股东股权占比95%以上，其他股东占比非常小。小股东在公司的权益非常少，导致其参与度不高，这样就使公司失去了凝聚人力、聚集资本的功能。在一股独大的架构下，公司董事会、监事会和股东会形同虚设，企业必然陷入一言堂和家长式管理模式。在公司发展到一定规模和阶段后，公司控股股东由于个人能力的限制，再加上没有制衡机制，决策失误的可能性会增加，公司承担的风险将越来越大。这种架构具体可能存在如下问题：

第一，公私不分，被刺破"公司面纱"。大股东对公司拥有绝对控制权，公司缺乏约束制衡机制，很可能导致股东个人行为与公司行为混淆。股东与公司之间账目混乱，双方财产混同，若今后出现公司资不抵债的情况，被法院刺破"公司面纱"，突破有限责任，股东将对公司债务承担连带责任，从而导致大股东承担更多甚至全部的后果。

第二，公司命运系于大股东一人，大股东出现突发情况，导致公司陷入混乱。如果大股东因为健康问题或者其他原因不能履职，要么公司陷入停滞，要么造成股东争夺控制权，给公司造成不可估量的危害，甚至公司由此分崩离析。

第三，小股东利益容易受到侵害，核心人才容易流失。一股独大，大股东具有绝对话语权，可以无视小股东的意见或者利益，小股东权益没有任何保障，极易受到侵害；一股独大，没有股权作为纽带，不能长期绑定强有力的合伙人及核心人才，团队的激励力度及可持续性不足，很难留住核心人才。

1.4.5　夫妻股权

此种不合理股权架构常见于初创的民营企业。不可否认，这种架构具有一定的生命力和便捷性。创业初期，合伙人不易寻找，公司注册又必须有两人（一人有限责任公司除外），没有比配偶更合适、更值得信赖的人了，而且夫妻同心，可以快速决策。该模式在公司发展初期具有一定的适用性，但是若公司长期发展，其弊端也显而易见，常见的问题如下：

第一，家企不分，对外承担无限责任。和一股独大的架构类似，这种架构容易导致家庭财产与公司财产的混同。若公司资不抵债，夫妻股东不能证明公司财产与个人、家庭财产相分离的话，极易被法院判令股东对公司债务承担连带责任，从而导致创业风险增加、创业失败，甚至连家庭财产都搭进去。

第二，夫妻感情危机导致公司危机。公司的正常运转建立在夫妻关系稳定的基础上，若夫妻感情出现危机，必然会导致公司股权的争夺战，比如真功夫、当当网的股权争夺战。

第三，夫妻之间股权分配不清。夫妻股权，在工商局登记的股权比例往往是形式上的，并不是真实的出资比例。若双方没有约定，按照关于夫妻共同财产的规定，该股权原则上是一人一半。若双方发生婚变，极易发生有关股权比例的纠纷，给公司发展带来不利影响。

1.4.6 人资倒挂

这种不合理股权架构常见于依赖人力资本的公司。按照现行法律一般规定，谁出资多，谁占股权就多，享有的股东表决权及分红权也多。但是，现在很多公司初期对资金或许还有一定依赖，一旦进入正轨，人力资本也就是出力的股东作用更大，甚至起到主导公司发展的作用，资金反而不是公司发展最重要的因素。如果此时依然按照出资比例来分配股权，分配收益，出力合伙人的贡献回报就偏低，影响公司核心人力资本的稳定。

这种股权架构会造成股东贡献和权益不匹配。这种不匹配会导致创业团队的不稳定，会导致核心团队的积极性无法被充分调动，甚至会导致公司核心人员出走，严重影响公司的健康发展。

1.5 股东资格

1.5.1 股东数量

有限责任公司由一个以上五十个以下股东出资设立，[1] 也就是说，有限责任公司的股东最少一个，最多五十个。法律之所以对有限责任公司的股东人数作出限制，主要是考虑有限责任公司具有强烈的人合属性，股东之间需要互相了解，互相信任，所以股东的人数不宜过多，否则人合就无从谈起。有限责任公司不公开募集股份，一般规模都不大，管理上较为封闭，人数不宜过多，股东人数的限制有利于公司决策和经营。有限责任公司股东人数的限制，既包括参与公司设立

---

[1] 见《公司法》第四十二条。

的最初股东，也包括在公司设立后由于新增出资、转让出资、公司合并等原因新增加的股东，也就是股东总数不能突破最高限额。

股份有限公司应当有一人以上二百人以下发起人设立。[①] 相比于有限责任公司，股份有限公司的资合属性突出，所以其发起人数的上限远远超过有限责任公司。且股份有限公司一旦设立成功并上市，其后续由于新增出资、转让出资、公司合并等原因新增加的股东人数不受限制，也就是说，股份有限公司的股东总数是没有限制的。之所以对股份有限公司的发起人人数有所限制，是因为股东人数超过二百人，属于向不特定对象发行证券，属于公开发行证券。公开发行证券必须报证券监管部门注册或核准。

1.5.2 股东资格

一般来讲，除了禁止或者有条件禁止持股的情况外，法律法规对持股主体没有特殊的要求。

1. 法律法规禁止持股主体

这里所称的"禁止持股主体"，是说该主体绝对禁止持股，没有例外的情况。

依照规定，公务员，党政机关干部、职工，党和国家机关退（离）休干部，县以上工会、妇联、共青团、文联以及各种协会、学会等群众组织的退休干部，现役军人等自然人禁止持有非上市公司股权。

2. 法律法规有条件禁止持股主体

这里所称的"有条件禁止持股主体"，是说该主体在一定条件、一定范围内不得持股。

依照规定，已离职公务员，领导干部配偶、子女，国有企业领导人员，国有企业人员配偶、子女，国有企业职工，银行工作人员等自然人在一定条件下，不得持有特定公司的股权。比如，《中华人民共和国公务员法》第一百零七条第一款规定，公务员辞去公职或者退休的，原系领导成员、县处级以上领导职务的公务员在离职三年内，其他公务员在离职两年内，不得到与原工作业务直接相关的企业或者其他营利性组织任职，不得从事与原工作业务直接相关的营利性活动。

依照规定，事业单位、高等院校、商业银行等机构在一定条件下，不得持有

[①] 见《公司法》第九十二条。

特定公司的股权。比如《中华人民共和国商业银行法》第四十三条规定，商业银行在中华人民共和国境内不得从事信托投资和证券经营业务，不得向非自用不动产投资或者向非银行金融机构和企业投资，但国家另有规定的除外。另外，《外商投资准入特别管理措施（负面清单）》对外商在一定行业领域投资以及持股比例有所限制。

第 2 章
股权架构设计的方法论

2.1 股权架构设计方法论之股权比例

2.1.1 股权比例与公司控制权

《公司法》及通常语境中提及的股权比例，是指股东对公司直接持股的比例，持股比例是股东对公司的出资（包括认缴出资）占公司注册资本的比例。资本多数决（即在股东会上，股东按照其所持股份或者出资比例对公司重大事项行使表决权，经代表多数表决权的股东通过，方能形成决议）是我国公司治理的基本原则，《公司法》仅在少数大股东滥用股东权利的情况下才允许小股东推翻股东会决议。因此，在章程无特殊规定以及股东之间对表决权无特殊安排的情况下，股权比例能够非常直观地反映股权架构以及公司控制权的归属。

具体来说，股权比例首先会影响公司的议事程序及表决规则。对于非上市公司来说，股东会的表决、临时提案的提出、临时股东会的召集都需要特定的股权比例；除此之外，公司的分红，以及股东的代位诉讼都有持股比例的要求。

在多层级嵌套的股权架构设计中，穿透分析每一层级的股权比例有助于判断公司的控制权归属，以及追踪最终分红收益去向。

当然，为体现公司自治的原则，股东会会议由股东按照出资比例行使表决权也可以例外处理，公司章程如果规定另外的行使表决权的方式，也是合法的。在股权架构设计落地的法律文本中，也需要定制符合公司具体情况的公司章程以及配套一致行动协议等，但是股权比例是股权架构的基础，也是定制章程等法律文本首先要考虑的因素。

2.1.2 法律规定的股权比例

新《公司法》规定股东会的表决、临时提案的提出、临时股东会的召集都需要特定的股权比例;除此之外,请求公司解散,以及股东的代位诉讼亦有特定股权比例的要求(见表 2-1)。

表 2-1 非上市公司特定持股比例要求及对应法律依据

类型	持股比例	内容	法律依据
绝对控制权	67%	股东会作出修改公司章程、增加或者减少注册资本的决议,以及公司合并、分立、解散或者变更公司形式的决议,应当经代表三分之二以上表决权的股东通过	新《公司法》第66条、第116条
相对控制权	51%	有限责任公司:股东会作出决议,应当经代表过半数表决权的股东通过。 股份有限公司:股东会作出决议,应当经出席会议的股东所持表决权过半数通过	新《公司法》第66条、第116条
重大事项否决权	34%	对应绝对控制权项下需要三分之二股东通过事项,只要拥有34%股权的股东反对则无法通过	新《公司法》第66条、第116条
临时股东会召集权	10%	代表十分之一以上表决权的股东,三分之一以上的董事或者监事会提议召开临时会议的,应当召开临时会议。 董事会不能履行或者不履行召集股东会会议职责的,由监事会召集和主持;监事会不召集和主持的,代表十分之一以上表决权的股东(股份有限公司为连续90日以上单独或者合计持有公司10%以上股份的股东)可以自行召集和主持	新《公司法》第62条、63条、第114条
请求解散公司权	10%	公司经营管理发生严重困难,继续存续会使股东利益受到重大损失,通过其他途径不能解决的,持有公司10%以上表决权的股东,可以请求人民法院解散公司	新《公司法》第231条
临时提案权	1%	单独或者合计持有公司1%以上股份的股东,可以在股东会会议召开10日前提出临时提案并书面提交董事会。公司不得提高提出临时提案股东的持股比例(仅适用于股份有限公司)	新《公司法》第115条

续表

类型	持股比例	内容	法律依据
股东代表诉讼权	1%	董事、高级管理人员有执行职务违反法律、行政法规或者公司章程的规定，给公司造成损失情形的，有限责任公司的股东、股份有限公司连续 180 日以上单独或者合计持有公司 1% 以上股份的股东，可以书面请求监事会向人民法院提起诉讼；监事有执行职务违反法律、行政法规或者公司章程的规定，给公司造成损失情形的，前述股东可以书面请求董事会向人民法院提起诉讼。 监事会或者董事会收到股东书面请求后拒绝提起诉讼，或者自收到请求之日起 30 日内未提起诉讼，或者情况紧急、不立即提起诉讼将会使公司利益受到难以弥补的损害的，前述股东有权为了公司的利益以自己的名义直接向人民法院提起诉讼。 公司全资子公司的董事、监事、高级管理人员有执行职务违反法律、行政法规或者公司章程的规定，给公司造成损失情形的，或者他人侵犯公司全资子公司合法权益造成损失的，有限责任公司的股东、股份有限公司连续 180 日以上单独或者合计持有公司 1% 以上股份的股东，可以书面请求全资子公司的监事会、董事会向人民法院提起诉讼或者以自己的名义直接向人民法院提起诉讼	新《公司法》第 189 条

上市公司除了受到《公司法》的约束，还要受到中国证券监督管理委员会（以下简称"中国证监会"或"证监会"）等机构的监管，特定持股比例或引发监管关注（具体见表 2-2）。

表 2-2 上市公司特定持股比例要求及对应法律依据

类型	持股比例	内容	法律依据
绝对控制权	67%	上市公司在一年内购买、出售重大资产或者向他人提供担保金额超过公司资产总额 30% 的，应当由股东会作出决议，并经出席会议的股东所持表决权的三分之二以上通过	新《公司法》第 135 条

续表

类型	持股比例	内容	法律依据
要约收购线	30%	通过证券交易所的证券交易，收购人持有一个上市公司的股份达到该公司已发行股份的30%时，继续增持股份的，应当采取要约方式进行，发出全面要约或者部分要约	《上市公司收购管理办法》第24条
权益变动警戒线	20%	投资者及其一致行动人拥有权益的股份达到或者超过一个上市公司已发行股份的20%但未超过30%的，应当编制详式权益变动报告书	《上市公司收购管理办法》第17条
股东受监管线	5%	通过证券交易所的证券交易，投资者持有或者通过协议、其他安排与他人共同持有一个上市公司已发行的有表决权股份达到5%时，应当在该事实发生之日起3日内，向国务院证券监督管理机构、证券交易所作出书面报告，通知该上市公司，并予公告，在作出报告、公告前不得再行买卖该上市公司的股票，但国务院证券监督管理机构规定的情形除外	《证券法》第63条

2.1.3 股权控制比例建议

公司股权控制比例需要根据公司的发展需求及规模来量身定制。对于后续有引进投资人及上市需求的公司来说，股权结构可能会不断变化，尤其是引入新股东后，股权比例会不断稀释，在这个过程中，为了维持控制权的稳定，通常会控制持股比例的最低值，并以表决权特殊安排等手段来配合维持控制权的稳定。

对于股东数量较少的有限责任公司，如果后续没有融资及上市需求，建议实际控制人直接持股或实际控制人实际可以控制的股权超过67%，拥有绝对控制权，这样可以避免后期股东在重大经营事项上意见分化导致公司管理出现困难，也就是避免公司僵局。

有融资及上市需求的公司，设立时为有限责任公司，应当预见后续会有投资人不断加入，建议最初创始人持股超过67%，并预留股权池用于股权激励及后续引进投资人，股权池部分最初在创始人名下，后续会转让给持股平台或投资人；建议规划在多轮融资之后最初创始人仍能控制至少51%的股权。针对部分科技公司确实融资次数较多，无法维持创始人直接持股51%的场合，后续可以配套特殊表决权安排等手段来维持创始人的实际控制权。

公司如果要上市，则其控制权必须稳定，在挂牌及上市阶段实际控制人均不应发生变化，可以参照《上市公司收购管理办法》第八十四条关于控制权的标准："有下列情形之一的，为拥有上市公司控制权：（一）投资者为上市公司持股 50% 以上的控股股东；（二）投资者可以实际支配上市公司股份表决权超过30%；（三）投资者通过实际支配上市公司股份表决权能够决定公司董事会半数以上成员选任；（四）投资者依其可实际支配的上市公司股份表决权足以对公司股东会的决议产生重大影响；（五）中国证监会认定的其他情形。"

2.2　股权架构设计方法论之股东会

如上文所述，在资本多数决原则指导下，股权比例在通常情况下能够非常直观地反映股权架构以及公司控制权的归属。但是在实际的公司运行中，控制权的运作比想象的复杂得多，股东可以通过表决权特殊安排、结成一致行动等其他手段辅助获得实际控制。

2.2.1　一致行动

1. 何为一致行动？

一致行动的概念最早来源于国内证券市场的发展，《上市公司收购管理办法》第八十三条给出了一致行动的定义："本办法所称一致行动，是指投资者通过协议、其他安排，与其他投资者共同扩大其所能够支配的一个上市公司股份表决权数量的行为或者事实。"

可以看到，我国上市公司层面认定的一致行动不局限于通过一致行动协议绑定在一起的情形，而是注重控制权的实质判断。《上市公司收购管理办法》第八十三条同时指出："在上市公司的收购及相关股份权益变动活动中有一致行动情形的投资者，互为一致行动人。如无相反证据，投资者有下列情形之一的，为一致行动人：（一）投资者之间有股权控制关系；（二）投资者受同一主体控制；（三）投资者的董事、监事或者高级管理人员中的主要成员，同时在另一个投资者担任董事、监事或者高级管理人员；（四）投资者参股另一投资者，可以对参股公司的重大决策产生重大影响；（五）银行以外的其他法人、其他组织和自然人为投资者取得相关股份提供融资安排；（六）投资者之间存在合伙、合作、联营等其他经济利益关系；（七）持有投资者 30% 以上股份的自然人，与投资者持有同一上市公司股份；（八）在投资者任职的董事、监事及高级管理人员，与投资者持有同一上市公司股份；（九）持有投资者30%以上股份的自然人和在投资者任职的董事、监事及高级管理人员，其父母、配偶、子女及其配偶、配偶的父母、兄弟姐妹及其配偶、配偶的兄弟姐妹及其配偶等亲属，与投资者持有同一上市公司股份；（十）在上市公司任职的董事、监事、高级管理人员及其前项所述亲属同时持有本公司股份的，或者与其自己或者其前项所述亲属直接或者间接控制的企业同时持有本公司股份；（十一）上市公司董事、监事、高级管理人员和员工与其所控制或者委托的法人或者其他组织持有本公司股份；（十二）投资者之间具有其他关联关系。"

对于非上市公司，一致行动通常通过协议安排确定，一致行动协议效力在司法实践中通常被肯定。如〔2022〕苏04民终1096号案件，法院认为，《公司法》等专门法律未对有限责任公司股东一致行动行为予以特别规定，有限责任公司股东之间通过协议约定一致行动获得支配公司表决权的行为并不为《公司法》所禁止，周某可以通过签订一致行动协议获得对公司的表决权，案涉一致行动协议不存在专门法上的无效事由。

除一致行动协议外，司法实践中也存在认定实质一致行动的情形。在〔2018〕粤0303民初1669号案件中，法院认定股东通过持股平台（深圳市B企业管理咨询有限公司）集中行使表决权的方式也属于实质意义上的一致行动："本案被告有其特殊性，其成立目的是集中行使原告及第三人所持A公司股权以制衡大股东及保护小股东权益，被告本身不从事经营活动……因此被告在本质上是各原告及第三人之间的一致行动协议的特殊表现形式，各原告及第三人并未放弃行使作为A公司股东的权利，仅委托被告行使其作为A公司股东的表决权。"

2. 一致行动协议

一致行动协议作为结成一致行动的最主要方式，通常包括如下几个方面的约定：

（1）参与一致行动的主体

通常为公司股东（因为一致行动协议主要是为了确保股东会表决权行使的一致性），但《上市公司收购管理办法》对一致行动的认定更为宽泛，关注实际控制权，将能影响表决权行使的主体都归类为一致行动人。

（2）一致行动的范围

通常包括董事、高管候选人的提名，向股东会、董事会、监事会提交议案，最重要的是在股东会、董事会行使表决权事项上保持一致行动；也存在将特定重大经营决策事项（比如董事长的人选）单列为一致行动的情况。

（3）未能形成一致意见时的处理方式

通常为了控制权稳定，一致行动协议会设置在未形成一致意见时，以其中一个股东（即实际控制人）的意见为准；结合不同公司的具体情况和意思自治原则，实践中也有公司设置在意见不统一时，以支持比例最高的股东的意见为准。

（4）一致行动的消极事项

通常要求一致行动的主体在一致行动期限内不得向第三方转让其直接或者间接持有的公司股份，任何一方所持公司股份不得通过协议、授权或其他约定委托他人持有。

（5）违约责任

通常约定以继续履行和承担违约金的方式承担违约责任，但需要对违约责任进行细化约定，否则违约条款可能存在被架空的风险。例如设置强制归票作为违反一致行动约定的违约救济方式，在协议中应明确违约金或损失赔偿的计算方式，以降低损失计算的难度。

通过协议约定的一致行动受契约精神约束，相较于持股比例形成的控制关系具有一定的不稳定性，尤其当公司控制权出现动摇时，一致行动协议就容易出现破裂，即出现一致行动签约方想退出一致行动或不履行一致行动协议的情况，此时能否解除一致行动协议及违约责任的承担在司法实践中就会引发较大争议。

3. 一致行动协议在我国的司法实践

（1）一致行动协议能否行使任意解除权

对于一致行动协议的效力，我国司法实践中通常没有太大的争议，但是在一致行动协议履行过程中，经常会出现一方反悔的情形，典型的如签署一致行动协议的一方以行使任意解除权为由要求解除一致行动。

《民法典》第九百三十三条规定"委托人或者受托人可以随时解除委托合同"，即委托合同具有任意解除权，一致行动协议属于无名合同，其是否具有委托合同的性质在司法实践中存在争议。如〔2018〕粤 0303 民初 1669 号案件中，一审法院认定："原告请求解散被告的诉讼请求能否成立，关键在于各原告与第三人之间的一致行动协议能否解除。所谓一致行动协议，是公司股东为扩大表决权数量而签署的协议。本案中，各原告及第三人通过设立被告在 A 公司治理中持一致立场，其本质是委托被告行使股东表决权及相关股东权利，而委托存在的基础在于委托人的原始权利不因委托而消灭或转移，且委托方与被委托方存在特殊的信赖关系，当这种特殊的信赖不复存在时，被告的继续存续会使原告作为 A 公司股东的权利受到重大损失，各原告当然可以参照法律对委托合同的规定行使委托人的任意解除权，即解散公司。"

但是该案二审法院未直接说明对一致行动协议是否能行使任意解除权，而是指出：一审判决认为周某等被上诉人与 B 公司之间存在基于信赖的特殊委托关系，当这种特殊的信赖不复存在时，B 公司的继续存续会使被上诉人作为 A 公司股东的权利受到重大损失，进而认定周某等被上诉人请求解散 B 公司，属于行使委托人的任意解除权并判决解散 B 公司，适用法律错误。

由此可见，一致行动协议在司法实践中不能简单适用任意解除权，而是要结合协议的具体约定和法律规定判断是否存在法定或约定的解约事由。

（2）一致行动协议违约责任的承担方式

在一致行动方事实上违约的场合，能否要求违约方承担违约责任也是司法实践中经常会遇到的问题。

《民法典》第五百七十七条确定的违约责任的承担方式包括继续履行、采取补救措施或者赔偿损失等。第五百八十条特别指出针对非金钱债务的继续履行："当事人一方不履行非金钱债务或者履行非金钱债务不符合约定的，对方可以请求履行，但是有下列情形之一的除外：（一）法律上或者事实上不能履行；（二）债务的标的不适于强制履行或者履行费用过高；（三）债权人在合理期限内未请求履行。"

对于一致行动协议，在违约情况下要求继续履行具有一定的难度。〔2022〕苏 02 民终 7446 号案件中，二审法院论述："再退一步讲，即便按照吕某所称，陶某、胡某、潘某存在违反《一致行动人协议书》《一致行动协议》的情形，因上述协议在违约责任方面并未约定强制归票的情形，本案亦不能依据《一致行动人协议书》《一致行动协议》将陶某、胡某、潘某对涉案董事会决议所投票由赞成票认定为反对票。"即使构成违反一致行动协议，若无明确约定，直接要求强制归票也不存在合同基础。

同时，受制于合同相对性，在章程对一致行动协议未同步安排的情况下，一致行动协议对协议以外的第三方（主要是公司其他股东）没有约束力，则一致行动签约方违反一致行动协议约定作出的表决如符合章程的规定，会议决议的有效性通常能获得法院的支持。因此，更为妥善的安排是在章程中对一致行动冲突情况下的表决规则进行明确确认。例如，步森股份（现为 ST 步森，002569）2015 年 11 月 20 日的《简式权益变动报告书》披露："根据 2014 年 7 月 14 日修订的《步森集团有限公司章程》第十三条'本公司股东寿彩凤、陈建飞、陈建国、陈能恩、陈智宇、陈智君、王建霞、王建军、王建丽、寿能丰、寿鹤蕾系寿氏家族成员，为一致行动人，在行使股东权利（包括但不限于股东会提案权、董事的提名权、股东会表决权等权利）时，统一按照一致行动的原则行使相应权利，始终保持一致行动。如各方对提案、提名及表决有不同意见时，以合计持有半数以上有表决权股份的股东的意见作为一致行动的意见，该约定对全体一致行动人具有约束力，各方须按该意见行使股东权利'……"①

而约定违约金作为承担违约责任的方式在司法实践中会受制于损失金额的认定。《民法典》第五百八十四条规定："当事人一方不履行合同义务或者履行合同义务不符合约定，造成对方损失的，损失赔偿额应当相当于因违约所造成的损失，包括合同履行后可以获得的利益；但是，不得超过违约一方订立合同时预见到或者应当预见到的因违约可能造成的损失。"第五百八十五条规定："约定的违约金过分高于造成的损失的，人民法院或者仲裁机构可以根据当事人的请求予以适当减少。"《全国法院贯彻实施民法典工作会议纪要》（法〔2021〕94号）规定："约定的违约金超过根据民法典第五百八十四条规定确定的损失的百分之三十的，一般可以认定为民法典第五百八十五条第二款规定的过分高于造成的损失。"

在一致行动协议违约的场合，损失金额的认定具有较大的难度，即使在协议中已经明确约定违约金或损失赔偿的计算方式的情况下，法院依然可以根据《民法典》规定的原则酌定。

2.2.2 投票权委托

1. 何为投票权委托

投票权委托即表决权委托，是指股东通过签署投票权委托协议将其所持股权的表决权委托给受托方行使，具体的委托时间及委托范围由委托协议确定。

表决权委托是基于股权中的表决权可以单独分离行使的法理基础设计的。表决权是股东参与公司事务最主要的手段之一，公司日常经营决策的重大事项需要股东会决议通过，因此，在控制权分散的场合，控制表决权就能在一定程度上直接影响重大决议的通过。

新《公司法》第一百一十八条明示允许表决权委托："股东委托代理人出席股东会会议的，应当明确代理人代理的事项、权限和期限；代理人应当向公司提交股东授权委托书，并在授权范围内行使表决权。"上述规定是针对股份有限公司的。对于有限责任公司，虽然对投票权委托没有明示规定，但是结合新《公司法》第六十五条"股东会会议由股东按照出资比例行使表决权"，以及第六十六条"股东会的议事方式和表决程序，除本法有规定的外，由公司章程规定"，应

---

① 2015年11月20日步森股份《简式权益变动报告书》第7页。

当认定在公司章程未作禁止性约定的情况下，允许表决权委托。

2. 投票权委托与一致行动的区别

股东可以委托公司其他股东，也可以委托股东以外的第三人行使投票权，但一致行动是指股东之间的安排。

一致行动的认定不限于一致行动协议，还包括事实上的一致行动，是一个更为宽泛的概念；在使用一致行动协议的场合，不乏将投票权委托安排涵盖在一致行动协议中的约定。如鼎阳科技（688112）秦轲、邵海涛、赵亚锋三人曾签署一致行动协议，其中第五条约定："在本协议有效期内，除关联交易需要回避的情形外，一致行动人保证在行使根据法律法规规定及公司章程所享有的进行重大决策、选择管理者等股东权利时，进行充分的沟通和讨论，达成一致意见，并按照事先协调所达成的一致意见进行投票表决，如对表决事项无法达成一致意见，则以一致行动人中股东秦轲的意见为准进行投票表决。一致行动人可以亲自参加公司召开的股东（大）会，如不亲自参加公司股东（大）会，应委托公司持股比例最高的股东秦轲参加并行使表决权。"[①]

委托投票安排相对来说更为灵活，根据委托范围的具体约定，可以仅就一次股东会表决事项委托投票；而一致行动安排相对来说就较为稳定，要求在一段时间（一致行动期间）内，在公司重大决议事项上均保持一致。

3. 投票权委托协议

投票权委托需要出具书面的委托书或委托协议，委托书一般仅记载委托方、受托方、委托期限和委托内容等基础信息，而委托协议可以作更为详细的约定。

一般来说，投票权委托协议包括以下内容：

（1）投票权委托和受托当事人

委托方为公司股东；受托方可以是公司股东，也可以是非公司股东的第三人。

（2）投票权委托的股权（份）及股权（份）变动约定

委托协议通常对委托股权（份）数量进行明确约定，在股权（份）可能变动的场合也会对是否继续委托或允许优先购买等安排进行细化约定。

（3）投票权委托的范围

通常会明确仅限于表决权，不包括知情权、分红权、收益权等股东权利；同时会约定表决权行使的细化事项，包括但不限于签署股东会表决票、接收股东会

---

① 见鼎阳科技（688112）《关于深圳市鼎阳科技股份有限公司首次公开发行股票并在科创板上市申请文件的审核问询函的回复》第 21 页。

通知等；当然委托方也可以明示仅就特定事项允许受托方代为行使表决权，就其余事项保留自己行使表决权的权利。

（4）投票权委托的期限

通常可以约定具体的委托期限，也可以宽泛约定，如到委托方不再持有目标股权之日止。

（5）是否允许任意解除及提前终止情形

委托协议基于委托人和受托人之间的信任关系，如无特殊约定，允许行使任意解除权，实践中很多投票权委托协议均排除适用任意解除权，并配套约定在排除任意解除权情况下，满足双方约定的提前终止情形，一方可以要求提前终止。该等约定在控制权不稳定的场合可能引发有效性争议，司法实践也会结合交易背景等综合因素进行判断。

（6）违约责任和损害赔偿

委托投票协议中违约责任的承担方式存在与一致行动协议一样的情形。在违反授权范围行使权利等违约的场合，要结合委托投票涉及的公司决议的有效性及给受托人造成的实际损失判断损害赔偿违约责任能否真正落实；在解除合同能否要求损害赔偿的场合，还需要结合《民法典》第九百三十三条的规定综合判断。但在此之前，协议中还是有必要细化约定损失赔偿的计算方式，来降低损失计算的难度。

4. 投票权委托协议在我国的司法实践

（1）投票权委托协议能否排除行使任意解除权

《民法典》第九百三十三条规定"委托人或者受托人可以随时解除委托合同"，即委托合同具有任意解除权。在实践中经常看见"不可撤销"的委托，即签署委托协议的时候明示排除任意解除权。在这种情况下，排除任意解除权条款在司法实践中是否会被认定为有效？

司法实践中，单独就投票权委托协议一项提出解除的案例并不多，更多的是和股权转让、控制权变动等绑定引发的纠纷。

在较早的案例中，有法院直接认定排除任意解除权条款无效，例如〔2007〕闵民二（商）初字第1535号案件中，法院指出："本案中，涉案的表决权委托协议性质属委托合同。该协议中虽然明确约定有不可撤销的内容，但由于委托合同以当事人之间的信赖关系为基础，故该约定本身不具有强制力。原告有权要求提前解除合同，被告不得以委托不可撤销为由要求继续履行合同。"

近年来，法院更倾向于认定排除任意解除权条款有效，例如〔2020〕豫03民终5122号案件，二审法院指出："虽然《中华人民共和国合同法》第四百一十条规定委托合同双方当事人享有合同任意解除权，但是《合同法》关于任意解除权的规定不是强制性规定，而是属于授权性规范，双方当事人在《表决权委托协议》第三条对于王某和KYSS公司行使合同解除权的条件作了特别约定，该特别约定系对于任意解除权的限制和排除，是有效的。王某在本案中并未提交有效证据证明案涉委托协议达到双方约定的解除条件，故不能依据合同约定行使解除权。"

应当指出，在司法实践中，法院在认定排除任意解除权条款的效力时，会从交易背景、合同目的等多方面进行判断。在委托协议能否解除的场合，也会从事实上合同目的能否实现的角度进行判断，因此个案之间可能存在差异。

（2）投票权委托协议解除后能否要求损害赔偿

《民法典》第九百三十三条除了明示任意解除权外，也对解除合同后的法定赔偿范围作了规定，区分了无偿委托合同和有偿委托合同认定解除后引发赔偿责任的不同法定赔偿范围："因解除合同造成对方损失的，除不可归责于该当事人的事由外，无偿委托合同的解除方应当赔偿因解除时间不当造成的直接损失，有偿委托合同的解除方应当赔偿对方的直接损失和合同履行后可以获得的利益。"

投票权委托协议作为委托协议的一种，同样适用上述条款。但和一致行动协议违约承担赔偿责任损失认定难度较大一样，解除合同造成的损失在举证方面难度较大。尤其是在投票权委托场合，解除合同的直接损失和合同履行后的可获得利益都很难量化，无疑给了法院很大的自由裁量空间。因此，在投票权委托协议中具体约定损失的计算方法能够在一定程度上降低计算难度，但最终法院能核定的损失金额仍然具有很强的不确定性。

2.2.3 AB股

1. 何为AB股

AB股，是公司股份"同股不同权"的差异化安排，即将公司全部股份分为高投票权股份和普通股份，形成二元制股权结构，其中A股一般指具有特别表决权（高投票权）的股份，而B股是指普通股份（在有些交易所也有将B股设置为高投票权股份的情况）。

在AB股安排下，除一些特别事项外，在行使表决权时A股的表决权数量为B股的N倍（N的值根据不同交易所规定设置，一般情况下 $1 < N \leq 10$）。

对于采用AB股安排的公司，高投票权的A股拥有更多的表决票，能够影响公司治理过程中重大决议的通过。作为公司治理的一种制度实践，AB股制度的本质是让创始人（核心经营团队）在持有少量股权的情况下依然能够在公司重大经营决策上拥有较多的投票权。

因为 AB 股制度具有上述属性，其更适用于需要进行多轮融资的科技型创业公司，AB 股的设置能够让创始团队在多轮融资后继续掌控自己的公司，不让控制权被资本稀释。因此，AB 股设置深受京东、小米这些互联网与 TMT 公司欢迎。2012 年 2 月，京东股东会议同意公司设立双层投票结构。根据会议决议，刘强东及管理层人员持有的股份每股代表 20 票表决权，其他股东持有的股份每股只能代表 1 票表决权。2014 年 5 月，采用 AB 股设置的京东在美国纳斯达克上市，并于 2020 年 6 月 18 日赴港二次上市。2018 年 7 月，小米集团在香港证券交易所上市，是港股首家采用 AB 股设置的公司，根据小米的招股说明书，小米股票也分为 A 类和 B 类，A 类每股有 10 票表决权，B 类每股仅有 1 票表决权。上市时，雷军直接持有小米 31.41% 的股票，但其中有 20.51% 的 A 类股，加上另持有的 10.9%B 类股，雷军的投票权超过了 50%。

AB 股最早盛行于金融投资业发达的美国，并在 2004 年之后广泛应用于美国上市科技公司（2004 年以前苹果、微软等公司都未使用 AB 股架构）。AB 股"同股不同权"与"资本多数决"相矛盾，容易将公司的部分权利集中在某些"小团体"（即高投票权团体）中，在公司治理出现矛盾（尤其是创始人和中小股东出现利益分化）的情况下，无法保护出资多数的股东的利益。因此，我国香港直至 2018 年小米上市才首次允许使用 AB 股架构。而我国内地直至 2019 年，才允许专门面向科技创新行业领域的上海证券交易所科创板公司，以及新三板符合特定条件的科技创新公司，有条件地使用 AB 股制度。2023 年新《公司法》第一百四十四条第一次在基本法层面确定股份有限公司可以发行"每一股的表决权数多于或者少于普通股的股份"的类别股，此次修订打破了原《公司法》对于非公众股份有限公司严格按照"同股同权"设置股份的规定，是一次重大突破。

2. AB 股在我国的实践：公众公司①

目前我国在《科创板上市规则》《全国中小企业股份转让系统挂牌公司治理指引第 3 号——表决权差异安排》中设置了表决权差异安排，即只有符合上述法规规定的特定公众公司（包括科创板公司和符合条件的新三板科技公司）可以按照对应规则的细则规定设置特别表决权。

同时，《上市公司章程指引》第十六条第二款规定："存在特别表决权股份

---

① 公众公司分为上市公司和非上市公众公司，根据《非上市公众公司监督管理办法》第二条，非上市公众公司特指有下列情形之一且其股票未在证券交易所上市交易的股份有限公司：（一）股票向特定对象发行或者转让导致股东累计超过二百人；（二）股票公开转让。

的公司，应当在公司章程中规定特别表决权股份的持有人资格、特别表决权股份拥有的表决权数量与普通股份拥有的表决权数量的比例安排、持有人所持特别表决权股份能够参与表决的股东大会事项范围、特别表决权股份锁定安排及转让限制、特别表决权股份与普通股份的转换情形等事项。公司章程有关上述事项的规定，应当符合交易所的有关规定。"

以《科创板上市规则》为例，可以看到我国对公众公司实施表决权差异安排施加了严格的限制条件（见表 2-3），保证在符合特定公司需求的情况下，不至于对投资者（普通股）股东权益造成侵蚀。

表 2-3 科创板适用表决权差异安排的条件及具体规定

适用表决权差异安排条件	对应《科创板上市规则》具体规定
市值及营收要求	预计市值不低于 100 亿元或预计市值不低于 50 亿元，且最近一年营业收入不低于 5 亿元（2.1.4 第一款）
特别表决权设置的限制条件	1. 设置时间。上市前不设置的，上市后不得设置（4.5.2）。 2. 设置程序。发行人首次公开发行并上市前设置表决权差异安排的，应当经出席股东会的股东所持三分之二以上的表决权通过（4.5.3）。 3. 表决权权重限制。公司章程应当规定每份特别表决权股份的表决权数量。每份特别表决权股份的表决权数量应当相同，且不得超过每份普通股份的表决权数量的 10 倍（4.5.4）。 4. 其他股东权利相同。除公司章程规定的表决权差异外，普通股份与特别表决权股份具有的其他股东权利应当完全相同（4.5.5）。 5. 同比例转化。上市公司股票在上交所上市后，除同比例配股、转增股本情形外，不得在境内外发行特别表决权股份，不得提高特别表决权比例（是指全部特别表决权股份的表决权数量占上市公司全部已发行股份表决权数量的比例）。上市公司因股份回购等原因，可能导致特别表决权比例提高的，应当同时采取将相应数量特别表决权股份转换为普通股份等措施，保证特别表决权比例不高于原有水平（4.5.6）
持有特别表决权股东资格要求	1. 股东资格。持有特别表决权股份的股东应当为对上市公司发展或者业务增长等作出重大贡献，并且在公司上市前及上市后持续担任公司董事的人员或者该等人员实际控制的持股主体；在上市公司中拥有权益的股份合计应当达到公司全部已发行有表决权股份 10% 以上（4.5.3）。

续表

适用表决权差异安排条件	对应《科创板上市规则》具体规定
持有特别表决权股东资格要求	2.日落条款（即不符合资格条件，转为普通股）。出现下列情形之一的，特别表决权股份应当按照1∶1的比例转换为普通股份：①持有特别表决权股份的股东不再符合规定的资格和最低持股要求，或者丧失相应履职能力、离任、死亡；②实际持有特别表决权股份的股东失去对相关持股主体的实际控制；③持有特别表决权股份的股东向他人转让所持有的特别表决权股份，或者将特别表决权股份的表决权委托他人行使；④公司的控制权发生变更（4.5.9）。
投资者（普通股股东）保护	1.表决权比例保护。普通表决权比例（指全部普通股份的表决权数量占上市公司全部已发行股份表决权数量的比例）不低于10%。单独或者合计持有公司10%以上已发行有表决权股份的股东有权提议召开临时股东会；单独或者合计持有公司3%以上已发行有表决权股份的股东有权提出股东会议案（4.5.7）。 2.特定事项表决权保护。上市公司股东对下列事项行使表决权时，每一特别表决权股份享有的表决权数量应当与每一普通股份的表决权数量相同：①对公司章程作出修改；②改变特别表决权股份享有的表决权数量；③聘请或者解聘独立董事；④聘请或者解聘为上市公司定期报告出具审计意见的会计师事务所；⑤公司合并、分立、解散或者变更公司形式（4.5.10）。

2019年12月，首家设置特别表决权的公司优刻得科技股份有限公司（简称"优刻得"）科创板IPO注册获批。根据优刻得招股说明书，公司设置每份A类股份拥有的表决权数量为每份B类股份拥有的表决权的5倍，每份A类股份的表决权数量相同。发行人共同控股股东、实际控制人设置特别表决权的数量合计为97,688,245股A类股份，其中季某持有A类股份50,831,173股，莫某持有A类股份23,428,536股，华某持有A类股份23,428,536股。扣除A类股份后，公司剩余266,343,919股为B类股份。首发上市时，季某、莫某、华某三人持股比例为26.8347%，但控制了公司64.71%的表决权。

优刻得的IPO通过说明科技企业特别表决权安排在我国内地获得认可，为进一步促进科技企业的融资和发展提供了制度的支持。

3. AB股在我国的实践：有限责任公司和非公众公司的股份有限公司

有限责任公司因其人合性特点，《公司法》允许其在章程中对表决权作出特殊安排。新《公司法》第六十五条规定："股东会会议由股东按照出资比例行使表决权；但是，公司章程另有规定的除外。"

对于非公众公司的股份有限公司，在 2023 年《公司法》修订前，严格要求"一股一权"，不允许章程作特殊约定。但 2023 年新《公司法》第一百四十四条第一次在基本法层面确定股份有限公司可以发行"每一股的表决权数多于或者少于普通股的股份"的类别股并明确除公开发行前已发行的外，公开发行股份的公司不得发行上述类别股。同时新《公司法》在类别股的表决权行使方面还具体明确了"对于监事或者审计委员会成员的选举和更换，类别股与普通股每一股的表决权数相同"，对于"股东会作出修改公司章程、增加或者减少注册资本的决议，以及公司合并、分立、解散或者变更公司形式的决议"需要三分之二表决权通过事项，采用双重表决，即除了应当经出席会议的股东所持表决权的三分之二以上通过外，还应当经出席类别股股东会的股东所持表决权的三分之二以上通过（新《公司法》第一百四十六条）。

2.2.4 优先股

1. 何为优先股

优先股是相对于普通股的一种特殊的股份。2013 年 11 月 30 日，国务院发布《优先股试点指导意见》，启动优先股试点。2014 年 3 月 21 日，中国证监会发布《优先股试点管理办法》，并于 2023 年 2 月为配套注册制对《优先股试点管理办法》相关表述进行了修订调整。

上述规定主要针对公众公司，但 2023 年新《公司法》第一百四十四条第一次在基本法层面确定所有股份有限公司均可以发行"优先或者劣后分配利润或者剩余财产的股份"的类别股。

根据《优先股试点管理办法》第二条，优先股是指依照《公司法》，在一般规定的普通种类股份之外，另行规定的其他种类股份，其股份持有人优先于普通股股东分配公司利润和剩余财产，但参与公司决策管理等权利受到限制。

我国优先股的"优先性"主要体现在：

①优先分配利润。优先股股东按照约定的票面股息率（即固定股息），优先于普通股股东分配公司利润。公司向优先股股东完全支付约定的股息之前，不得向普通股股东分配利润。

②优先分配剩余财产。公司因解散、破产等原因进行清算时，公司财产在按照《公司法》和《企业破产法》有关规定进行清偿后的剩余财产，应向优先股股东支付未派发的股息和公司章程约定的清算金额，不足以支付的按照优先股股东持股比例分配。

虽然优先股先于普通股分配公司利润和剩余财产，但参与公司决策管理等权利受到限制，具体体现为表决权的限制。

我国优先股相关管理规定均明确了优先股受到表决权限制。除以下情况外，优先股股东不出席股东会会议，所持股份没有表决权：①修改公司章程中与优先股相关的内容；②一次或累计减少公司注册资本超过百分之十；③公司合并、分立、解散或变更公司形式；④发行优先股；⑤公司章程规定的其他情形。上述情况除须经出席会议的普通股股东（含表决权恢复的优先股股东）所持表决权的三分之二以上通过之外，还须经出席会议的优先股股东（不恢复的优先股股东）所持表决权的三分之二以上通过（《优先股试点指导意见》第一（五）条、《优先股试点管理办法》第十条）。上述双重表决机制也得到新《公司法》第一百四十六条的认可："公司合并、分立、解散或者变更公司形式的决议需要三分之二表决权通过事项，除了应当经出席会议的股东所持表决权的三分之二以上通过外，还应当经出席类别股股东会的股东所持表决权的三分之二以上通过。"除此之外，新《公司法》还明确"对于监事或者审计委员会成员的选举和更换，类别股与普通股每一股的表决权数相同"。

优先股的表决权限制在一定条件下可以恢复。《优先股试点指导意见》第一（六）条规定："公司累计3个会计年度或连续2个会计年度未按约定支付优先股股息的，优先股股东有权出席股东会，每股优先股股份享有公司章程规定的表决权。对于股息可累积到下一会计年度的优先股，表决权恢复直至公司全额支付所欠股息。"

2. 优先股在我国的实践：公众公司

目前，上海证券交易所、深圳证券交易所、北京证券交易所以及全国中小企业股份转让系统均配套《优先股试点管理办法》，制定了发行、信息披露、普通股转换等方面的细则，已有多家公司公告了优先股的发行信息。目前我国公众公司符合规定的发行方式如表2-4所示。

表2-4 我国公众公司符合规定的发行方式

类型	发行方式	发行对象要求	依据
上市公司	向不特定对象发行（公开发行）	无强制性规定	《优先股试点管理办法》
	向特定对象发行（非公开发行）	上市公司向特定对象发行优先股仅向《优先股试点管理办法》规定的合格投资者发行，每次发行对象不得超过二百人，且相同条款优先股的发行对象累计不得超过二百人。发行对象为境外战略投资者的，还应当符合国务院相关部门的规定	《优先股试点管理办法》第34条

续表

类型	发行方式	发行对象要求	依据
非上市公众公司	向特定对象发行（非公开发行）	非上市公众公司向特定对象发行优先股仅向《优先股试点管理办法》规定的合格投资者发行，每次发行对象不得超过二百人，且相同条款优先股的发行对象累计不得超过二百人	《优先股试点管理办法》第 3 条、第 66 条

《优先股试点管理办法》针对表 2-4 中的三种发行方式制定了详细的发行规则，涵盖发行数量独立性、内部控制、盈利要求、会计要求、募集资金用途、发行人及控股股东实际控制人禁止性规定，等等，要全面符合规定才能成功发行优先股。

其中，公开发行优先股的，应当在公司章程中明确：①采取固定股息率；②在有可分配税后利润的情况下必须向优先股股东分配股息；③未向优先股股东足额派发股息的差额部分应当累积到下一会计年度；④优先股股东按照约定的股息率分配股息后，不再同普通股股东一起参加剩余利润分配。商业银行发行优先股补充资本的，可就第②项和第③项所述事项另作规定。

《上市公司章程指引》第十六条注释也规定："发行优先股的公司，应当在章程中明确以下事项：（1）优先股股息率采用固定股息率或浮动股息率，并相应明确固定股息率水平或浮动股息率的计算方法；（2）公司在有可分配税后利润的情况下是否必须分配利润；（3）如果公司因本会计年度可分配利润不足而未向优先股股东足额派发股息，差额部分是否累积到下一会计年度；（4）优先股股东按照约定的股息率分配股息后，是否有权同普通股股东一起参加剩余利润分配，以及参与剩余利润分配的比例、条件等事项；（5）其他涉及优先股股东参与公司利润分配的事项；（6）除利润分配和剩余财产分配外，优先股是否在其他条款上具有不同的设置；（7）优先股表决权恢复时，每股优先股股份享有表决权的具体计算方法。"

3. 优先股在我国的实践：有限责任公司和非公众公司的股份有限公司

有限责任公司因其人合性的特点，《公司法》允许其在不违反法律强制性规定的情况下，对某些事项在章程中作特殊安排。正因如此，有限责任公司可以通过章程特殊规定的方式作出类似于优先股的设计，具体见表 2-5。

表 2-5　有限责任公司类优先股安排及对应法律依据

特殊安排	具体规定	依据
优先分配利润	在章程中约定公司在有利润可供分配时，将利润优先分配给特定股东	新《公司法》第210条第4款："公司弥补亏损和提取公积金后所余税后利润，有限责任公司按照股东实缴的出资比例分配利润，全体股东约定不按照出资比例分配利润的除外。"
优先分配剩余财产	在章程中约定公司财产在分别支付清算费用、职工的工资、社会保险费用和法定补偿金，缴纳所欠税款，清偿公司债务后的剩余财产，优先分配给部分股东	新《公司法》第236条第2款："公司财产在分别支付清算费用、职工的工资、社会保险费用和法定补偿金，缴纳所欠税款，清偿公司债务后的剩余财产，有限责任公司按照股东的出资比例分配，股份有限公司按照股东持有的股份比例分配。"此条并未明示股东对剩余财产约定作出特殊安排是否有效，但司法实践判例对"优先清算权"条款效力持肯定态度①
表决权的限制及恢复	除《公司法》明示须三分之二以上表决权股东通过事项外，在章程中设计不按照出资比例行使表决权的差异化安排，可以参照公众公司优先股对表决权限制及恢复安排	新《公司法》第65条："股东会会议由股东按照出资比例行使表决权；但是，公司章程另有规定的除外。"新《公司法》第66条："股东会的议事方式和表决程序，除本法有规定的外，由公司章程规定。股东会作出决议，应当经代表过半数表决权的股东通过。股东会作出修改公司章程、增加或者减少注册资本的决议，以及公司合并、分立、解散或者变更公司形式的决议，应当经代表三分之二以上表决权的股东通过。"

对于非公众公司的股份有限公司，在 2023 年《公司法》修订前，严格要求"一股一权"，不允许章程作特殊约定。但 2023 年新《公司法》第一百四十四

---

① 〔2019〕京 03 民终 6335 号案件二审法院认为："根据《公司法》第一百八十六条的规定，公司清算时，清算费用、职工的工资、社会保险费用和法定补偿金、所欠税款、公司债务优先于股东分配。本案中，案涉《增资协议》载明：'标的公司如果因破产或其他原因实施清算，则在分别支付清算费用、职工的工资、社会保险费用和法定补偿金，缴纳所欠税款，清偿公司债务后，对标的公司的剩余财产进行分配时，乙方、丙方、丁方应保证甲方优先获得本次增资中其对标的公司的全部实际投资加上该等实际投资对应的在标的公司已公布分配方案但还未执行的红利中投资方应享有的部分。'根据上述约定，在分别支付清算费用、职工的工资、社会保险费用和法定补偿金，缴纳所欠税款，清偿公司债务后，北科中心在股东分配中优先于其他股东进行分配，该协议约定在支付了法定优于股东之间分配的款项后，股东内部对于分配顺序进行约定并不违反《公司法》第一百八十六条的规定。因此，《增资协议》中对优先清算权的约定并不违反法律法规。"

条第一次在基本法层面确定股份有限公司可以发行"每一股的表决权数多于或者少于普通股的股份"的类别股，突破了股份有限公司必须"一股一权"的框架，使得非公众公司的股份有限公司作出优先股安排也得以完整实现（见表2-6）。

表2-6 非公众公司的股份有限公司类别股安排及对应法律依据

特殊安排	具体规定	依据
优先 分配利润	在章程中约定公司在有利润可供分配时，将利润优先分配给特定股东	新《公司法》第210条第4款中"股份有限公司按照股东所持有的股份比例分配利润，公司章程另有规定的除外"。 新《公司法》第144条："公司可以按照公司章程的规定发行下列与普通股权利不同的类别股：（一）优先或者劣后分配利润或者剩余财产的股份……"
优先分配 剩余财产	在章程中约定公司财产在分别支付清算费用、职工的工资、社会保险费用和法定补偿金，缴纳所欠税款，清偿公司债务后的剩余财产，优先分配给部分股东	新《公司法》第236条第2款："公司财产在分别支付清算费用、职工的工资、社会保险费用和法定补偿金，缴纳所欠税款，清偿公司债务后的剩余财产，有限责任公司按照股东的出资比例分配，股份有限公司按照股东持有的股份比例分配。"
表决权的 限制及恢复 （受到限制）	除《公司法》明示须三分之二以上表决权股东通过事项以及监事或者审计委员会成员的选举和更换事项外，可以在章程中设计不按照出资比例行使表决权的差异化安排，可以参照公众公司优先股对表决权限制及恢复安排	新《公司法》第144条："公司可以按照公司章程的规定发行下列与普通股权利不同的类别股：……（二）每一股的表决权数多于或者少于普通股的股份……公司发行本条第一款第二项规定的类别股的，对于监事或者审计委员会成员的选举和更换，类别股与普通股每一股的表决权数相同。" 新《公司法》第146条："发行类别股的公司，有本法第一百一十六条第三款规定的事项（股东会作出修改公司章程、增加或者减少注册资本的决议，以及公司合并、分立、解散或者变更公司形式的决议）等可能影响类别股股东权利的，除应当依照第一百一十六条第三款的规定经股东会决议外，还应当经出席类别股股东会议的股东所持表决权的三分之二以上通过。"

2.3 股权架构设计方法论之董事会

2.3.1 董事会简述

董事会由股东会选举产生，对于大多数规模不大的有限责任公司来说，公司的最大股东往往也是公司的实际控制人，同时掌管着公司经营命脉，很多时候也担任公司的董事长。在高度集权的公司中，董事会和股东会在职权方面往往不会产生过大的分歧。

但是在股东分散的场合，尤其是股东代表的利益群体不完全一致的场合，就会出现公司所有者与管理者分离的情况。最典型的如创业团队不断融资，导致创业团队股权稀释，投资人股权比例不断增加导致矛盾；上市公司的公众投资者不关心公司治理，仅仅希望通过持股套利；部分上市公司因二级市场运作而股权结构分散。

在这种情况下，董事会成员的构成以及董事会的决策权限就非常重要，因为董事是公司日常管理的核心，对公司日常经营决策有主导作用，同时把握着高管（主要为总经理、副总经理、财务总监等）的任免权，控制董事会也是把握公司控制权的重要手段。

新《公司法》允许在董事会中设置由董事组成的审计委员会行使其规定的监事会职权的，不设监事会或者监事（新《公司法》第六十九条、第一百二十一条、第一百七十六条），公司治理模式逐渐变为"股东会-董事会"二元模式。同时总经理作为执行董事会决策的执行部门，在公司治理过程中也起到非常大的作用。目前《公司法》确立股东会、董事会（规模较小或者股东人数较少的有限责任公司可以不设董事会，设一名董事，行使董事会的职权）、总经理三层的职权架构，并约定了不同的职权范围（见表2-7）。

表2-7 新《公司法》规定的股东会和董事会职权

股东会职权[①]	董事会职权[②]
	召集股东会会议，并向股东会报告工作
选举和更换董事、监事，决定有关董事、监事的报酬事项	执行股东会的决议

---

① 见新《公司法》第五十九条、第六十六条、第一百一十二条、第一百一十六条。
② 见新《公司法》第六十七条。

续表

股东会职权	董事会职权
审议批准董事会的报告	决定公司的经营计划和投资方案
审议批准监事会的报告	
审议批准公司的利润分配方案和弥补亏损方案	制订公司的利润分配方案和弥补亏损方案
对公司增加或者减少注册资本作出决议；有限责任公司应当经代表三分之二以上表决权的股东通过；股份有限公司经出席会议的股东所持表决权的三分之二通过	
对发行公司债券作出决议（其中股东会可以授权董事会对发行公司债券作出决议）	制订公司增加或者减少注册资本以及发行公司债券的方案
对公司合并、分立、解散、清算或者变更公司形式作出决议；有限责任公司应当经代表三分之二以上表决权的股东通过；股份有限公司经出席会议的股东所持表决权的三分之二通过	制订公司合并、分立、解散或者变更公司形式的方案
修改公司章程：有限责任公司应当经代表三分之二以上表决权的股东通过；股份有限公司经出席会议的股东所持表决权的三分之二通过	
公司章程规定的其他职权	决定公司内部管理机构的设置
	决定聘任或者解聘公司经理及其报酬事项，并根据经理的提名决定聘任或者解聘公司副经理、财务负责人及其报酬事项
	制定公司的基本管理制度
	公司章程规定或者股东会授予的其他职权（公司章程对董事会职权的限制不得对抗善意第三人）

从新《公司法》第六十七条的规定可以看出，在董事会和股东会的关系上，董事会负责召集股东会会议，向股东会报告工作，同时负责执行股东会的决议。在公司的经营计划和投资方案、内部管理机构设置、高管的选聘等日常管理事项上，董事会具有决定权；但对公司及股东权益有重大影响的事项，需要股东会决议通过，决定权在股东会。

《公司法》在对股东会和董事会的决策权限有明确约定的同时，赋予公司章程作特殊约定的权利，同时新《公司法》明确公司章程对董事会职权的限制不得对抗善意第三人。那么，在股东会和董事会决策权限的划分上，是否允许章程将股东会的权限下放至董事会？

应当注意到，新《公司法》第二十五条规定"公司股东会、董事会的决议内容违反法律、行政法规的无效"，因此在特定表决事项上，即使章程规定仅需要董事会决议通过，无须股东会决议，表决内容依然会因为和法律、行政法规等规定冲突而被确认为无效或可撤销。

例如，对公司增加或者减少注册资本、合并、分立、解散、清算或者变更公司形式，修改公司章程事项，因明确"应当"经代表三分之二以上表决权（有限责任公司）、经出席会议的股东所持表决权的三分之二（股份有限公司）通过，因此即使章程约定上述事项仅需董事会决议通过，也会被判定为违反强制性规定而被确认为无效。在为公司股东或者实际控制人提供担保的场合，〔2019〕粤0511民初2718号案件中，法院确认："《九民纪要》第18条规定，为公司股东或者实际控制人提供关联担保，必须由股东会决议。原告提供被告NF公司的董事会决议，认为其已尽到审查义务。但原告作为担保公司，应当清楚被告NF公司系上市公司，其章程已对外披露，根据《公司法》及被告NF公司的章程的规定，其为股东提供担保须经股东会决议，董事会并非相关事项的决议机关，原告未尽到审慎审查的义务，也不属于善意相对人，故原告主张被告NF公司承担保证责任，本院予以驳回。"

值得一提的是，证监会在董事会和股东会职权范围划分的问题上，在《公司法》的基础上作了更细致的规定，主要是为了防止董事会职权过大，侵蚀中小股东的利益；并通过注释的方式在《上市公司章程指引》中明确"股东大会的职权不得通过授权的形式由董事会或其他机构和个人代为行使"。当然，新《公司法》明示可以授权的事项如"股东会可以授权董事会对发行公司债券作出决议"（新《公司法》第五十九条）不在此列。

《上市公司章程指引》第四十一条规定："股东大会是公司的权力机构，依法行使下列职权：（一）决定公司的经营方针和投资计划；（二）选举和更换非由职工代表担任的董事、监事，决定有关董事、监事的报酬事项；（三）审议批准董事会的报告；（四）审议批准监事会报告；（五）审议批准公司的年度财务预算方案、决算方案；（六）审议批准公司的利润分配方案和弥补亏损方案；（七）对公司增加或者减少注册资本作出决议；（八）对发行公司债券作出决议；（九）对公司合并、分立、解散、清算或者变更公司形式作出决议；（十）修改本章程；（十一）对公司聘用、解聘会计师事务所作出决议；

（十二）审议批准第四十二条规定的担保事项；（十三）审议公司在一年内购买、出售重大资产超过公司最近一期经审计总资产百分之三十的事项；（十四）审议批准变更募集资金用途事项；（十五）审议股权激励计划；（十六）审议法律、行政法规、部门规章或本章程规定应当由股东大会决定的其他事项。注释：上述股东大会的职权不得通过授权的形式由董事会或其他机构和个人代为行使。"

《上市公司章程指引》第四十二条规定："公司下列对外担保行为，须经股东大会审议通过：（一）本公司及本公司控股子公司的对外担保总额，超过最近一期经审计净资产的百分之五十以后提供的任何担保；（二）公司的对外担保总额，超过最近一期经审计总资产的百分之三十以后提供的任何担保；（三）公司在一年内担保金额超过公司最近一期经审计总资产百分之三十的担保；（四）为资产负债率超过百分之七十的担保对象提供的担保；（五）单笔担保额超过最近一期经审计净资产百分之十的担保；（六）对股东、实际控制人及其关联方提供的担保。公司应当在章程中规定股东大会、董事会审批对外担保的权限和违反审批权限、审议程序的责任追究制度。"

《上市公司章程指引》第一百零七条规定："董事会行使下列职权：（一）召集股东大会，并向股东大会报告工作；（二）执行股东大会的决议；（三）决定公司的经营计划和投资方案；（四）制订公司的年度财务预算方案、决算方案；（五）制订公司的利润分配方案和弥补亏损方案；（六）制订公司增加或者减少注册资本、发行债券或其他证券及上市方案；（七）拟订公司重大收购、收购本公司股票或者合并、分立、解散及变更公司形式的方案；（八）在股东大会授权范围内，决定公司对外投资、收购出售资产、资产抵押、对外担保事项、委托理财、关联交易、对外捐赠等事项；（九）决定公司内部管理机构的设置；（十）决定聘任或者解聘公司经理、董事会秘书及其他高级管理人员，并决定其报酬事项和奖惩事项；根据经理的提名，决定聘任或者解聘公司副经理、财务负责人等高级管理人员，并决定其报酬事项和奖惩事项；（十一）制订公司的基本管理制度；（十二）制订本章程的修改方案；（十三）管理公司信息披露事项；（十四）向股东大会提请聘请或更换为公司审计的会计师事务所；（十五）听取公司经理的工作汇报并检查经理的工作；（十六）法律、行政法规、部门规章或本章程授予的其他职权。……公司股东大会可以授权公司董事会按照公司章程的约定向优先股股东支付股息。超过股东大会授权范围的事项，应当提交股东大会审议。"

由此可见，董事会职权不得擅自向股东会渗透，股东会下放权力至董事会需要法律法规的明文规定。

2.3.2 董事会席位

根据新《公司法》第六十八条、第七十五条、第一百二十条的规定，有限责任公司和股份有限公司董事会成员为三人以上，其成员中可以有公司职工代表。职工人数三百人以上的有限责任公司，除依法设监事会并有公司职工代表外，其董事会成员中应当有公司职工代表。董事会中的职工代表由公司职工通过职工代表大会、职工大会或者其他形式民主选举产生。规模较小或者股东人数较少的，可以不设董事会，设一名董事。新《公司法》改变了原《公司法》要求的董事会人数上限，同时也允许股份有限公司不设立董事会，仅设一名董事。

根据前文对董事会职权的论述，有限责任公司董事会对公司的经营计划和投资方案、内部管理机构设置、高管的选聘等日常管理事项具有决定权；对公司及股东权益有重大影响的事项（增加或者减少注册资本以及发行公司债券的方案，公司合并、分立、解散或者变更公司形式的方案，公司的基本管理制度），也需要董事会先制定方案，再提交股东会决议通过。

新《公司法》第七十三条规定："董事会的议事方式和表决程序，除本法有规定的外，由公司章程规定。董事会会议应当有过半数的董事出席方可举行。董事会作出决议，应当经全体董事的过半数通过。董事会决议的表决，应当一人一票。"

由此可见，依据董事会"按人数决"的表决方式，在董事会控制更多的董事会席位就能达到控制董事会的效果。

实践中，为了防止董事会投票出现僵局，大部分董事会的人数设置为奇数。对于有限责任公司，当股东结构相对分散，尤其当存在外部投资人时，外部股东通常都会谋求在董事会中的席位，以达到安排"自己人"了解和参与公司经营决策的目的。基于股东对公司的出资贡献，公司通常会接受股东委派的董事，但即使如此，控股股东或实际控制人通常也不会将董事会过半数的席位拱手相让，毕竟只有牢牢把握过半数的董事会席位，才能保证董事会的控制权。新《公司法》取消了董事会人数上限限制，事实上也有利于多轮融资的创业公司在给够外部投资人委派董事席位的情况下，仍然能够获得过半数董事席位（控股股东或实际控制人保证足够多的己方人选担任董事）。

值得一提的是，新《公司法》同时规定了董事的辞任和解任制度。其中，新《公司法》第七十条第三款规定了董事辞任制度："董事辞任的，应当以书面形式通知公司，公司收到通知之日辞任生效，但存在前款规定情形的，董事应当继续履行职务。"这明确了董事辞任的生效时间为"公司收到董事书面辞任通知之日",但存在第七十条第二款规定的特殊情形[①]的,董事应当继续履行职务。新《公司法》第七十一条规定了董事解任制度:"股东会可以决议解任董事,决议作出之日解任生效。无正当理由,在任期届满前解任董事的,该董事可以要求公司予以赔偿。"

基于公司和董事之间的委任关系,有限责任公司的董事的辞任、解任基本遵循无因性原则,同时为了保证董事独立行使职权,尤其是防止公司控股股东、实际控制人滥用控制权无理由撤换董事会成员,新《公司法》第七十一条第二款规定无正当理由解任董事职务的,被解任的董事有权要求公司赔偿。

对于上市公司,相关规范对董事会下各专门委员会和独立董事有要求。《上市公司章程指引》第一百零七条规定:"公司董事会设立审计委员会,并根据需要设立战略、提名、薪酬与考核等相关专门委员会。专门委员会对董事会负责,依照本章程和董事会授权履行职责,提案应当提交董事会审议决定。专门委员会成员全部由董事组成,其中审计委员会、提名委员会、薪酬与考核委员会中独立董事占多数并担任召集人,审计委员会的召集人为会计专业人士。董事会负责制定专门委员会工作规程,规范专门委员会的运作。"《上市公司独立董事管理办法》第五条规定:"上市公司独立董事占董事会成员的比例不得低于三分之一,且至少包括一名会计专业人士。"独立董事制度作为上市公司治理结构的重要一环,在促进公司规范运作、保护中小投资者合法权益、推动资本市场健康稳定发展等方面发挥了积极作用。

因董事会在公司治理过程中的重大作用,控制董事会对争取公司控制权非常重要,而控制董事会首先从争取董事会席位开始。因董事会的表决机制不同于股东会的资本多数决,而是采用"全体董事过半数按照人头数表决"的方式,新《公司法》第一百二十四条规定:"董事会会议应有过半数的董事出席方可举行。董事会作出决议,应当经全体董事的过半数通过。董事会决议的表决,实行一人一票。"同时《公司法》第一百三十九条规定了上市公司的董事会决议须剔除关联董事:"上市公司董事与董事会会议决议事项所涉及的企业或者个人有关联关系的,该董事应当及时向董事会书面报告。有关联关系的董事不得对该项决议行使表决权,也不得代理其他董事行使表决权。该董事会会议由过半数的无关

[①] 新《公司法》第七十条第二款:"董事任期届满未及时改选,或者董事在任期内辞任导致董事会成员低于法定人数的,在改选出的董事就任前,原董事仍应当依照法律、行政法规和公司章程的规定,履行董事职务。"

联关系董事出席即可举行，董事会会议所作决议须经无关联关系董事过半数通过。出席董事会会议的无关联关系董事人数不足三人的，应当将该事项提交上市公司股东会审议。"

2016年6月17日就万科管理层提出的引入深圳地铁重组预案的董事会表决是近年来最为经典的董事会表决案例。当时万科董事会中共有11席，其中公司大股东华润拥有3席，万科管理层有4席，另有独立董事4席。当时有效的万科公司章程约定："特定事项由董事会三分之二以上通过。"该议案华润方3名董事均投了反对票，而万科管理层均投了赞成票。独立董事张某认为自身存在潜在的关联与利益冲突，申请不对所有相关议案行使表决权而回避表决。

弃权票和回避表决不同，弃权票不会影响董事会计票的基数，但是回避表决票将从计票基数中直接剔除。除独立董事张某外的3名独立董事最终投赞成票，由此华润认为，董事会11名成员到场，结果为7票同意，3票反对，1票回避表决，赞成的比例为7/11，赞成票未达三分之二，因此议案并未获通过。但万科认为，排除一名独立董事回避表决，相关议案由10名董事进行表决，7票赞成，3票反对，赞成的比例为7/10，赞成票已达三分之二，有关议案获得通过。

后深圳证券交易所对此次董事会决议有效性进行问询，万科被要求补充披露张某回避表决的具体原因，该原因与重组交易之间的关系以及回避的认定程序、原因是否合规。万科方面直接回应，由于张某任职的美国黑石集团正在与万科洽谈在中国的一个大型商业物业项目，带来了潜在的关联和利益冲突，上述情况的存在会影响其独立商业判断，出于审慎原则，张某在会议上作出了回避表决的表示。

该次董事会表决成为万宝之争转变成华万之争的转折点，至2017年1月华润将所持股份全部转让给深圳地铁，彻底退出万科。

由此可见，在股权分散、公司控制权不稳定的场合，任何一个董事的席位都可能对公司重大决策产生深远影响。正因如此，很多投资机构（尤其是在股权投资场合）在投资协议中都会明确要求董事会席位并要求配套计入章程，而有些上市公司更是直接在公司章程中设计更换董事的人数上限，以达到控制董事会的目的。例如某公司章程有如下规定："董事由股东会选举或更换，并可在任期届满前由股东会解除其职务。董事任期3年。董事任期届满，可连选连任。董事会换届选举时，更换董事不得超过全体董事的1/2，董事任期届满前因其他原因更换和改选的董事人数不得超过全体董事的1/4，董事自愿辞职或出现本章程规定的不具备董事任职条件的情形除外。"

2.3.3 董事提名权

根据新《公司法》第五十九条、第一百一十二条，股东会行使职权包括选举和更换董事、监事，决定有关董事、监事的报酬事项。新《公司法》第六十八条规定："职工人数三百人以上的有限责任公司，除依法设监事会并有公司职工代表的外，其董事会成员中应当有公司职工代表。董事会中的职工代表由公司职工通过职工代表大会、职工大会或者其他形式民主选举产生。"因此，非职工董事人选最终由股东会决议通过。

对于有限责任公司，新《公司法》并未像对股份有限公司一样规定股东的提案权，但允许公司章程约定股东会的议事方式和表决程序。因此，对于有限责任公司，既可以选择直接在公司章程中约定董事提名方式，例如当股东持股比例达到某一比例时拥有提名董事的权利，也可以参照股份有限公司将董事提名作为一项提案，设置一套提案方式并在章程中约定具体的执行方式。

对于股份有限公司，在设置董事会（即董事人数为三人以上）的场合，董事的提名权非常重要。根据新《公司法》第一百一十五条第二款："单独或者合计持有公司百分之一以上股份的股东，可以在股东会会议召开十日前提出临时提案并书面提交董事会。临时提案应当有明确议题和具体决议事项。董事会应当在收到提案后二日内通知其他股东，并将该临时提案提交股东会审议；但临时提案违反法律、行政法规或者公司章程的规定，或者不属于股东会职权范围的除外。公司不得提高提出临时提案股东的持股比例。"值得注意的是，新《公司法》将原《公司法》提名权所需持股比例的下限从"百分之三"调整到"百分之一"，同时明确"公司不得提高提出临时提案股东的持股比例"。一般来说，董事提名也作为一项提案提交股东会审议通过。

董事会在公司日常经营决策管理中起到非常大的作用，因此控制董事会对掌握公司控制权有非常大的作用。

在新《公司法》实施前，很多公司的公司章程对董事提名作出特殊约定。例如某制药公司的公司章程对董事提名权作了如下约定："董事、监事候选人名单以提案的方式提请股东会表决。董事、监事候选人分别由董事会、监事会提出，合并持有公司股份总额10%以上的股东可以书面方式向董事会提名董事、监事候选人，并附所提候选人简历等基本情况。董事会提名委员会对提名候选人资格进行审查确认，之后董事会、监事会分别将提名候选人列入候选人名单，并以提案方式提请股东会审议表决。"该公司将提名权限定在持股比例10%以上的股东，提高了提名的门槛。

除了提高提名权所需持股比例外，还有公司对提名权所需的持股时间作出要求，例如某公司章程规定："候选董事、监事提名的方式和程序如下：（一）董事会换届改选或者现任董事会增补董事时，由现任董事会或连续12个月单独或者合计持有公司3%以上股份的股东，按照拟选任的人数，经董事会提名委员会审核、现任董事会资格审查后，提名下一届董事会的董事候选人或者增补董事的候选人，并提交股东会选举。"

限制董事提名权条款的效力在实操中存在一定的争议。对于有限责任公司，存在少量司法判例认定上述约定限制了股东的提名权利。〔2017〕沪0120民初13112号案件中，原告中证中小投资者服务中心有限责任公司请求法院确认被告上海海利生物技术股份有限公司于2015年6月29日作出的2015年第一次临时股东会决议通过的《公司章程》第八十二条第二款第（一）项"董事会、连续90天以上单独或合并持有公司3%以上股份的股东有权向董事会提出非独立董事候选人的提名，董事会经征求被提名人意见并对其任职资格进行审查后，向股东会提出提案"无效。法院认定："根据《公司法》的规定，公司股东依法享有资产收益、参与重大决策和选择管理者等权利。在权利的具体行使方式上，单独或者合计持有公司百分之三以上股份的股东，可以在股东会召开十日前提出临时提案并书面提交董事会。上述规定表明，只要具有公司股东身份，就有选择包括非独立董事候选人在内的管理者的权利，在权利的行使上并未附加任何的限制条件。分析被告在2015年第一次临时股东会决议中有关《公司章程》第八十二条第二款第（一）项内容，其中设定'连续90天以上'的条件，违反了《公司法》的规定，限制了部分股东就非独立董事候选人提出临时提案的权利，该决议内容应认定为无效。"

在上市公司层面，也有部分公司章程受到交易所关注及问询，主要集中于相关约定是否存在不合理地限制股东权利（提名权）、增加股东义务、提高股东行使提案权的法定资格标准等情形。但根据公开信息披露渠道查询，目前上市公司层面在章程中进行特殊约定的情况亦大量存在。

由于新《公司法》将原《公司法》提名权所需持股比例从"百分之三"调整到"百分之一"，同时明确"公司不得提高提出临时提案股东的持股比例"，因此通过章程提高提名权比例的做法将被直接视为无效，而要求持股时间的变相限制提名的做法也有极大可能因不合理地限制股东权利（提名权）而被确认为无效。

阿里巴巴为了让公司管理层能够控制董事会，充分利用了董事提名权。阿里巴巴上市前，经过几轮融资稀释，包括马云在内的公司管理层持股早已不足

10%。为了牢牢掌握董事会的控制权,阿里巴巴设置专门的合伙人委员会,遴选符合条件的对公司有重大贡献的合伙人选。同时,根据公司章程的规定,阿里巴巴合伙人享有提名董事的排他性权利。从表面上看,阿里巴巴合伙人仅拥有董事提名权,并没有董事任命的决定权;但公司章程同时规定,在任何时间,不论因何原因,当董事会成员人数少于阿里巴巴合伙人所提名的简单多数,阿里巴巴合伙人有权指定不足数量的董事会成员,以保证董事会成员中简单多数是由合伙人提名的。因此事实上合伙人有权在特定情形下任命50%以上的董事会成员。

为了进一步巩固合伙人的董事提名权,公司章程规定修改合伙人的董事提名权需要出席股东会的股东所持表决权95%以上同意,因此只要确保合伙人的持股达到5%以上,上述提名机制就不会发生变化。

更进一步,为了确保合伙人提名的董事能够当选,阿里巴巴和公司的大股东软银、雅虎签订了投票协议,确保软银和雅虎在每年的股东会上为阿里巴巴合伙人提名的董事投赞成票。

由此可见,不论是管理层还是股东,控制提名权的本质还是保证"自己人"能够成功占据董事会席位,并最终影响公司决策,获得对公司的控制。

2.3.4 一票否决权

一票否决权,指在公司章程或者投资协议中约定,对特定董事会审议事项,需要指定董事同意方能通过。实践中,一票否决权常见于投资协议的特殊条款,和回购、反稀释、对赌、优先分红、优先清算等条款一样,属于投资人的特殊安排。因为投资人通常进行财务投资,并不介入所投公司的日常经营管理,因此需要通过特殊条款保障自己的利益。一票否决权通常体现为投资人约定"某些特定事项须提交董事会审议,且须经投资方委派的董事同意方可通过"。

上述关于一票否决权的约定是否有效呢?

首先,新《公司法》第七十三条规定:"董事会的议事方式和表决程序,除本法有规定的外,由公司章程规定。董事会会议应当有过半数的董事出席方可举行。董事会作出决议,应当经全体董事的过半数通过。董事会决议的表决,应当一人一票。董事会应当对所议事项的决定作成会议记录,出席会议的董事应当在会议记录上签名。"因此,有限责任公司通过章程约定董事会一票否决权存在法律依据。

而新《公司法》第一百二十四条规定:"董事会会议应当有过半数的董事出席方可举行。董事会作出决议,应当经全体董事的过半数通过。董事会决议的表决,应当一人一票。董事会应当对所议事项的决定作成会议记录,出席会议的董事应当在会议记录上签名。"新《公司法》对股份有限公司董事会权限并没有"除本法有规定的外，由公司章程规定"的表述。因此，股份有限公司董事会的相关表决方式、表决权限并不能由公司章程另行规定。

而对于有上市挂牌需求的公司来说，各大交易所以及股转系统对拟上市挂牌主体控制权稳定性均有较为严格的要求，而一票否决权条款将被视为对发行或挂牌主体控制权及经营稳定性有重大影响条款，应在上市及挂牌前予以摘除。另外，对于上市或挂牌后的公司，交易所及股转系统对于包括一票否决权在内的特殊安排条款也同样要求摘除或予以重点关注。例如，《关于挂牌公司股票发行有关事项的规定》第十七条规定，挂牌公司与认购对象签订的认购协议中，以及挂牌公司控股股东、实际控制人或其他第三方与认购人签订的补充协议中，不得存在的第五类条款为：发行认购方有权不经挂牌公司内部决策程序直接向挂牌公司派驻董事或者派驻的董事对挂牌公司经营决策享有一票否决权。[1] 上市公司重大资产重组过程中，监管层虽无明令禁止，但仍会重点关注财务投资人对上市主体一票否决权的特殊约定，并通常要求上市主体自查其是否会对上市主体控制权稳定、持续发展和盈利能力造成重大不利影响。

此外，一票否决权条款是否有效还取决于约定的一票否决事项是否符合《公司法》等法律法规的要求。例如，董事会层面的一票否决权条款首先必须符合董事会的决策权限，与特定《公司法》规定必须由股东会决策事项，例如，董事会层面的一票否决权条款必须符合董事会的决策权限，针对特定事项如"公司增加或者减少注册资本，合并、分立、解散、清算或者变更公司形式，修改公司章程事项以及为公司股东或者实际控制人提供关联担保"，《公司法》规定必须由股东会进行决策（《公司法》第十五条、第五十九条、第一百一十二条），此时即使在董事会层面针对上述事项决策设置了一票否决权，也会因与《公司法》规定冲突而无效。

同时，应该注意，即使一票否决权的约定有效，但是其能否得到有效执行还取决于章程中是否作出明确配套约定。例如，在奇虎三六零公司与蒋某、老友计公司、胡某请求变更公司登记纠纷上诉案〔2014〕沪二中民四（商）终字第330号中，一方面，二审法院对奇虎三六零公司、老友计公司、胡某及李某三方共同签订的《投资协议书》中约定奇虎三六零公司对老友计公司从事包括任何股份的出售、转让、质押或股东以任何方式处置其持有的公司股权的部分或全部等的行

---

[1] 《关于挂牌公司股票发行有关事项的规定》部分内容被《全国中小企业股份转让系统股票定向发行规则》（2023）修订，但发行过程中包括一票否决权在内的特殊投资条款监管层要求摘除。

为均享有一票否决权事项，认为"本案中，赋予奇虎三六零公司对一些事项包括股权转让的一票否决权，系奇虎三六零公司认购新增资本的重要条件，这种限制是各方出于各自利益需求协商的结果，符合当时股东的真实意思表示，未违反《公司法》的强制性规定，应认定符合公司股东意思自治的精神，其效力应得到认可"。另一方面，因老友计公司同年 6 月 13 日制定的章程第十六条配套该一票否决权事项规定为："董事会对所议事项作出的决定由二分之一以上的董事表决通过方为有效，并应作成会议记录，出席会议的董事应当在会议记录上签名；但以下事项的表决还须取得股东奇虎三六零公司委派的董事的书面同意方能通过：（根据协议添加至此处）。"未将投资协议中一票否决权事项明文逐项同步至公司章程，导致法院认为，就老友计公司原股东而言，章程中"根据协议添加至此处"的内容能理解为奇虎三六零公司可行使一票否决权的相关内容，《投资协议书》的相关内容已纳入老友计公司的章程；但老友计公司外部人员由于并不知晓《投资协议书》的内容，很难理解"根据协议添加至此处"的具体内容。法院最终判定"因老友计公司章程中关于一票否决权的内容并不明晰，在工商行政管理部门登记备案的信息对此也没有反映，胡某并无证据证明其在上述过程中已向蒋某告知过奇虎三六零公司对于股权转让事项拥有否决权，也无证据证明蒋某与胡某存在恶意串通的情形，从维护商事交易安全的角度考虑，应遵循商事外观主义原则，对善意第三人的信赖利益应予保护，老友计公司股东之间的内部约定不能对抗善意第三人……蒋某要求继续履行协议办理工商变更登记的诉请应予以支持。"一票否决权约定有效，但执行层面未获得否决效果。

2.4　股权架构设计方法论之总经理

2.4.1　总经理职位简述

在股东会、董事会、总经理三层架构的公司治理模式下，作为负责公司日常经营管理的职能机构，总经理对董事会负责，是董事会的执行机构。

对于规模较小的有限责任公司，控股股东、董事长和总经理经常为同一个人，公司的实际控制人往往也是公司的主要业务负责人，在这样的场合，董事会和总经理以及股东之间不太可能产生分歧，实际控制人能实现对公司的绝对控制。

但是当公司成长到一定的阶段，股东不参与公司经营，董事会也只负责公司重大事项决策，此时需要选聘职业经理人负责公司的日常经营管理。有时仅仅依靠一个总经理也不足以应付公司全部的日常经营管理事项，就需要一个完整的管理团队负责公司的日常经营。总经理、副总经理、财务总监是公司的核心高管，在体量较大的公司，还需要技术总监、销售总监和运营总监等共同组成公司的核心高管团队。

如果说董事会是公司所有人（即股东）和管理团队在公司控制权出现分离时争夺公司核心权力的主战场（即在管理团队无法获得公司相对控股权的情况下，如果谋求公司控制权，一定会在董事会争取席位），那么总经理以及总经理率领的管理团队作为董事会的执行机构，在董事会出现动荡的场合，其稳定性也会受到一定的影响。

《公司法》和公司章程对总经理的职权有原则性的规定，在实践中，更重要的是通过董事会以《公司法》为基础制定细化的总经理及管理团队工作制度，将总经理职责具体落实；同时，总经理和管理团队因为全职负责公司日常经营管理，和公司建立劳动关系，因此在法律层面也需要对总经理及总经理率领的核心高管团队实现控制，避免不必要的纠纷，并完善管理团队的绩效及激励机制。从公司发展变迁来看，对总经理及高管团队制度化的控制也有助于公司在股东会和董事会层面出现动荡时，暂时保证日常经营不受到巨大的影响，从而保证公司的平稳运行。

2.4.2 总经理职权

《公司法》规定，有限责任公司可以设经理，由董事会决定聘任或者解聘。法律规定设置股东会、董事会、总经理三层职权架构，并规定了不同的职权范围。其中新《公司法》第六十七条、第一百二十条确认董事会的职权包括："（一）召集股东会会议，并向股东会报告工作；（二）执行股东会的决议；（三）决定公司的经营计划和投资方案；（四）制订公司的利润分配方案和弥补亏损方案；（五）制订公司增加或者减少注册资本以及发行公司债券的方案；（六）制订公司合并、分立、解散或者变更公司形式的方案；（七）决定公司内部管理机构的设置；（八）决定聘任或者解聘公司经理及其报酬事项，并根据经理的提名决定聘任或者解聘公司副经理、财务负责人及其报酬事项；（九）制定公司的基本管理制度；（十）公司章程规定或者股东会授予的其他职权。公司章程对董事会职权的限制不得对抗善意相对人。"新《公司法》第六十四条、第一百二十六条改变了原《公司法》对总经理职权列举式的规定，而是宽泛地规定经理职权为："经理对董事会负责，根据公司章程的规定或者董事会的授权行使职权。经理列席董事会会议。"这将总经理职权的细化划归公司自治范畴。

虽然在公司一些重大事项上总经理并无决定权，但是总经理对公司的日常经营具有举足轻重的作用。对于一些创业公司来说，总经理也是业务首要负责人，创始人往往都是从业务岗做起，并在公司达到一定规模之后才会引入外部的投资人，逐步产生谋求董事会控制权和平衡董事会和股东会的诉求。实践中不乏公司资本化后实际控制人荒废主营业务或者无法寻求到合适的业务岗接班人导致公司最终走向衰落的案例。

鉴于总经理牢牢控制着公司的日常经营权，因此在某些场合，公司股东会为了限制董事会的权力，会将总经理的任免权控制在自己手里。在这种情况下，公司章程通常不会将总经理的选任直接授权给董事会，而会进行类似"公司总经理在某一个或几个公司股东同意的前提下经股东委派并由董事会聘任产生"的约定，在公司章程做特殊约定的场合，董事会擅自提名非经特定股东同意的总经理或被确认为无效。例如，在〔2017〕鲁06民初53号案件中，公司董事会在上一届总经理任职到期、下一届总经理尚未选任期间通过董事会决议选聘"过渡期代管人"，因代管人职权和总经理职权存在重叠，法院认定"尽管过渡期管理制度明确了若非经过公司内部程序选任，代管人并非总经理之替代者或候选人，但过渡期管理制度赋予了代管人与公司章程赋予总经理在公司中相同的职权与地位，故过渡期管理制度中的公司代管人实质上为总经理"，同时因为"公司章程第九十五条规定，公司总经理在公司同意的前提下经股东帝斯曼公司委派并由董事会聘任产生。该规定实质上赋予了帝斯曼公司提名总经理人选的权利"，最终认定"该名代管人实质上享有总经理的职权和地位，违反了公司章程第九十五条有关总经理产生办法之规定，侵犯了帝斯曼公司委派总经理的权利，故本院认定涉案董事会决议的内容违反了公司章程的规定"。

2.4.3　总经理履职制度

总经理作为公司法定的高管之一[①]，对公司享有忠实和勤勉义务。

新《公司法》第一百八十条第一、二款细化并明确了忠实义务和勤勉义务的标准："董事、监事、高级管理人员对公司负有忠实义务，应当采取措施避免自身利益与公司利益冲突，不得利用职权牟取不正当利益。董事、监事、高级管理人员对公司负有勤勉义务，执行职务应当为公司的最大利益尽到管理者通常应有的合理注意。"

[①] 新《公司法》第二百六十五条规定："高级管理人员，是指公司的经理、副经理、财务负责人，上市公司董事会秘书和公司章程规定的其他人员。"

与此相配套，新《公司法》配套细化了有关董监高与公司发生关联交易、侵占公司商业机会、从事与公司竞争的业务的规则。新《公司法》第一百八十二条规定："董事、监事、高级管理人员，直接或者间接与本公司订立合同或者进行交易，应当就与订立合同或者进行交易有关的事项向董事会或者股东会报告，并按照公司章程的规定经董事会或者股东会决议通过。董事、监事、高级管理人员的近亲属，董事、监事、高级管理人员或者其近亲属直接或者间接控制的企业，以及与董事、监事、高级管理人员有其他关联关系的关联人，与公司订立合同或者进行交易，适用前款规定。"新《公司法》第一百八十三条规定："董事、监事、高级管理人员，不得利用职务便利为自己或者他人谋取属于公司的商业机会。但是，有下列情形之一的除外：（一）向董事会或者股东会报告，并按照公司章程的规定经董事会或者股东会决议通过；（二）根据法律、行政法规或者公司章程的规定，公司不能利用该商业机会。"新《公司法》第一百八十四条规定："董事、监事、高级管理人员未向董事会或者股东会报告，并按照公司章程的规定经董事会或者股东会决议通过，不得自营或者为他人经营与其任职公司同类的业务。"由此可见，董监高发生与公司利益冲突事项，须履行报告制度并经决议通过后方可执行。同时，针对涉及上述事项的表决，新《公司法》第一百八十五条亦明确了表决规则："关联董事不得参与表决，其表决权不计入表决权总数。出席董事会会议的无关联关系董事人数不足三人的，应当将该事项提交股东会审议。"

对于董监高违反上述忠实勤勉义务的，新《公司法》第一百八十六条明确所得收入归公司所有。

除此之外，董监高在执行职务过程中造成公司或者第三人损失的，新《公司法》同样明确了董监高应当承担的责任。新《公司法》第一百八十八条规定："董事、监事、高级管理人员执行职务违反法律、行政法规或者公司章程的规定，给公司造成损失的，应当承担赔偿责任。"新《公司法》第一百九十一条规定："董事、高级管理人员执行职务，给他人造成损害的，公司应当承担赔偿责任；董事、高级管理人员存在故意或者重大过失的，也应当承担赔偿责任。"新《公司法》确立董监高对第三人的特别法定责任，该等责任可能和《民法典》规定的侵权责任构成竞合，构成要件为：①主体为董事和高级管理人员；②客体为公司以外的第三人；③主观要件为执行职务存在故意或重大过失（并非对侵权行为存在故意或重大过失）；④执行职务给他人造成损失。

顺带一提的是，新《公司法》将忠实勤勉义务的主体从董监高扩展到了"隐身董事"，即控股股东、实际控制人。新《公司法》第一百八十条第三款规定：

"公司的控股股东、实际控制人不担任公司董事但实际执行公司事务的，适用前两款（忠实、勤勉义务）规定。"同时新《公司法》第一百九十二条也进一步明确："公司的控股股东、实际控制人指示董事、高级管理人员从事损害公司或者股东利益的行为的，与该董事、高级管理人员承担连带责任。"

新《公司法》全面明确并加重了董监高和控股股东、实际控制人的责任。总经理作为公司高管之一，全面适用相关规定。实践中，公司在要求总经理承担赔偿责任的场合，需要证明总经理的行为对公司财产造成了损害结果，即证明总经理的行为和该损害结果有因果关系。另外，法院在对总经理行为是否构成违反忠实及勤勉义务的认定上也会根据个案情况进行判断。例如，在〔2022〕京02民终8049号案件中，公司股东曾经作出协议约定"李某作为华北DB公司的总经理，负责公司的整体运营，具有公司日常执行权，享有授权范围内公司最终的签字审批权，但以公司名义对外的任何借款，必须经过罗某书面同意"，李某作为公司总经理和股东在协议上签字，后李某未经同意对外借款。二审法院确认依据股东协议认定："李某作为华北DB公司的总经理，负责公司的整体运营，具有公司日常执行权，享有授权范围内公司最终的签字审批权，但以公司名义对外的任何借款，必须经过罗某书面同意，但李某并未举证证明其取得了相关人员的书面同意，亦未证明该行为经华北DB公司股东会或者董事会同意，其行为应属于违反对公司忠实义务的行为，涉及款项应予以返还。"

由此可见，为了夯实总经理应对公司承担的忠实和勤勉义务，需要制定规范化的总经理工作制度，在《公司法》规定的范围内围绕总经理日常经营管理权限设计更为细化和可执行的规定。规范化的总经理工作制度通常包括如下几个方面。

①总经理的任职资格和任免程序。主要包括对总经理工作能力、经验的要求，对于特定有行业准入门槛的公司，可能还需要对专业技术认定作出一定的要求，还应要求不存在行业处罚或刑事犯罪记录等；任免程序通常包括总经理的提名和聘任流程、任期以及解聘的相关规定。

②经理人员的义务、职责和分工。通常包括是否禁止和限制总经理兼职的规定，以及对《公司法》高管责任的补充及细化约定；包括禁止利用关联关系和内幕信息等侵害公司利益及其他侵害公司利益行为的规定，不得滥用职权及定期报告以满足勤勉要求的细化规定；同时对于总经理在日常经营管理过程中的权限和实际执行方式也可以作细化规定，例如可以约定总经理负责制，在总经理担任法定代表人的场合对其文件签署的权限亦可以细化规定。

③总经理办公会议制度。办公会议制度的落实有助于日常经营管理的推进以

及落实总经理的勤勉尽职义务，同时也有助于保证总经理决策的民主和科学。尤其是在某些重要的日常经营管理事项场合，需要总经理会同公司其他部门一把手集体讨论，防止决策出现偏差。同时办公会议制度还需要制定完整的议事程序，使得公司日常经营更为规范。

④报告制度。如果说办公制度是总经理日常履职的规范流程，那么报告制度将总经理需要对董事会、股东会报告的义务进行了制度化的规定，尤其是在董事会闭会期间，让公司决策层知晓公司日常经营的情况有赖于日常报告制度的有效执行。

⑤其他公司股东或董事会认为需要制度化规定的内容。

2.4.4 在劳动法律框架下控制总经理及核心团队

在外聘职业经理人的场合，法律约束也是管理总经理及经营管理团队的一个重要手段。公司董事负责公司决策，无须在公司全职工作，实践中也存在董事在多家公司兼任的情形。不同于董事，总经理因负责公司的日常经营管理，通常需要全职，总经理及核心经营管理团队都需要和公司签署劳动合同。但总经理又不同于一般的员工，其任免由董事会决定。

这就意味着，董事会在认为总经理履职不合格的情况下（例如其日常管理不符合《公司法》对高管的要求或公司内部总经理工作制度的要求），有权通过董事会决议的方式解聘总经理。在2012年最高院指导案例〔2010〕沪二中民四（商）终字第436号案件中，法院认为："董事会决议解聘李某总经理职务的原因如果不存在，并不导致董事会决议（即解聘总经理的决议）撤销。首先，《公司法》尊重公司自治，公司内部法律关系原则上由公司自治机制调整，司法机关原则上不介入公司内部事务；其次，公司章程未对董事会解聘公司经理的职权作出限制，并未规定董事会解聘公司经理必须有一定的原因，该章程内容未违反《公司法》的强制性规定，应认定有效，因此公司董事会可以行使公司章程赋予的权力，作出解聘公司经理的决定。故法院应当尊重公司自治，无须审查公司董事会解聘公司经理的原因是否存在，即无须审查决议所依据的事实是否属实。"由此可见，法院并不会过多介入审查解聘的实体原因，只要解聘的董事会程序没有严重瑕疵，通常法院会认可解聘决议的有效性。

但是，董事会层面的解聘并不意味着法律层面总经理和公司的劳动关系自然终止，总经理和公司之间的劳动关系受到《中华人民共和国劳动法》的调整。而在解除劳动关系的问题上，《中华人民共和国劳动合同法》第四十条规定，劳动者不能胜任工作，经过培训或者调整工作岗位，仍不能胜任工作的，用人单位提前三十日以书面形式通知劳动者本人或者额外支付劳动者一个月工资后，可以解除劳动合同。

可以看出，用人单位若以"不能胜任"为由解雇劳动者，首先得证明劳动者不胜任原工作，其次还需要经过一个程序即对劳动者进行技能培训或者为其调整工作岗位。倘若经过该程序劳动者依旧不能胜任工作，法院才会支持用人单位以劳动者不能胜任工作为由解除与劳动者的合同。

因此在公司层面，除了制定《总经理工作制度》并由公司董事会或股东会决议确认外，还应当制定科学合理的管理制度，来规范总经理及其带领的管理团队。其中除了通行的员工手册外，对总经理和管理团队最直接的约束方式是细化薪酬管理和绩效考核制度，制定详细可执行的绩效考核标准，并在实际执行的过程中保留完整的考核依据、考核材料、考核流程等相关资料，并进行必要的民主公示。一方面，绩效和薪酬制度是对总经理及管理团队最直接的激励和约束机制，能够增强管理团队的积极性，同时将激励机制进行制度化明确也有助于避免后续任职过程中管理团队因工资待遇等问题和董事及股东产生不必要的纠纷；另一方面，事先进行上述安排有助于后续管理团队更换或在管理团队与董事会、股东会出现分歧后相关劳动纠纷的处理。

2.5 股权架构设计方法论之章程

2.5.1 章程的作用

公司章程是公司的"宪章"，是对公司的经营范围、治理机构（涉及股东会、董事会决策权限、决策方式、表决权安排）、股东权利、财务管理、股东分红、公司解散清算等方面进行全面规范的法律文件。章程一旦通过，则成为公司的集体意志，所有的股东、董监高等主体都需要遵守。虽然公司章程的约定有可能超出法律允许的界限（在该等情况下可能发生司法审查），但在公司集体意志自治条款未被推翻的情况下，集体成员（即公司股东）均须遵守。

公司章程在特定机关公示，因此具有"对世"效力，公司外法律主体在和公司进行商事活动时，也应审慎关注，尤其是对于特定事项（如对外担保、对外借款）的内部决策权限，在和该公司签订相关的合同时应当仔细审查，防止出现公司特定人员越权，但自己无法被认定为善意第三方的情况。例如，《九民纪要》第十八条对《公司法》第十六条（为公司股东或者实际控制人提供关联担保）项下公司构成越权担保，债权人要证明其"善意"，明确须达到的标准为："只要债权人能够证明其在订立担保合同时对董事会决议或者股东（大）会决议进行了审查，同意决议的人数及签字人员符合公司章程的规定，就应当认定其构成善意，但公司能够证明债权人明知公司章程对决议机关有明确规定的除外。"这明确债权人须对公司章程中的关联担保决策机制进行审查。

另外，公司章程对公司控制权的设计有重大的影响。例如本书讲解股权架构设计方法论的部分提及股权比例，章程对表决权的特殊安排或者对特定事项需要股东会特定比例通过的章程定制化设计，均有可能打破原《公司法》对相对、绝对控制权的"系统默认"设定，从而达到对公司控制权限进行"定制"的效果。

对此，最为典型的案例莫过于山东博瑞财鑫公司、吕氏父女案例。山东博瑞财鑫公司在2007年成立，注册资本1000万元，当时的股东是吕氏父女，吕父持股99%，吕女持股1%。2011年3月，父女两股东召开股东会，对公司章程进行多次修改，并将其中一项条款修改为：股东会对所议事项作出决议，决议应由全体股东一致表决通过。2019年8月，吕父将其所持公司99%的股权以350万元的价格转让给刘某，并进行工商变更登记，刘某正式成为持股99%的大股东。2019年12月，刘某通知持股1%的吕女于2020年1月8日召开临时股东会，提出修改公司章程、增加注册资本等事宜，但吕女表示对全部事项都投反对票。之后，刘某多次通知吕女都没能成功召开股东会，吕女始终拒绝参加，导致刘某对公司根本没有控制权。

正是由于章程的重要，就几乎所有涉及公司决策的事项均应先在章程中查看是否有特殊约定，并考察约定是否有效。在公司设立初期就对章程进行符合公司发展要求的设计和规范的定制，能为以后公司的发展和日常经营中的决策事项进行很好的规划，避免公司股东变化导致的控制权变动引发的一系列后续问题。

2.5.2 章程与出资协议

除了公司章程外，公司在设立之前很多合作主体会先共同订立出资协议，来规范初步合作的方式和公司设立过程中的出资方式，但出资协议和公司章程有很大不同，具体体现在：

第一，公司章程和出资协议的法律性质不同。

出资协议通常是在公司设立之前，为规范筹备设立公司过程中的股东出资以及相关权利义务而签署的协议，属于契约，受《民法典》合同编的规范。实践中的出资协议通常还会就公司设立后的运营目标、合作模式等进行约定，既可固定合作方股权合作的意图，也可规范公司出资过程中各出资人（股东）的权利和义务。

而公司章程是对公司的经营范围、治理机构及权限范围、股东权利、财务管理、公司解散清算等方面进行全面规范的法律文件，涵盖了公司组织和活动的基本准则，是公司的"宪章"，并受《公司法》及相关法律法规管理。

第二，公司章程和出资协议订立和修改的规则不同。

因为公司章程属于受《公司法》调整的公司基础法律文件，公司设立时的章程需要全体发起人（股东）签署通过，后续修改需要三分之二以上股东同意通过。公司章程的订立和修改后版本均须在市场监督管理局备案，未经备案的章程对外效力会受到影响。

股东出资协议属于平等法律主体之间的约定，协议各方同意才能生效，以后每次的修改也均须协议各方签字或者盖章通过才有效。协议仅对签约方有效，不当然具有对外效力，且可以保密，并无强制公示的要求。

第三，公司章程和出资协议约束的对象不同。

公司章程一旦通过，不仅约束公司的股东，甚至对董事、监事、高管乃至实际控制人都有约束力，在三分之二通过的章程修正案场合，即使是对公司章程修改投反对票的股东，若相关修改条文效力经司法审查属于公司章程有效约定，其同样要受到约束；但出资协议属于合同，合同仅对订立的合同主体有效。

因此，公司章程被通过后，实际上就是公司的"宪章"，章程代表着某种集体意志，并非如合同一样，仅约束签约主体。章程的变动也遵循《公司法》要求的程序。公司设立之后，公司的运作都需要遵守公司章程的约定，股东出资协议更多的是对在公司未设立时的筹备阶段权利义务的规范。

实践中存在股东在拟设立公司过程中订立了出资协议，约定了各自的出资比例和出资方式，但是在公司实际设立后最终的章程版本中，注册资本和出资协议中约定的不一致的情形。在这种情况下，按照出资协议多履行出资义务的一方（多履行即按照出资协议向公司出资，超出了最终公司章程约定的注册资本金额）能否要求公司将其多出资的部分退还呢？

在〔2018〕川 01 民终 1854 号案件中，多出资一方以公司多收取部分为"不当得利"要求公司退还，一审法院支持但二审法院驳回，其中二审法院指出："本案中，《出资协议书》中载明'本公司投资总额为 700 万元，其中注册资本为 100 万元整，出资为货币形式；各方同意并确认以下述比例分配各方所持公司股份比例：乙方出资额为 49 万元，持股比例为 7%'。投资总额是指按照企业章程规定的生产规模需要投入的基本建设资金和生产流动资金总和。注册资本是为设立法人企业在登记管理机构登记的资本总额，应为投资各方交付或认缴的出资额之和。故投资总额为 700 万元，公司章程载明的注册资本、工商登记档案登记的注册资本为 100 万元，投资总额与注册资本不一致是楚某与 MS 品牌公司在签订《投资协议书》时双方的真实意思表示，是双方意思自治之结果。并且，楚某在一、二审审理过程中也明确表示向谢某作为经营者的高新区 MS 餐饮店的账户打入 49 万元投资款之行为系为履行其在《出资协议书》中的义务，在 MS 公司设立并针对注册资本等必要事项进行工商登记后相当长的时间内，楚某也未针对其注册资本数额提出异议。综上所述，楚某给付款项的目的明确，并且与《出资协议书》的内容一致，MS 投资公司收取楚某主张的 42 万元款项有合法依据，不属于不当得利，故楚某请求 MS 品牌公司、MS 投资公司、谢某返还 42 万元款项的诉讼请求缺乏事实和法律依据，不应予以支持。"

事实上，出资协议中的"投资款"和章程中的"注册资本"并非一个概念，但是出资协议和后续章程衔接过程中并未对两者进行很明确的对接，尤其是对于超出注册资本范围的"溢价"定性，以及是否计入资本公积等未规范叙述，导致衔接过程中出现法律风险。

2.5.3 章程可约定重要条款

公司章程是公司的自治性规则，股东可以根据意思自治原则制定、修改公司章程，但不得违反法律强制性规定，在未获得股东同意情况下不得剥夺股东的优先购买权等法定权利。《公司法》明文允许章程作特殊约定事项及授权范围如表 2-8 所示。

表 2-8 《公司法》明文允许章程作特殊约定事项及授权范围

章程可自由约定事项	《公司法》授权范围	《公司法》依据
法定代表人选	在代表公司执行公司事务的董事或者经理中选择法定代表人	新《公司法》第 10 条
对外投资、担保	除公司为公司股东或者实际控制人担保必须经股东会审议通过，其余决策权限（包括担保的额度，或董事会、股东会各自的审批权限）章程可以自由约定	新《公司法》第 15 条
分红方式	自由约定分红方式，具体为：公司弥补亏损和提取公积金后所余税后利润，有限责任公司股东按照实缴的出资比例分配，但全体股东约定不按照出资比例分配利润的除外；股份有限公司按照股东所持有的股份比例分配利润，公司章程另有规定的除外。	新《公司法》第 210 条

续表

章程可自由约定事项	《公司法》授权范围	《公司法》依据
新增资本优先认缴权	有限责任公司新增资本时，股东在同等条件下有权优先按照实缴的出资比例认缴出资。但是，全体股东约定不按照出资比例优先认缴出资的除外。 股份有限公司为增加注册资本发行新股时，股东不享有优先认购权，公司章程另有规定或者股东会决议决定股东享有优先认购权的除外	新《公司法》第227条
股东会职权	详见本书2.3.1	新《公司法》第59条、第112条
股东会议事方式、表决程序	①有限责任公司。除《公司法》特殊规定的外，由公司章程规定。股东会作出决议，应当经代表过半数表决权的股东通过。股东会会议作出修改公司章程、增加或者减少注册资本的决议，以及公司合并、分立、解散或者变更公司形式的决议，应当经代表三分之二以上表决权的股东通过。 ②股份有限公司。股东出席股东会会议，所持每一股份有一表决权，类别股股东除外。公司持有的本公司股份没有表决权。股东会作出决议，应当经出席会议的股东所持表决权过半数通过。股东会作出修改公司章程、增加或者减少注册资本的决议，以及公司合并、分立、解散或者变更公司形式的决议，应当经出席会议的股东所持表决权的三分之二以上通过（无"公司章程可另行规定"条款）。 《公司法》特殊规定如新《公司法》第15条："公司为公司股东或者实际控制人提供担保的，应当经股东会决议。前款规定的股东或者受前款规定的实际控制人支配的股东，不得参加前款规定事项的表决。该项表决由出席会议的其他股东所持表决权的过半数通过。"	新《公司法》第15条、第66条、第116条
股东会表决权	①有限责任公司。股东会会议由股东按照出资比例行使表决权；但是，公司章程另有规定的除外。股东会会议作出修改公司章程、增加或者减少注册资本的决议，以及公司合并、分立、解散或者变更公司形式的决议，应当经代表三分之二以上表决权的股东通过。	新《公司法》第65条、第66条、第144条、第146条

续表

章程可自由约定事项	《公司法》授权范围	《公司法》依据
股东会表决权	②股份有限公司。可以按照新《公司法》发行类别股，类别股中包括每一股的表决权数多于或者少于普通股的股份，但股东会作出修改公司章程、增加或者减少注册资本的决议，以及公司合并、分立、解散或者变更公司形式的决议等可能影响类别股股东权利的，除应当经股东会决议外，还应当经出席类别股股东会议的股东所持表决权的三分之二以上通过（双重表决）	新《公司法》第65条、第66条、第144条、第146条
董事会职权	详见本书2.3.1	新《公司法》第67条
董事会议事方式、表决程序	①有限责任公司。除《公司法》特殊规定的外，由公司章程规定。董事会会议应当有过半数的董事出席方可举行。董事会作出决议，应当经全体董事的过半数通过。董事会决议的表决，应当一人一票。 ②股份有限公司。董事会中可以设置审计委员会，审计委员会的议事方式和表决程序，除本法有规定的外，由公司章程规定。董事会会议应当有过半数的董事出席方可举行。董事会作出决议，应当经全体董事的过半数通过。董事会决议的表决，应当一人一票。（无"公司章程可另行规定"条款） 《公司法》特殊规定如新《公司法》第185条规定，董事会对与公司发生关联交易、侵占公司商业机会、从事与公司竞争的业务的事项决议时，关联董事不得参与表决，其表决权不计入表决权总数。出席董事会会议的无关联关系董事人数不足三人的，应当将该事项提交股东会审议	新《公司法》第73条、第121条、第124条
董事会表决权	董事会决议的表决，实行一人一票，但章程约定的一票否决权是否有效视有限责任公司和股份有限公司的区别而不同（详见本书2.3.4）	新《公司法》第73条、第124条
董事长、副董事长的产生	有限责任公司章程可以规定是否设置副董事长，以及设置几位副董事长，并且可以在公司章程中规定董事长、副董事长的产生办法。 股份有限公司章程可以规定是否设置副董事长，以及设置几位副董事长，但《公司法》要求董事长和副董事长由董事会以全体董事的过半数选举产生	新《公司法》第68条、第122条

续表

章程可自由约定事项	《公司法》授权范围	《公司法》依据
董事的任期	有限责任公司章程可以在不超过三年的时间段内规定公司董事的任期，以及能否连选连任	新《公司法》第70条、第120条
股权转让	①有限责任公司。《公司法》规定股东之间可以自由转让，向原股东之外的股东转让，《公司法》赋予原股东优先购买权（新《公司法》不再要求原股东过半数同意），并规定"公司章程对股权转让另有规定的，从其规定"。 ②股份有限公司。《公司法》没有规定原股东优先购买权，但对特定人员每年转让数量有限制性规定，其中上市公司及非上市公众公司还受到各交易所关于股份锁定期和减持等规定的约束，章程仅可以作出比《公司法》及相关规定更为严格的转让要求	新《公司法》第84条、第160条
股东资格继承	①有限责任公司。《公司法》规定自然人股东死亡后，其合法继承人可以继承股东资格，但是公司章程另有规定的除外。因此，公司章程可以就继承人的数量（第一顺位继承人为多人时）、继承人的资格（身份条件）等作限制性规定，同时也可以排除继承。 ②股份有限公司。《公司法》没有明文授权章程可以就继承事项进行特殊约定	新《公司法》第90条
公司解散	公司章程自由约定解散事由	新《公司法》第229条

2.5.4 章程自由约定事项的实务运用

实务中，章程常常发挥着重要的作用，例如章程在法律授权范围内的细化规定常常能够有效避免实际运行过程中的争议；但由于《公司法》授权的概括性以及章程约定的复杂性，约定的效力时常存在争议，导致司法审查，并呈现不同的司法判定。

1. 新增资本优先认缴权

对于新增资本优先认缴权，新《公司法》第二百二十七条规定："有限责任公司增加注册资本时，股东在同等条件下有权优先按照实缴的出资比例认缴出资。但是，全体股东约定不按照出资比例优先认缴出资的除外。股份有限公司为增加注册资本发行新股时，股东不享有优先认购权，公司章程另有规定或者股东会决议决定股东享有优先认购权的除外。"

新《公司法》对有限责任公司和股份有限公司有不同的规定。

对于有限责任公司，《公司法》赋予股东"按照实缴的出资比例"优先认缴出资的权利，主要是为了在人合性公司中预设保障，维护股东持股比例利益；同时《公司法》允许全体股东"约定不按照出资比例优先认缴出资"，这就意味着，公司章程中可以事先约定股东放弃新增资本优先认缴权。对于有投融资需求的公司来说，投资人通常会要求被投有限责任公司在投资协议中放弃新增资本的优先认缴权，并在配套章程中进行修订，换言之，在投融资的场合，创始股东的持股比例将不可避免地被稀释。

另外，"约定不按照出资比例优先认缴出资"在实践中还包括约定不按照"实缴出资比例"而按照"认缴出资比例"认缴新增注册资本，以及在特定情况下丧失对新增注册资本的优先认缴权，例如章程可以约定"股东若出现同业竞争或者对公司利益不利情形（如违规关联担保、违规关联交易等），则丧失对新增注册资本的优先认缴权"。

对于股份有限公司，新《公司法》规定，新增资本股东不享有优先认缴权，如果有章程特殊约定或股东会决议，可以赋予股份有限公司优先认缴权，并决定具体的实施方式。

股东在行使认缴权之外对其他股东放弃认缴的增资份额是否享有优先认购权？这在司法实践中常常引起争议。应当指出，在有限公司的场合，新增资本优先认缴权和股权转让原股东的优先认缴权[1]并不相同。增资优先认缴权是为了"防稀释"，因为不按照同等持股比例增资不可避免地会导致未增资的股东股权被稀释，而《公司法》给予有限公司股东新增资本优先认缴权就是为股东股权比例维持不变预设法定权利；但股权转让的优先认缴权是在有限公司引进外部股东时，为保护原股东人合性而预设的法定权利，两者保护的权益有一定的区别。

从这个角度说，《公司法》预设的新增资本优先认缴权并不当然包括股东在行使认缴权之外对其他股东放弃认缴的增资份额部分当然享有优先认购权，但是公司可以通过章程细化约定。

2. 公司决议无效、撤销和不成立

在股东会以及董事会的召集程序、议事方式和表决方式上，新《公司法》对

---

[1] 详见新《公司法》第八十四条。

有限责任公司予以更高的自由度，允许自由约定股东会召开前的通知时间、召集方式及议事规则，且仅对特定事项（公司合并、分立、解散或者变更公司形式）要求三分之二通过，其余可以由章程自由约定（包括不按照出资比例行使表决权）；对于股份有限公司，新《公司法》规定了定期会议（提前20日）和临时会议（提前15日）召开前的通知时间（新《公司法》第一百一十五条），并未授权章程自由约定。《上市公司章程指引》中的相关约定和《公司法》保持一致。股份有限公司表决权，除按照新《公司法》要求设置的类别股外，所持每一股份有一表决权（新《公司法》第一百一十六条）。

在董事会的召集程序、议事方式和表决程序上，新《公司法》规定了有权召集董事会的主体及顺序（董事长、副董事长、半数以上董事共同推举一名董事）（新《公司法》第六十三条、第一百二十二条）；同时，股份有限公司，代表十分之一以上表决权的股东、三分之一以上董事或者监事会，可以提议召开董事会临时会议（新《公司法》第一百二十三条）。在议事方式和表决程序上，与有限责任公司的情况不同，新《公司法》要求股份有限公司每年必须有至少两次定期会议，开会前必须提前10日通知董事和监事，而对于董事会临时会议，则可以另定召集董事会的通知方式和通知时限（新《公司法》第一百二十三条）。不论是有限责任公司还是股份有限公司，董事会表决均"按人数决"，董事会决议要求"全体董事的过半数通过"，但具体到一票否决权等特殊安排条款，在实践中却因有限责任公司和股份有限公司的不同以及是否上市等因素影响而效力不同（具体可以参见本书2.3.4）。

简言之，在股东会以及董事会的召集程序、议事方式和表决方式上，《公司法》赋予有限责任公司更多的自由，而对股份有限公司，在会议召开前的通知时间、董事会的最低出席人数，以及定期会议等方面都做了规定。对于上述《公司法》明确且未允许章程自由变更的事项，实践中很少有章程作突破性规定，且大部分上市公司章程遵从《上市公司章程指引》制定，而该指引与《公司法》的规定保持一致。

如果公司实际实施会议制度召集程序、议事方式和表决方式未按照《公司法》及公司章程的约定执行，则根据瑕疵程度可能引发对公司决议的司法审查。新《公司法》《公司法解释（四）》[①]确立了公司决议无效、可撤销以及不成立的"三分法"，具体的适用情况如表2-9所示。

---

① 新《公司法》实施后尚未出台配套司法解释，原《公司法》项下司法解释目前仍然有效，后同。

表 2-9 "三分法"适用情况及法律依据

决议效力	适用情况	法律依据
决议无效	决议内容违反法律、行政法规	新《公司法》第 25 条
决议可撤销	①会议的召集程序、表决方式、召集程序违反法律、行政法规或者公司章程，但仅有轻微瑕疵，对决议未产生实质影响的除外； ②决议内容违反公司章程	新《公司法》第 26 条 《公司法解释（四）》第 4 条
决议不成立	①未召开股东会、董事会会议作出决议； ②股东会、董事会会议未对决议事项进行表决； ③出席会议的人数或者所持表决权数未达到《公司法》或者公司章程规定的人数或者所持表决权数； ④同意决议事项的人数或者所持表决权数未达到《公司法》或者公司章程规定的人数或者所持表决权数	新《公司法》第 27 条

由此可见，公司决议在实体上是否符合法律、行政法规可能引发公司决议效力审查，在程序上，召集程序、议事方式和表决方式是否符合法律法规和章程约定同样可能引发决议撤销和不成立的司法审查。其中，根据新《公司法》第二十六条第二款："未被通知参加股东会会议的股东自知道或者应当知道股东会决议作出之日起六十日内，可以请求人民法院撤销；自决议作出之日起一年内没有行使撤销权的，撤销权消灭。"公司决议撤销之诉还要受到上述除斥期间的限制，而公司决议无效和不成立之诉则没有上述限制。

在〔2018〕吉 0582 民初 857 号案件中，就股份有限公司临时董事会决议能否因程序瑕疵被撤销，法院认为："WG 黄金公司未提供证据证明其另行约定了召集董事会临时会议的通知方式和通知时限，故应当按照'没有约定从法定'的原则，依照《公司法》规定提前十日通知袁某。袁某系 WG 黄金公司工商登记的法定代表人、总经理、控股股东、董事，WG 黄金公司召开董事会临时会议，其决议内容均系涉及袁某个人利益事项，WG 黄金公司以未约定的通知方式告知袁某召开会议，且当日通知，当日召开董事会临时会议，故此次董事会临时会议的召集程序存在严重瑕疵。"法院最终撤销了涉案董事会决议。

3. 有限责任公司股权转让优先购买权章程约定边界

有限责任公司因其人合性特点，《公司法》规定股东对外转让股权时，其余原股东"在同等条件下"享有优先购买权。新《公司法》第八十四条规定："有限责任公司的股东之间可以相互转让其全部或者部分股权。股东向股东以外的人转让股权的，应当将股权转让的数量、价格、支付方式和期限等事项书面通知其他股东，其他股东在同等条件下有优先购买权。股东自接到书面通知之日起三十日内未答复的，视为放弃优先购买权。两个以上股东行使优先购买权的，协商确定各自的购买比例；协商不成的，按照转让时各自的出资比例行使优先购买权。公司章程对股权转让另有规定的，从其规定。"

"公司章程对股权转让另有规定的，从其规定"，在此条下，《公司法》对公司章程的授权边界在哪里？

（1）章程对优先购买权在《公司法》基础上作细化规定有效

这主要体现在，其他股东"在同等条件下"享有优先购买权。新《公司法》第八十四条规定，行使优先购买权时"应当将股权转让的数量、价格、支付方式和期限等事项书面通知其他股东"，因此"同等条件"应当考虑转让股权的数量、价格、支付方式及期限等因素，这些因素章程可以作细化约定。

同时，优先购买权的实施包括"主张"和"行权"两个阶段。关于有限责任公司"主张"行使有限购买权的时效，《公司法解释（四）》第十九条规定："有限责任公司的股东主张优先购买转让股权的，应当在收到通知后，在公司章程规定的行使期间内提出购买请求。公司章程没有规定行使期间或者规定不明确的，以通知确定的期间为准，通知确定的期间短于三十日或者未明确行使期间的，行使期间为三十日。"也就是说，章程可以自由约定（章程自由约定的情况下不受三十日限制，但是在章程没有规定情况下，必须留足三十日）。

"行权"即签订股权转让协议，支付股权转让款，办理股东变更登记等。在实践中，经常出现有的股东"主张"行使优先购买权，但迟迟不"行权"的情况，在此情况下，公司章程可以对"行权"的时间上限，主要是"主张"行使优先购买权至签订股权转让协议的时间上限作规定，一般为四十五日至六十日，毕竟实质"行权"时，资金筹措等商业考虑需要一定的合理期间。

（2）公司章程能否约定有限责任公司股东不享有优先购买权

优先购买权是《公司法》赋予有限责任公司老股东的一项法定权利，目的是维护有限责任公司人合性的特征。如果在公司设立之初，全体股东同意在章程中去除优先购买权，相当于对自己权利的放弃，这是法律所允许的。

但是，如果在章程修改的场合加入剥夺优先购买权的条款，就和设立之初有所不同。因为修改公司章程仅需三分之二的股东同意（新《公司法》第六十六条），在此情况下如果有股东反对，也有可能因为资本多数决（反对的股东持股比例无法超过三分之一）而通过，但此时鉴于优先购买权为法定权利，则修改后的公司章程并不必然对该反对的股东生效。也就是说，可能出现修改章程的决议有效，但是该条款不对反对的股东有效的情况。

同时，如果在设立之初的公司章程中就已经明确有限责任公司股东对外转让股权原股东无优先购买权，则通过股权转让、继承、赠与等方式继受成为公司股东的非创始股东也需要受到章程该条款的约束，因为公司设立之初的章程是全体意志的结果，相当于公司的"宪法"，并不存在通过资本多数决侵犯小股东利益的情况，因此对于后续加入公司的股东自然具有约束力。特别的，对于继承获得股东资格的继受股东，《公司法解释（四）》第十六条规定："有限责任公司的自然人股东因继承发生变化时，其他股东主张行使优先购买权的，人民法院不予支持，但公司章程另有规定或者全体股东另有约定的除外。"也就是说，《公司法》司法解释对于继承获得股东地位原则上默认不受优先购买权限制。

值得一提的是，在侵犯其他股东优先购买权转股权的场合，必然涉及转让股东和外部受让方之间股权转让协议是否有效，以及能否继续履行的问题。当前司法实践及《九民纪要》均已明确，在这种情况下，股权转让合同的效力通常为有效，如无法继续履行则按照约定承担违约责任。《九民纪要》第9条规定："审判实践中，部分人民法院对《公司法司法解释（四）》第21条规定的理解存在偏差，往往以保护其他股东的优先购买权为由认定股权转让合同无效。准确理解该条规定，既要注意保护其他股东的优先购买权，也要注意保护股东以外的股东受让人的合法权益，正确认定有限责任公司的股东与股东以外的股权受让人订立的股权转让合同的效力。一方面，其他股东依法享有优先购买权，在其主张按照股权转让合同约定的同等条件购买股权的情况下，应当支持其诉讼请求，除非出现该条第1款规定的情形。另一方面，为保护股东以外的股权受让人的合法权益，股权转让合同如无其他影响合同效力的事由，应当认定有效。其他股东行使优先购买权的，虽然股东以外的股权受让人关于继续履行股权转让合同的请求不能得到支持，但不影响其依约请求转让股东承担相应的违约责任。"

〔2020〕最高法民终1253号案件中，法院也作出相同的司法认定："既要注意保护其他股东的优先购买权，也要注意保护股东以外的股权受让人的合法权益，正确认定有限责任公司的股东与股东以外的股权受让人订立的股权转让合同的效力。一方面，其他股东依法享有优先购买权，在其主张按照股权转让合同约定的同等条件购买股权的情况下，应当支持其诉讼请求，除非出现《公司法解释

（四）》第二十一条第一款规定的超期行权情形。另一方面，为保护股东以外的股权受让人的合法权益，股权转让合同如无《公司法解释（四）》第二十一条第一款规定的欺诈、恶意串通等影响合同效力的事由，应当认定有效。其他股东行使优先购买权的，虽然股东以外的股权受让人关于继续履行股权转让合同的请求不能得到支持，但不影响其依约请求转让股东承担相应的违约责任。即股东优先购买权的行使与股权转让合同效力的认定并无必然关系。"

4. 股份有限公司股权转让限制

新《公司法》第一百六十条规定："公司公开发行股份前已发行的股份，自公司股票在证券交易所上市交易之日起一年内不得转让。法律、行政法规或者国务院证券监督管理机构对上市公司的股东、实际控制人转让其所持有的本公司股份另有规定的，从其规定。公司董事、监事、高级管理人员应当向公司申报所持有的本公司的股份及其变动情况，在就任时确定的任职期间每年转让的股份不得超过其所持有本公司股份总数的百分之二十五；所持本公司股份自公司股票上市交易之日起一年内不得转让。上述人员离职后半年内，不得转让其所持有的本公司股份。公司章程可以对公司董事、监事、高级管理人员转让其所持有的本公司股份作出其他限制性规定。股份在法律、行政法规规定的限制转让期限内出质的，质权人不得在限制转让期限内行使质权。"

而上市公司因股权转让涉及二级市场交易，纳入证监会金融监管领域，且相关交易通过集中竞价、大宗交易及协议转让的方式完成，相关股份在中国证券登记结算有限责任公司登记，因此股权转让除了要符合《公司法》的规定外，还要符合相关的金融规范。其中规范相关市场主体违规减持及短线交易一直是证监会关注的重点。非上市公众公司如新三板公司也参照上市公司相关规范管理。

除《公司法》《证券法》等基本法外，2024年5月24日证监会颁布《上市公司股东减持股份管理暂行办法》及《上市公司董事、监事和高级管理人员所持本公司股份及其变动管理规则》，系统性地完善了资本市场的股份减持制度。沪深交易所为配套实施证监会减持相关规定，亦在5月24日配套发布《上海证券交易所上市公司自律监管指引第15号——股东及董事、监事、高级管理人员减持股份》《深圳证券交易所上市公司自律监管指引第18号——股东及董事、监事、高级管理人员减持股份》。

上述一系列减持规定主要规范上市公司大股东（即上市公司控股股东及持股5%以上的股东）、上市公司特定股东（即大股东之外持有上市公司首次公开发行前股份、非公开发行股份的股东）以及上市公司的董事、监事、高级管理人员，持有上市公司首次公开发行前股份的在中国证券投资基金业协会备案的创业投资基金也受到部分减持制度和规则的规范和限制。同时,最新的减持相关规定也对上市公司大股东通过离婚、解除一致行动关系、清算或分立减持等绕道减持行为作出了限制,并细化了相关的违规责任,释放了进一步收紧及规范相关主体减持套现的政策信号。

5. 有限责任公司章程能否排除股权继承

新《公司法》第九十条规定:"自然人股东死亡后,其合法继承人可以继承股东资格;但是,公司章程另有规定的除外。"此处鉴于有限责任公司人合性特点,《公司法》允许公司章程作细化规定,但是否允许公司章程排除股权继承呢?

司法实践中,最高院在〔2018〕最高法民终88号中认定:"公司章程作为公司的自治规则,是公司组织与活动最基本与最重要的准则,对全体股东均具有约束力。正确理解章程条款,应在文义解释的基础上,综合考虑章程体系、制定背景以及实施情况等因素加以分析。首先,如前所述,JD公司自2007年以来先后经历五次章程修订。2009年章程中删除了继承人可以继承股东资格的条款,且明确规定股东不得向股东以外的人转让股权,可以反映出JD公司具有高度的人合性和封闭性特征。其次,周某去世前,2015年1月10日的公司章程第七条第三款对死亡股东股权的处理已经作出了规定,虽然未明确死亡股东的股东资格不能继承,但结合该条所反映的JD公司高度人合性和封闭性的特征,以及死亡股东应及时办理股权转让手续的表述,可以认定排除股东资格继承是章程的真实意思表示。再次,周某去世之前,股东郁某、曹某在离职时均将股权进行了转让,不再是JD公司的在册股东,JD公司亦根据章程规定支付了持股期间的股权回报款。该事例亦进一步印证了股东离开公司后按照章程规定不再享有股东资格的实践情况。因此,纵观JD公司章程的演变,并结合JD公司对离职退股的实践处理方式,本案应当认定公司章程已经排除了股东资格的继承。"由此可见,公司章程有权排除股权继承。

至于股份有限公司,人们通常认为其在接纳外部股东方面更为开放(如未设置原股东优先购买权),因此虽然《公司法》未明确规定股份有限公司股东继承权,但通常认为除章程另有约定外,股份有限公司股份可以继承。〔2021〕豫06民终1485号案件中,法院确认:"《中华人民共和国公司法》第七十五条规定,自然人股东死亡后,其合法继承人可以继承股东资格;但是公司章程另有规定的除外。本案中,JDK公司现系股份有限公司,较于有限责任公司而言,股份有限公司更具有资合性及开放性,公司规模较大,公司内部治理及架构较为成熟,为激发其市场活力,我国《公司法》对股份有限公司的股权转让并未进行过多限制。因此,股权的法定继承在本案中具备适用空间。公司章程作为公司筹备、设立、运行的纲领性文件，应当对股东间对于权利限制的条款进行明确记载，并登记备案于工商行政部门。"

6. 公司章程自由约定解散事由能避免司法实践中"公司僵局"认定的困难

新《公司法》第二百三十一条规定："公司经营管理发生严重困难，继续存续会使股东利益受到重大损失，通过其他途径不能解决的，持有公司百分之十以上表决权的股东，可以请求人民法院解散公司。"与此相应，《公司法解释（二）》第一条第一款规定："单独或者合计持有公司全部股东表决权百分之十以上的股东，以下列事由之一提起解散公司诉讼，并符合《公司法》第一百八十二条规定的，人民法院应予受理：（一）公司持续两年以上无法召开股东会或者股东大会，公司经营管理发生严重困难的；（二）股东表决时无法达到法定或者公司章程规定的比例，持续两年以上不能作出有效的股东会或者股东大会决议，公司经营管理发生严重困难的；（三）公司董事长期冲突，且无法通过股东会或者股东大会解决，公司经营管理发生严重困难的；（四）经营管理发生其他严重困难，公司继续存续会使股东利益受到重大损失的情形。"同时，第二款规定："股东以知情权、利润分配请求权等权益受到损害，或者公司亏损、财产不足以偿还全部债务，以及公司被吊销企业法人营业执照未进行清算等为由，提起解散公司诉讼的，人民法院不予受理。"

司法实践中对于"公司僵局"即"公司经营管理发生严重困难，继续存续会使股东利益受到重大损失，通过其他途径不能解决的"，通常都会从严认定。

〔2020〕最高法民申7067号案件中，最高院对经营管理是否发生严重困难、公司继续存续是否会使股东利益受到重大损失，以及公司经营困难能否通过其他途径予以解决进行全面论证，"在尚有其他方式可以解决股东之间的争议，可以使公司继续存续的情况下，即便公司出现僵局，亦不必然导致公司解散"，同时最高院特别指出："王某作为公司的执行董事有权召集股东会，即便其他股东拒绝参加股东会，按照公司章程，王某作为持股51%的股东所享有的表决权亦能够对公司一般经营事项形成有效决议，KG公司的运行机制尚未出现完全失灵状态。虽然KG公司从2017年2月6日至杜某萍起诉要求解散公司时未按公司章程要求召开股东会，但公司未召开股东会与无法召开股东会不能等同，在无其他有效证据相佐证的情况下，即便KG公司在2017年2月6日以后未召开股东会并形成股东会决议，也不必然意味着该公司经营管理出现混乱和股东会机制已失灵。本案现有证据尚不足以证明KG公司的经营管理已发生足以达到使其解散程度的严重困难。"

在最高院另一支持解散申诉案件中，最高院在审查了涉案公司股东会、董事会运行情况后认为:"A 公司系基于诉讼方式成为 B 公司的股东,与原股东并不具备人合性的基础。且 2011 年至 2018 年期间,C 公司与 D 公司、A 公司之间发生多起诉讼,股东间矛盾和冲突不断。同时,B 公司作为一家车辆设备制造公司,自 2004 年起以仓储租赁为主业,无其他经营事项。综上,B 公司的治理结构存在失灵的情形,股东之间冲突难以解决。公司解散的目的是维护小股东的合法权益,小股东不能参与公司决策、管理、分享利润,公司存续对于小股东 C 公司已经失去意义,在此情形下,解散公司是唯一选择。"

由此可见,在认定公司僵局尤其是公司运营机制完全失灵时,法院会全面考察及综合判断。在这种情况下,尤其是在通过共同设立公司开展合作的情况下,在公司章程中约定合作目的以及细化解散条件,能够避免"公司僵局"认定的困局。在〔2018〕陕 01 民终 7158 号案件中,涉案公司章程第四十七条规定:"公司有下列情形之一的,应予终止并进行清算:1. 本章程规定的营业期限届满;2. 股东会决议解散;3. 因公司合并或者分立需要解散;4. 依法被吊销营业执照、责令关闭或者被撤销;5. 人民法院依照《中华人民共和国公司法》第一百八十二条的规定予以解散;6. 破产;7. 连续两年不按章程规定方案分红。"第五十六条规定:"合作双方在本章程规定的经营期限届满前,由于股东之间的分歧导致公司股东会连续三次不能就所议事项作出有效决议(特别决议事项),公司继续存续会使股东利益受到重大损失,通过其他途径不能解决的,公司应根据本章程第四十七条的规定解散。"第五十七条规定:"公司运营过程中连续三个经营年度每年净利润低于 350 万元时,公司应根据本章程第四十七条的规定解散。"二审法院维持了一审法院的观点,认定:"A 系 B 和 C 出资设立的有限责任公司,A 公司章程第四十七条、第五十六条和第五十七条中对公司解散情形进行了规定。A 因与案外人经营场地租赁合同纠纷,致该公司从 2017 年 7 月份停止经营至今;虽 B 向一审法院诉讼时,尚不满章程规定的'三个经营年度',但至一审法院庭审和调解期间该期限已届满,A 经营期间未达到公司章程第五十七条规定的最低净利润 350 万元,该情形符合章程规定的解散条件。"

2.6 股权架构设计之股东主体形式

2.6.1 自然人持股

自然人持股是当前最常见的公司持股形式,是指由自然人个人直接持有公司股权,中间没有任何持股主体的存在,如图 2-1 所示。

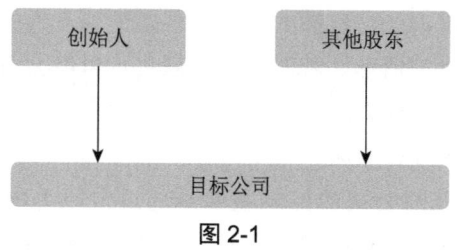

图 2-1

1. 自然人持股的优点

（1）股权控制力较强

自然人持股是个人直接持有目标公司，没有中间环节，只要具备合法的股东身份，即可以按照自己的意思直接行使股东权利，不需要其他任何人或者机构组织的协助，所以在公司重大事项表决时，决策直接、迅速，完全不打折扣地体现股东的意志。从公司控制权的角度来看，自然人持股相对于其他持股方式，股权控制力较强。

（2）治理成本低

由于是个人直接持股目标公司，中间没有持股平台，所以治理以及决策均比较简便，治理成本相对于其他持股方式较低。

（3）税负政策稳定可预期

自然人股东从目标公司取得的股息、红利等权益性投资收益，未分配利润转增资本或用于投资，以及转让股权所得收益等均须依法按照 20% 的比例税率缴纳个人所得税；个人转让目标公司股权免征增值税；另外自然人股东可以享受股息红利差别化个人所得税政策等诸多税收优惠。相对于其他持股主体，特别是合伙企业，其税收政策稳定，享有的税收优惠较多。

（4）有利于上市公司套现

自然人持股，只要符合限售股的出售规定，其套现基本上没有其他限制，具有便利性。且其股权转让具有税务优势，相比于公司持股需要缴纳企业所得税、个人所得税，具有节税功能。相比于合伙企业股权转让收入按照经营所得适用税率 5%～35%，自然人持股税收预期准确，风险较小。

2. 自然人持股的缺点

（1）风险隔离作用弱

自然人持股目标公司，对于股东而言，若目标公司运营不规范或者存在瑕疵出资，债权人可能申请适用法人人格否认制度，从而打破股东的有限责任，让股东对公司债务承担连带责任，不利于股东隔离公司的运营风险，缺乏坚实的防火墙。对于目标公司来说，一旦自然人股东出现婚变或者人身变故，其名下股权面临着被分割或者被继承的情形，若对此没有规划，可能会引起公司的不稳定，甚至会引起公司控制权的争夺大战。

（2）股权控制缺乏杠杆效应

自然人持股，股东对公司的控制主要是通过自己手中持有的一定比例的股权，但是公司因资金需要进行股权融资时，自然人所持股权比例又势必被稀释，导致自然人对公司的控制权被削弱。对此，可通过表决权委托、一致行动协议等方式来解决控制权不足的问题。但这样借助于其他股东的力量，也可能面临违约风险，增加控制权的变数。相比于公司持股、有限合伙持股等模式，自然人持股缺乏股权控制的杠杆效应。

（3）不利于公司融资和扩张

如果股东没有短期变现需求，打算对目标公司长期持股，则自然人持股具有局限性。一是股东数额有限制，这也限制了公司股权融资的规模。二是自然人持股，从目标公司取得分红需要缴纳个人所得税；而公司股东从目标公司取得分红是免税的。因此，在股东取得分红再投资目标公司，以扩大目标公司规模的情形下，公司股东相比于自然人股东就少缴了所得税，也就是说，自然人股东持股税费成本更高。在公司并购重组中，个人股东应缴纳个人所得税，而公司持股在满足条件时可以享受递延纳税政策优惠。根据以上分析，自然人持股不利于公司融资及规模的扩大。

（4）税务筹划空间小

如上所述，个人持股相比于公司持股，无论是在分红时还是在企业重组时，都较难享受到特定的税收优惠待遇，因而公司在日常运营和扩张时税务筹划空间都很有限。

（5）退出机制不够灵活

非上市公司的股权具有封闭性，股份流通性差。个人股东相对于公司或者合伙人持股，退出公司的手段较少，且有诸多限制。如果是公司持股，为了维护目标公司的稳定性，可以在上一层的持股公司层面进行退出操作，具有灵活性。

3. 自然人持股适用情形

（1）初创企业的股东

初创企业创始人及创业伙伴人数较少，公司规模小，资本薄弱，生存为第一要务，股权构架不宜复杂，适合自然人直接持股。

(2) 拟上市公司的投资人

拟上市公司的投资人股东，上市后套现的，适合采用自然人持股模式，既方便快捷，又可以达到节税的效果。

2.6.2 有限责任公司持股

有限责任公司持股，是指股东不直接持有目标公司的股权，而是通过一家有限责任公司（以下简称"控股公司"）间接持有目标公司股权，这就相当于在自然人股东与目标公司之间中间搭建了一个持股平台，如图2-2所示。

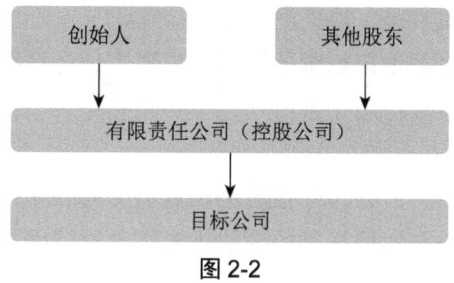

图 2-2

1. 有限责任公司持股的优点

（1）股权治理更高效

一是便于股权控制。将分散的股东集中在持股平台层面，只要控制了持股平台公司，就可以牢牢控制目标公司。即使股东之间有分歧，也可以将分歧局限在控股公司层面，从而不影响目标公司的决策运营。二是便于股权调整。股权调整可以在控股公司层面进行，完全不影响目标公司的经营。三是便于业务扩张。通过控股公司，可以开设新的运营主体，各个业务运营主体相互独立，将来便于公司业务的重整或者剥离。四是控股公司作为运营平台管理公司，资本运作空间更大。

（2）风险隔离作用强

对公司创始人来说，由于控股公司本身属于有限责任，在目标公司有限责任的基础上，又增加了一道有限责任的屏障，多了一层风险的隔离和保护。对目标公司来说，创始人或者其他股东出现婚变或者人身事故，其影响被限定在控股公司层面，对目标公司的运营没有直接的影响，就缓冲和减弱了上述风险对目标公司的不利影响。

（3）税务筹划空间大

相对于自然人持股，有限责任公司控股，目标公司分红到控股公司属于居民企业之间分配股息红利，可以享受免税优惠。同理，目标公司以未分配利润、盈余公积、资本公积转增股本时，公司股东也无须缴纳个人所得税。目标公司在架构重组如企业合并与分离时，可以享受公司重整的税收优惠。

2. 有限责任公司持股的缺点

（1）股权减持税负重

虽然由于免税，目标公司在分红时不存在双重征税的问题，但控股公司转让目标公司股权时需要缴纳企业所得税；控股公司将来将股权转让所得以利润形式分配给其个人股东时，还要缴纳个人所得税，存在双重征税的问题，税负较重。

（2）股权转让自由度差，缺乏灵活性

相对于有限合伙企业退出机制的灵活，有限责任公司持股退出机制依然缺乏灵活性，不适合作为员工持股平台。

（3）治理成本高

相对于自然人直接持股，设立控股公司难免会增加管理成本，有时为了满足一些地方的要求，还会有实体场所的维护成本等，治理成本相对较高。

3. 有限责任公司持股适用情形

①由于有限责任公司持股从目标公司分红免税，且控股公司可以作为投资平台，对于打算长期持有并且持续投资的企业家非常适合。

②不打算上市的家族企业。

③有多个业务板块的多元化企业集团。

2.6.3 有限合伙企业持股

有限合伙企业持股与有限责任公司持股类似，指股东并不直接持有目标公司的股权，而是通过搭建一个持股平台持股目标公司，只是中间的持股平台由控股公司变成了有限合伙企业。持股的有限合伙企业，普通合伙人（GP）一般由创始人（实际控制人）担任，而有限合伙人（LP）通常由高管或其他资源方担任，如图 2-3 所示。

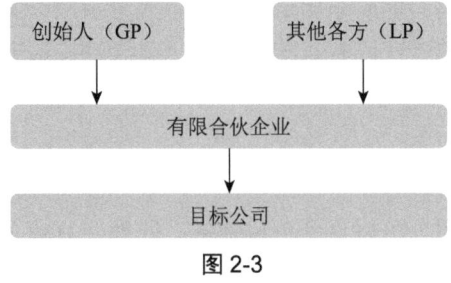

图 2-3

1. 有限合伙企业持股的优点

（1）股权控制杠杆效应强

根据《合伙企业法》的规定，普通合伙人（GP）承担合伙企业的无限连带责任，享有合伙企业决议的全部表决权，可以不分配财产权，可以做到只要"权"，不要"钱"。有限合伙人（LP）不享有合伙企业的表决权，但可以享受合伙企业对外投资的财产收益权，可以做到只要"钱"，不要"权"。因此，以有限合伙企业作为股权持股平台，可以很好地实现财务投资者和战略投资者的"钱权分离"。由于LP不享有表决权，GP除了自身出资对应的控制权外，还有由LP出资对应的控制权（后者可以视为控制权放大的部分），因此创始人担任有限合伙企业的GP，可以用少量资金投入起到控制较多股权的目的，起到所谓的杠杆效应。

（2）调整灵活，便于资本运作

以合伙企业作为持股平台，员工流动或者投资人撤资等问题均可以在合伙企业层面解决，可以避免目标公司层面的股权变动。若创始人设立有限责任公司作为普通合伙人持股目标公司，即使调整普通合伙人，只需要更换GP有限公司的股东即可，也不会涉及目标公司层面的股权变动。因此，有限合伙企业持股，公司股权架构更简洁更稳定，有利于公司更好地进行投融资方面的资本运作。另外，有限合伙企业的自治权比有限公司大，可以将不同类型的股东（战略投资者、高管、核心员工、亲朋好友等）分类装入不同的合伙企业，根据章程约定不同的进入和退出机制，便于管理。

（3）避免双重征税

合伙企业在税法上属于"税收透明体"，实行"先分后税"的原则。合伙企业层面并不缴纳所得税，经营收益以及财产转让收益直接穿透合伙企业，流入合伙人账户，仅由合伙人就红利或转让所得缴纳其对应的个人所得税，因此相对于有限责任公司持股来说避免了"双重征税"。

（4）风险隔离作用较强

若创始人设立有限责任公司作为普通合伙人持股目标公司，普通合伙人虽承担无限连带责任，但由于普通合伙人本身是有限公司承担有限责任，隔离了创始人直接作为普通合伙人的无限连带责任，相对于自然人直接持股，风险隔离作用较强。

2. 有限合伙企业持股的缺点

（1）税务筹划风险大

由于我国关于合伙企业的税收法律法规并不健全，各地方合伙人税务处理适用标准不一，企业在进行税务筹划时，面临不断被规范和调整的风险。比如之前关于合伙企业的核定征收，最终国家在2021年12月30日出台了规定，要求持有股权、股票、合伙企业财产份额等权益性投资的合伙企业，不得核定征收，一律适用查账征收方式计征个人所得税。

（2）转让股权税负重

对于合伙企业的自然合伙人，股权转让所得是按照"经营所得"还是按照"财产转让所得"纳税，在实践中曾经有一定的争议。如果按照"经营所得"，适用税率5%～35%；如果按照"财产转让所得"，适用税率20%。当前，主流的观点是按照"经营所得"，适用税率5%～35%，税负相比于自然人持股较重。

（3）无法享受相关税收优惠

由于合伙企业是"税收透明体"，故实际承担税负的是该合伙企业的合伙人。按照目前税法规定，对于自然人的诸多税收优惠，比如上市公司股息红利差别化优惠政策，要求自然人直接持股，而合伙企业的自然人合伙人由于不是直接持股，无法享受该优惠政策。合伙企业的公司合伙人，亦因不是公司直接持股，而不能享受居民企业之间股息红利的免税政策。

3. 有限合伙企业持股适用情形

①"钱权分离"度极高的创始人股东。一些资金密集型的行业融资需求比较大，创始人持股比例势必被稀释得比较低，为了控制权的需要，适合有限合伙企业持股。

②员工持股平台。采用有限合伙企业持股，不仅方便对股权进行管理，还有利于大股东获得更多的控制权。

2.7 股权架构设计之动态股权架构

公司股权并不是分配完就一劳永逸，股权架构设计是存在于公司整个生命周期的。随着公司战略、股东贡献度、股东关系的变化，股权架构也要相应调整，以确保维持创始人的控制权，同时关注不同时期合伙人、员工、投资人的贡献及利益诉求，使这些利益主体的贡献与其股权利益相匹配。

2.7.1 什么是动态股权架构设计

公司创立时，股东大多真诚、互信，基于对公司发展前景的长期看好而决定参与创业，但是现实情况是，在股权架构设计之初公司发展预期不明确，各股东之间信息不对称，所以股权分配通常有"拍脑袋"的成分。实践中，大部分公司是按照股东的实际出资金额确定股权比例，不考虑人力、资源等因素。公司经过一段时间的运营经常出现的争议是，有的股东认为自己的投入与回报不成比例，选择离开，即所谓"朋友式合伙，仇人式散伙"。

举例说明，三个好友甲、乙、丙创业，按约定分配好股权，甲、乙、丙分别持有60%、20%、20%。一开始大家齐心协力，各展所能，然后出于某种原因，丙干了半年就从公司离职了，甲和乙通过几年的殚精竭虑将公司做大做强了，这时丙回来分享利益。又如，前述三个股东分配好股权后，丙负责公司产品营销、市场开拓，为公司建立了成熟的营销体系，并将自己打造成了网红，成为公司产品的招牌，为公司业绩做出了超预期的贡献，此时丙认为自己的股权比例过低，和付出不成比例，甲和乙认为股权比例是事先商定的，不可轻易改变。

这些股权分配上的矛盾，就是动态股权架构设计所要预防和解决的问题。所谓动态股权架构设计，就是根据股东在公司不同发展阶段的贡献度来分配与调整股权比例。

2.7.2 动态股权架构设计的原则

动态股权架构设计要把握如下几个原则。

1. 按股东的价值贡献分配股权

根据《公司法》的出资相关规定，股东可以用货币出资，也可以用实物、知识产权、土地使用权、股权、债权等可以用货币估价并可以依法转让的非货币财产作价出资，《市场主体登记管理条例》规定，公司股东不得以劳务、信用、自然人姓名、商誉、特许经营权或者设定担保的财产等作价出资。现行法律规定尚不认可以人力作为出资形式，但现实中股东的实际出资要素除了法定的货币、非货币财产外，还有人力、资源等。不同类型的公司对于不同出资要素的依赖度不同，比如人力驱动型公司，人力价值为其核心竞争力，有些公司则为资源依赖型公司，而资金密集型公司更依赖资金投入。企业在不同的阶段对不同出资要素的依赖度也不同，比如初创期，启动资金及现金流对公司至关重要；产品研发生产出来后，在资质审批、公司融资、营销渠道等方面可能需要一些资源支持；随着公司发展，项目前景良好，融资能力增强，此时拥有技术人员以保持产品的技术优势或稳定核心人员 IP 以保持流量优势和用户黏性可能更为重要。不能仅依据股东的货币出资来分配股权，通常只出钱、不参与经营的出资人不宜占太多股权，资源承诺者也不宜占太多。因此需要依据公司的特点及发展阶段，明确股东内部角色分工，设定股东不同出资要素的价值评估规则，进而确定股东的价值贡献，并给予相应的股权价值体现。股东所获取的股权比例应与其出资金额、人力价值、资源引入挂钩，与其实际贡献相匹配。

2. 合理预留股权池

公司获取各生产要素，能给出的对价就是股权。公司发展过程中需要不断获取生产要素，就意味着公司需要不断地给出股权。

首先，除了创始人、创始合伙人之外，公司随着产品技术迭代、市场开拓，需要吸引新的合伙人加入。对于新合伙人来说，有吸引力的不是初创公司的薪资水平，而是公司的发展前景以及承载公司发展前景的公司股权。比如某公司主要产品为工业软件，在国产替代的趋势下，产品市场广阔，创始人带着创始团队完成了初代产品的研发，在首轮融资之后，公司面对的挑战是客户要求提升产品的功能及稳定性。公司现有的技术负责人无法满足现实需求，公司需要引进技术大拿。对于技术大拿来说，初创公司前景不明，职业稳定性差，且无法负担其高额薪资，其必然要求在股权上获得对应的补偿。如果此时公司股权已分配完毕，那么给予技术大拿的股权从何处来就会成为股东们要讨论的问题。外部投资人一般不希望技术大拿通过向公司增资的方式获得股权，因为这会稀释外部投资人的股权比例。如果由创始人、创始合伙人向技术大拿转让股权，那么由谁出让、出让多少都会是棘手的问题。如果无法达成共识，不仅无法引入技术大拿，突破产品研发瓶颈，还有可能导致现有股东关系破裂，影响公司良好的发展势头。

其次，公司要想发展壮大，后期就会涉及融资问题，投资人必然会因投资取得一部分公司股权，股权架构的设计需要为此预留份额。公司融资都是希望拿到投资人的钱用于公司经营，投资人大多通过向公司增资的方式获得股权。所谓预留股权，并非将股权预留并登记到创始人名下，由其代持，而是在初始股权分配时，基于公司的发展战略，考虑后续融资金额、因融资而释放的股权比例，以及融资释放股权对于初始股权比例的稀释影响，考虑是否有可能在数轮融资后创始人丧失对公司的控制权，进而反向指导公司初始股权的分配，考虑是否要增加创始人的股权比例，或者后续在合适的时候采用其他工具强化创始人的控制权。

最后，如前所述，目前公司普遍采用员工股权激励计划，使员工收益与公司效益紧密联系起来，让员工分享公司发展红利，分享财富，这就需要考虑用于员工激励的股权来源。与引进新合伙人一样，在没有预留激励股权的情况下，如公司已融资，则投资人可能不愿意其股权因公司实施股权激励计划而稀释，那么激励股权是否由创始人、创始合伙人给出，各自给出多少，股东协商激励股权来源的过程引发股东矛盾怎么办。这些问题因为涉及股东利益的重新分配，对于人心是再次考验，在商业实践中均为高难度的问题。如果能预留一定比例的激励股权，就相当于减少一次可能发生的军心动荡。

因此，在初始分配股权时要有前瞻性，要以发展的眼光，根据公司的发展规划和战略预留股权，以便后续吸收新的人才和资金，以减少不必要的股权调整。

3. 合理规划股权调整节奏，避开对接资本市场的敏感时期

股权架构是最核心、最敏感的利益安排，调整不合理或过于频繁可能导致股东心生嫌隙，甚至导致股东纠纷、公司解散。除了在公司设立之初进行股权架构安排外，其他常见调整节点为员工股权激励之前、股权融资之前、上市之前。

如果公司有上市规划，股权架构调整需要衔接上市的相关要求，主要涉及以下两个方面：

一方面，首次公开发行股票并上市的条件。首次公开发行股票并在主板上市的，最近三年内主营业务和董事、高级管理人员均没有发生重大变化，最近三年实际控制人没有发生变更；首次公开发行股票并在科创板、创业板上市的，最近两年内主营业务和董事、高级管理人员均没有发生重大不利变化，最近两年实际控制人没有发生变更；首次公开发行股票并在科创板上市的，核心技术人员应当稳定且最近两年内没有发生重大不利变化。

另一方面，关于股票锁定期的规定。普通股东（非控制股东、实际控制人及其关联方）在不存在突击入股的情况下，锁定期为自股票上市交易之日起1年。控制股东、实际控制人及其关联方所持股份自上市之日起36个月不得转让；没有或难以设定实际控制人的，按股东持股比例从高到低依次承诺所持股票自上市之日起锁定36个月，直到锁定股份总数不低于发行前股份总数的51%。若上市前股东取得股权的时间与公司上市申报时间相近，可能会被认定为突击入股，导致相关股东持有的激励股权锁定期通常延长至36个月。

4. 注意创始人控制权与股东利益公平性的平衡

动态股权架构设计意味着相关股东的股权比例可能发生变化，从公司及创始人的角度，需要关注股权比例变化可能导致的控制权变更。在调整过程中，应始终关注与控制权有关的股权比例临界点（详见本书2.1.2 法律规定的股权比例），并制订股权动态调整的规划和预案，预防因股权比例调整而产生控制权变更，使创始人丧失对公司的控制权和话语权，避免公司人事和经营管理发生动荡。

在维护创始人控制权的同时，动态股权架构设计应关注股东利益的公平性。公平原则应贯穿股权架构设计的始终，从股权的初始分配到股权动态调整，到股权的退出，均应以公平为原则。就创始人及创始合伙人而言，其出资要素的价值贡献与其所持股权比例应对等；就激励员工而言，其绩效考核结果与其所获激励股权应对等；就投资人而言，其投资的资本价值与所获得的公司股权应对等。如发生不对等的情形，通过增加或减少股权比例的方式，使实际所持股权比例与价值贡献相匹配，就是公平性的应有之义。

2.7.3 动态股权架构设计的内容

1. 基于价值贡献预估进行初始股权分配

动态股权始于合理的股权分配，合理的股权分配应基于股东价值贡献。基于股东的价值贡献分配股权，其法律基础在于民法的公平原则。公平原则要求股东公正、公平、合理确定彼此的权利义务，兼顾各方利益，同时最终的结果不能显失公平，如果显失公平，应当以公平为尺度，协调股东间的利益关系。初始的股东是基于互信开始合作的，那么股东的付出与收获应对等。

按股东的价值贡献分配股权，对公司贡献最多的股东应持有公司最多股权。公司赚钱，其分得多；公司经营失败，其承担的损失也最大。只是我们需要始终强调的是，股东的价值贡献不仅限于金钱，人力、技术、资源、管理经验等各种要素的贡献都要得到承认，当公司经营失败时，股东投入的这些要素也都形成了巨大的损失，同时股东还付出了巨大的机会成本。

举例来说，A 公司是一家先进制造业公司，甲、乙、丙三人合作创业，甲为技术人才，负责公司产品研发，承诺 3 年内每年完成一款产品开发，并负责公司日常经营管理，投资 300 万元，全职工作；乙提供产品营销渠道并负责产品营销，承诺 3 年内开拓 B 端客户 10 家以上，投资 100 万元，全职工作；丙投资 600 万元，不参与公司日常经营管理。传统的股权比例划分是甲持股 30%，乙持股 10%，丙持股 60%。这样的股权分配显然是不合理的。丙不参与公司经营，但基于其持股比例掌握公司主要决策权，甲、乙全身心投入公司经营，把公司做大，却获得了比丙少的回报，那么公司发展越好，甲、乙的内心就越难以平衡，此时如果丙看不到甲、乙的不满，看不到他们对于重新分配股权的诉求，反而认为自己出钱多，股权比例是早就商定了的，不能变动，那么结果注定是"仇人式散伙"。

前述股权分配的不合理之处在于，仅对货币出资进行了定价，并未对其他出资要素进行定价。随着公司的发展，人力、技术、资源的价值贡献越来越大，这种忽略其贡献的股权划分必然导致股东矛盾。根据动态股权架构设计的理念，可以根据不同的出资要素，将股权进行分类，比如在上述案例中可考虑将股权分为资金股、人力股、技术股、资源股,并根据公司本身的特点,划定不同类别股权的权重。假设资金股、人力股、技术股、资源股的权重分别为30%、20%、40%、10%,则初始的股权分配可参考表2-10:

表2-10 A公司合理的股权分配

股东	投资额（万元）	资金股 30%	人力投入	人力股 20%	技术投入	技术股 40%	资源投入	资源股 10%	持股比例
甲	300	9%	50%	10%	100%	40%	—	—	59%
乙	100	3%	50%	10%	—	—	100%	10%	23%
丙	600	18%	—	—	—	—	—	—	18%

需要注意的是,如前所述,以人力、资源以及本案例中的技术作为出资并非《公司法》认可的出资形式,人力、资源无法按《公司法》的要求进行评估作价和缴纳出资,技术如尚未形成可以用货币估价的知识产权,亦面临同样的问题。此外,在进行公司登记时,大部分地区难以实现对出资比例和持股比例不一致的情况进行登记。但是,这些出资形式在商业实践中得到了承认,因此通常进行变通操作:

第一,公司设立时,仍以法定的货币或可评估作价并转让的非货币形式出资,以符合《公司法》的出资规定。但基于司法实践认可有限责任公司全体股东约定不按实际出资比例持有股权的属于意思自治范围,系有效约定,可以由全体股东另行约定各自实际的持股比例。

第二,公司按各股东商定的持股比例进行登记,对于法定出资形式之外的人力、技术、资源所对应的出资额,先以认缴方式处理。这种处理方式的缺点在于,在特定情况下,前述认缴的股东需要对公司债务在其认缴范围内承担清偿责任。如果认缴金额过大,可考虑溢价增资方式。如前述案例中,可由甲、乙先行设立公司,再由丙方溢价增资,来实现最终的持股比例分配。具体方案可根据公司实际情况灵活运用。

2. 定期复盘调整股权比例

股权初始分配时,根据股东不同出资要素的价值贡献进行股权分配,但某些出资要素的价值在初始分配时无法准确判断,需要一定的时间进行验证。例如承诺的融资渠道、营销渠道是否实现并给公司带来相应的资金和业绩,又如技术投资的股东是否按计划完成相应的技术突破、产品研发;对于员工的股权激励,如果不仅仅是对以往贡献的认可，还包括对未来人力价值的认可，则在授予激励股权之后的考核期内，是否通过相应的绩效考核亦应与其被授予的激励股权数量挂钩。因此，对于初始分配时被低估或高估的出资要素，需要根据被时间验证后的实际价值贡献进行价值重估，并根据重估后的价值调整相应的股权比例，以实现股东之间利益分配的相对公平。

要对股东的价值贡献进行重估，对股权进行调整，需要预设股权调整机制，减少股权调整对股东关系及公司的影响。

例如，约定股权的锁定期，锁定期内按约定的期限对不同出资要素对应的股权进行价值重估和股权比例的调整，比如对于以货币出资的股东，核实其出资进度是否与约定一致，未按约定完成的出资，则按比例调降其股权比例；对于承诺产品研发进度的股东，核实其产品研发的成果，就其未能达到承诺的部分调降股权比例；对于承诺资源的股东，对其未能实现的资源投入调降股权比例，调降对应的股权可作为预留股权。当然，对于股东的超预期价值贡献，可以考虑用预留股权予以奖励。

接前述案例，A公司在3年后进行复盘，甲负责公司总体经营管理，实际3年完成了4款产品开发，并完成了300万元出资；乙3年内实际开拓B端客户6家以上，完成100万元出资；丙完成400万元出资。基于在初始股权分配时，各方约定3年后对于未实现的业绩承诺按比例调降股权比例，则按前述情况，乙、丙的股权需要按约定进行调整，具体如表2-11所示。

表2-11 调整后的A公司股权分配

股东	投资额（万元）	资金股 30%	人力投入	人力股 20%	技术投入	技术股 40%	资源投入	资源股 10%	持股比例
甲	300	9%	50%	10%	100%	40%	—	—	59%
乙	100	3%	50%	10%	—	—	60%	6%	19%
丙	400	12%	—	—	—	—	—	—	12%
预留股权池	200	6%	—	—	—	—	40%	4%	10%

3. 预设股权退出机制

创始人、创始合伙人、作为激励对象的员工、投资人都有发生股权退出的可能性。那么"先小人，后君子"，预先约定不同退出情况的退出方式及退出价格，使各方都有规则可依，能使退出情况发生时好聚好散，有效降低股权退出给公司造成的负面影响。

激励对象的退出，通常根据激励对象的过错程度（如无过错退出、一般过错退出、重大过错退出）设定不同的退出价格，并按约定的退出价格回购股权。激励对象因退休或丧失劳动能力而离职，属于无过错退出；激励对象因不符合公司的要求而被辞退或因自身原因离职，属于一般过错退出；激励对象严重违反法律或公司章程，从事违法行为，且受到刑事处罚，有违反竞业限制协议、违规关联交易等不忠于公司的行为，属于重大过错退出。

投资人退出，通常在融资协议中设定公司的业绩指标，比如市场占有率、销售额、产品进度、市值、合格 IPO，如果公司未完成指标，则投资人按约定要求公司及股东进行股权补偿或现金补偿；同时也可在融资协议中约定，如果超额完成指标，则需要对创始人、创始合伙人进行股权奖励或现金奖励。

创始人及创始合伙人的退出相对来说更为复杂，也是需要重点阐述的部分。虽然公司创立之初，创始人与创始合伙人基于共同的理念及信任组成创业团队，但随着时间推移，有可能出现有的合伙人不得不退出公司的情况，如：在公司业绩良好的情况下，合伙人之间就发展战略发生分歧，有的希望公司平稳发展，享受分红，有的希望融资扩大经营规模甚至 IPO；在公司经营不善的情况下有的合伙人要求退出，有的希望能继续经营，渡过难关；还有的合伙人由于身体等客观原因不得不退出。

对于合伙人的退出，要考虑以下两个方面。

第一，根据合伙人的退出原因确定其过错程度，确定不同的退出价格。

对于合伙人的退出，与激励对象的过错确定规则相似，应事先协商不同的退出价格。合伙人的退出价格通常参照以下三种价格：①取得股权的价格；②公司的净资产；③公司最近一轮融资的估值。此外，还要考虑公司的盈利情况以及股权的锁定期因素。公司亏损时退出股权，可设定较低的退出价格；公司盈利时退出，可设定较高的退出价格。对于锁定期的股权，设定较低的退出价格；对于锁定期满的股权，则设定较高的退出价格。

第二，设定合理的股权退出限制措施，减少对公司经营的负面影响。

对于股权退出，在遵守相关法律法规的前提下，还可通过约定设定一定的限制措施。

首先，股权退出的方式通常为减少注册资本和股权转让。减资通常意味着股东资金的撤出，因为公司通常向退出股东支付减资款，影响公司现金流，导致公司资金压力陡增；同时，在有外部投资人的情况下，投资人通常不希望在其获利退出之前，在先股东先行退出。所以在约定退出方式时，慎用减少注册资本这一方式。如果要用这一方式，可以考虑约定将一定比例的撤出资金出借给公司使用，确保公司的现金流稳定。

其次，在股权转让的退出方式下，通常需要对承接股权的受让人进行限制。可考虑约定股东不得将股权向创始人、创始合伙人之外的股东转让，除非获得创始人、创始合伙人的一致同意。这一限制措施，一则可确保公司股权不被竞争对手获取；二则，相互信任的股东关系是公司发展的基础，新进的股东原则上应被现有股东所认可，否则很难长期合作。

最后，无论是减资还是股权转让，通常都意味着要按退出价格支付对价，但公司或其他股东可能都无力支付。那么为减少非因死亡、丧失劳动能力等客观原因而退出股权的情况，对于股东主动退股，可约定一定的违约金，违约金标准不宜过低，一则可有效约束合伙人不轻易退出，二则一旦退股，违约金要保证其他合伙人的权益，减少损失。

接前述案例，乙认为经济下滑，B端客户开拓及产品营销工作压力太大，自己就是个小股东，A公司是初创公司，处于亏损状态，以后不知道能不能做成，自己工资也不高，不如把投资款拿回来，自己另外找个高薪的工作。乙查阅之前的投资约定，发现在股权锁定期满但公司亏损的情况下退股，只能将股权转给现有股东，或者找现有股东同意的第三方，退出价格为其已支付的出资100万元。乙与甲、丙进行了坦诚沟通，甲对于公司产品很有信心，认为其具有领先的技术优势，并且甲已在积极引入投资人，解决后续资金问题，同时预留的股权池也可以吸引新的营销合伙人，因此同意受让乙的股权，让乙顺利退出，也强化自己对公司的控制权。乙退出后，A公司股权结构如表2-12所示。

表2-12 乙退出后A公司股权结构

股东	投资额（万元）	资金股 30%	人力投入	人力股 20%	技术投入	技术股 40%	资源投入	资源股 10%	持股比例
甲	400	12%	100%	20%	100%	40%	—	—	72%
丙	400	12%	—	—	—	—	—	—	12%
预留股权池	200	6%	—	—	—	—	40%	10%	16%

综上，动态股权架构设计灵活性强，激励性强。

此外，动态股权架构设计除了预先进行股权规划，还可以应用于改善不合理的股权架构，应用动态股权架构设计的典型场景将在本书第 4 章展开介绍。需要强调的是，在上述典型场景下，公司通常未预设股权调整机制，所以相应调整方法的可操作性取决于股东之间能否协商达成一致。股权架构的调整方法与不同场景并不是完全一一对应，可以根据公司背景、股东关系灵活运用。

第 3 章
股权架构设计的涉税分析

3.1 原始出资

3.1.1 原始出资简述

1. 原始出资的概念

原始出资，是指股东（包括发起人和认股人）在公司设立时，根据协议约定和法律、章程的规定向公司交付财产或履行其他给付义务，继而取得公司股份、股权的行为。股东出资是形成公司财产的基础，是公司股东对公司的基本义务，也是其享有股东权利的重要前提。

2. 原始出资的形式

《公司法》第四十八条规定："股东可以用货币出资，也可以用实物、知识产权、土地使用权、股权、债权等可以用货币估价并可以依法转让的非货币财产作价出资；但是，法律、行政法规规定不得作为出资的财产除外。对作为出资的非货币财产应当评估作价，核实财产，不得高估或者低估作价。法律、行政法规对评估作价有规定的，从其规定。"

根据上述规定可知，股东出资的方式主要包括货币性出资和非货币性出资。所谓货币性出资，是指股东以现金、银行存款、应收账款、应收票据以及准备持有至到期的债券投资等形式出资。货币性出资的出资条件比较简单，没有相关的附加条件。

所谓非货币性出资，是指股东以货币性资产以外的实物、知识产权、土地使用权等非货币财产出资，常见的用于出资的非货币性资产有不动产、土地使用权、有形动产、技术成果、股权等。对于非货币性出资，《公司法》有严格的要求，具体表现在：①必须可以用货币估价；②依法可以转让；③法律没有禁止用其出资；④须按其公允价值评估出资，不得高估或者低估。由此可见，股东想以服务、劳务等对公司出资是不被允许的。

3. 货币性出资涉税

股东用货币出资，常见的形式通常为股东向公司设立的银行账户打入现金。由于货币的计税基础和其价值相等，货币从股东转移到公司的过程中，股东不会产生转让收入，所以股东不需要确认应税所得，不涉及纳税问题；对于被投资的公司来说，接受股东投入的现金，在会计上计入"实收资本（股本）"或"资本公积"科目，不属于公司的收入，同样不涉及企业所得税的纳税问题。但将出资计入"实收资本（股本）""资本公积"时，被投资企业需要按照"营业账簿"税目缴纳印花税。

股东以货币资金投资入股，参与投资方的利润分配、承担投资风险的行为，不属于增值税的纳税范围，不缴纳增值税。但这里需要注意的是，以货币资金投资但收取固定利润或保底利润的行为，属于贷款行为，应按照金融服务缴纳增值税。

综上，股东以货币出资的，税务处理比较简单，股东本身无须纳税，被投资企业涉及印花税。依据《中华人民共和国印花税法》[1]的规定，对于实收资本（股本）、资本公积，按"营业账簿"税目征收印花税，税率为万分之二点五。目前，对于小规模纳税人，国家有减半征收的优惠政策。[2]

4. 非货币性出资涉税

相对于货币性出资，非货币性出资由于资产种类的多样性，其税收处理就比较复杂了。股东用非货币性资产出资，可以分解为以公允价值转让非货币性资产、按非货币性资产公允价值进行投资入股两项业务。非货币性资产转让属于增值税的纳税范围。在转让过程中，由于非货币性资产计税基础（可以简单理解为购置成本）和其公允价值有差额，股东在这个过程中会取得收益，这就涉及所得税的问题。股东以非货币性资产出资，需要将非货币性资产过户至公司名下，这就涉及各类资产过户过程中的税费问题。股东以非货币性资产出资，可能涉及的税种有印花税、增值税、土地增值税、个人所得税、企业所得税、契税等。

如前文所述，货币性出资仅涉及印花税，税务处理比较简单；而非货币性出资的税务处理比较复杂。不同投资主体和不同的非货币性资产涉税处理都不相同，相应的税收优惠政策也不尽相同，本书将从不同投资主体非货币性资产涉税处理、非货币性资产涉及的税种、不同非货币性资产涉税处理三个维度进行全面的分析。

---

[1] 《中华人民共和国印花税法》第四条、第五条。

[2] 《财政部 国家税务总局关于实施小微企业普惠性税收减免政策的通知》（财税〔2019〕13号）。

3.1.2 自然人[①]股东出资涉税分析

1. 印花税

非货币性出资，被投资企业按照非货币性资产的公允价值计入"实收资本（股本）""资本公积"，被投资企业需要缴纳印花税，印花税的征收与货币性资产相同，在此不再赘述。

2. 增值税

根据《中华人民共和国增值税暂行条例》（以下简称《增值税暂行条例》）及其实施细则的规定，股东若将自产、委托加工或者购进的货物作为投资，提供给其他单位或者个体工商户，应视同销售，依法缴纳增值税。

非货币性出资，一般涉及三种税率。一种是货物、设备等有形资产出资，适用的增值税税率一般为13%；一种是无形资产出资，适用的增值税税率为6%；一种是不动产出资，适用的增值税税率为9%。

个人股东进行非货币性出资，要注意以下税收优惠和免征政策。一是个人以技术成果出资，免征增值税。根据规定[②]，纳税人提供技术转让、技术开发和与之相关的技术咨询、技术服务免征增值税。享受该免税优惠的，应当持技术转让、开发的书面合同，到纳税人所在地省级科技主管部门进行认定登记。所以股东以技术成果出资，虽视同销售，但免征增值税。二是，以股权出资，若该股权为非上市公司的股份，股权转让不属于增值税的纳税范围，故无须缴纳增值税；若以上市公司的股票出资，股票转让按照金融商品缴纳增值税，个人转让金融商品免征增值税，故个人以股票出资也无须缴纳增值税。三是，个人以自己使用过的物品出资入股，免征增值税。

另外，有观点认为自然人以非货币性资产出资无须视同销售缴纳增值税，理由是《中华人民共和国增值税暂行条例实施细则》（以下简称《增值税暂行条例实施细则》）第四条规定，单位或者个体工商户将自产、委托加工或者购进的货物作为投资，提供给其他单位或者个体工商户视同销售货物，在税法上，个人包括自然人（其他个人）和个体工商户。上述规定显然将自然人排除在外，并未将自然人纳入视同销售的行为主体，所以有人认为自然人以非货币性资产出资无须视同销售缴纳增值税。笔者认为该观点不妥，理由如下。首先，《增值税暂行条

---

① 若非特别注明，本书中的"自然人""个人"均指税法上的"居民个人"。限于篇幅，本书不讨论非居民个人的涉税问题。

② 《财政部 国家税务总局关于全面推开营业税改征增值税试点的通知》（财税〔2016〕36号）。

例实施细则》第四条的规定限于货物对外投资，并没有涵盖无形资产、不动产投资入股的情形，不能简单推定自然人用所有非货币性资产出资无须缴纳增值税。其次，《增值税暂行条例》关于法定免税项目中有"其他个人销售的自己使用的物品免税"，如果自然人用于对外投资的实物不是自己使用过的物品，就不属于法定的免税范围。另根据规定，个人转让金融商品免征增值税。最后，根据《财政部 国家税务总局关于全面推开营业税改征增值税试点的通知》（财税〔2016〕36号），以不动产、无形资产对外投资，取得被投资方股权的行为，属于有偿转让不动产、无形资产，应按规定缴纳增值税。由此可见，自然人以非货币性资产出资除了以自己使用的物品和股票出资外，以其他实物、无形资产以及不动产等出资的，均应按规定缴纳增值税。

3. 个人所得税

自然人股东非货币性出资属于个人非货币性资产投资的范畴，实质为个人"转让非货币性资产"和"对外投资"两笔经济业务同时发生。个人通过转移非货币性资产权属，换得被投资企业的股权（或股票，以下统称"股权"），实现了对非货币性资产的转让性处置。根据《公司法》的规定，以非货币性资产投资应对资产评估作价，因资产评估价值高出个人初始取得该资产时实际发生的支出（即资产原值）的部分，个人虽然没有现金流入，但取得了另一家企业的股权，符合《个人所得税法》关于"个人所得的形式包括现金、实物、有价证券和其他形式的经济利益"的规定，应按"财产转让所得"项目缴纳个人所得税。反之，如果评估后的公允价值没有超过原值，个人则没有所得，也就不需要缴纳个人所得税。故税法明确规定，个人以非货币性资产投资，属于个人转让非货币性资产和投资同时发生。对个人转让非货币性资产的所得，应按照"财产转让所得"项目，依法计算缴纳个人所得税。[①] 个人所得税的税率为应纳税所得额的20%。

但是由于非货币性出资过程中没有或仅有少量现金流，且通常交易金额较大，纳税人可能没有足够的资金纳税，为此税法也给予这种出资方式税收优惠政策，主要分为两种。一种是分期纳税优惠政策。各种类型的非货币性出资均可适用该政策，比如用有形动产、股权、不动产、土地使用权以及技术成果等出资。另一种是递延纳税优惠政策。技术成果出资可以选择该优惠政策，也可以选择适用分期纳税优惠政策。其他形式的非货币性出资，只能选择适用分期纳税优惠政策。

---

① 《财政部 税务总局关于继续实施企业改制重组有关土地增值税政策的公告》（财政部 税务总局公告2023年第51号）。

个人所得税分期缴税优惠政策的核心内容是：个人以非货币性资产投资应缴纳个人所得税，可合理分期缴纳。按照税法规定，个人以非货币性资产投资，应于非货币性资产转让、取得被投资企业股权时，确认非货币性资产转让收入的实现，并在次月15日内向主管税务机关申报纳税。纳税人一次性缴税有困难的，可合理确定分期缴纳计划并报主管税务机关备案后，自发生应税行为之日起不超过5个公历年度内（含）分期缴纳个人所得税。个人以非货币性资产投资交易过程中取得现金补价的，现金部分应优先用于缴税；现金不足以缴纳的部分，可分期缴纳。个人在分期缴税期间转让其持有的上述全部或部分股权，并取得现金收入的，该现金收入应优先用于缴纳尚未缴清的税款。[①]

个人所得税递延纳税优惠政策的核心内容是：股东出资当期可暂不纳税，允许递延至转让股权时再纳税。按照税法规定，企业或个人以技术成果投资入股到境内居民企业，被投资企业支付的对价全部为股票（股权）的，企业或个人可选择继续按现行有关税收政策执行，也可选择适用递延纳税优惠政策。选择技术成果投资入股递延纳税政策的，经向主管税务机关备案，投资入股当期可暂不纳税，允许递延至转让股权时，按股权转让收入减去技术成果原值和合理税费后的差额计算缴纳所得税。企业或个人选择适用上述任一项政策，均允许被投资企业按技术成果投资入股时的评估值入账并在企业所得税前摊销扣除。[②]可见，个人以技术成果出资，若对应出资对价全部为股权，个人可以选择一次性缴税、5年内分期纳税或者递延至股权转让时纳税。相比较而言，个人递延纳税优惠政策更为有利。选择个人递延纳税优惠政策，若至股权转让时，股权转让收入减去技术成果原值和合理税费后的差额为零或者为负数，则根本无须缴纳个人所得税。

4. 土地增值税、契税、印花税

实践中，自然人股东以房产和土地使用权出资是一种常见的非货币性出资方式，这就会涉及土地增值税、契税、印花税。

（1）土地增值税

根据税法的现行规定[③]，单位、个人在改制重组时以房地产作价入股进行投资，对其房地产转移、变更到被投资企业，暂不征收土地增值税，但上述改制重

---

① 《财政部 国家税务总局关于个人非货币性资产投资有关个人所得税政策的通知》（财税〔2015〕41号） 第二、三、四条。

② 《财政部 国家税务总局关于完善股权激励和技术入股有关所得税政策的通知》（财税〔2016〕101号） 第三条。

③ 《财政部 国家税务总局关于继续实施企业改制重组有关土地增值税政策的公告》（财税〔2023〕51号）。

组免征土地增值税政策不适用于一方是房地产开发企业的情形。但对于什么是改制重组，截至目前，税收文件尚未给出明确的解释，导致实践中对于单纯以房地产出资入股是否缴纳土地增值税存在争议，各地方政府适用时也无法统一。

关于以房地产投资入股的土地增值税，历史上政策存在变动，梳理沿革如下：2006年以前，对于以房地产作价入股进行投资的，暂免征收土地增值税；[1] 2006年至2015年，对于房地产作价入股进行投资的，暂免征收土地增值税，但投资到房地产开发企业的，不适用暂免政策；[2] 2015年以后，对于改制重组过程中以房地产作价入股进行投资的，暂不征收土地增值税，但投资到房地产开发企业的，不适用暂不征收政策。[3]

有观点认为，单纯以房地产出资入股属于改制重组的范围，[4] 政策依据为2015年的《财政部税政司 国家税务总局财产和行为税司关于企业改制重组土地增值税政策的解读》，该文件指出："此次出台的企业改制重组土地增值税政策，主要是对原有企业改制重组土地增值税优惠政策的规范和整合。具体而言，一是延续了企业以房地产作价投资、企业兼并相关土地增值税优惠政策表述，将兼并纳入合并……"

鉴于实践中各地税务机关的政策执行口径不一，建议相关企业就房地产出资入股涉税政策问题加强与当地税务机关的沟通。

（2）契税

根据《中华人民共和国契税法》，以作价投资（入股）等方式转移土地、房屋权属的，应当缴纳契税。需要缴纳契税的纳税人为承受土地、房屋权属的单位和个人，因此，股东以房地产作价入股的，作为承受方的被投资企业应当缴纳契税。

（3）印花税

根据《中华人民共和国印花税法》，股东以土地、房地产等作价入股，发生权属转移的，股东及被投资企业均应当按照"产权转移书据"税目按万分之五税率缴纳印花税。

---

[1] 《财政部 国家税务总局关于土地增值税一些具体问题规定的通知》（财税字〔1995〕48号）、《财政部 国家税务总局关于土地增值税若干问题的通知》（财税〔2006〕21号）。

[2] 《财政部 国家税务总局关于企业改制重组有关土地增值税政策的通知》（财税〔2015〕5号）。

[3] 《财政部 国家税务总局关于继续实施企业改制重组有关土地增值税政策的通知》（财税〔2018〕57号）、《财政部 国家税务总局关于继续实施企业改制重组有关土地增值税政策的公告》（财税〔2023〕51号）。

[4] 奚卫华，《合规纳税：涉税风险防范与纳税筹划案例指导》，人民邮电出版社2023年版，第136页。

3.1.3 公司[①]股东出资涉税分析

公司股东与个人股东非货币性出资，在印花税、增值税、土地增税、契税等方面并无重大区别，在此就不再赘述。这里重点分析公司股东非货币性出资企业所得税的处理。

依据税法规定，企业发生非货币性资产交换，以及将货物、财产、劳务用于捐赠、偿债、赞助、集资、广告、样品、职工福利或者利润分配等用途的，应当视同销售货物、转让财产或者提供劳务，但国务院财政、税务主管部门另有规定的除外。[②] 公司以非货币性资产出资，为出售非货币性资产、投资入股同时发生，公司以非货币性资产对外投资，实质上改变了资产所有权属，在企业所得税领域，视同销售，应当缴纳企业所得税。

与个人以非货币性资产出资相同的是，公司以非货币性资产投资也可以选择适用所得税纳税优惠政策，主要分为两种：一种是分期纳税优惠政策，非货币性资产出资均可选择；一种是递延纳税优惠政策，仅技术成果出资能够选择。

企业所得税分期纳税优惠政策的核心是：居民企业以非货币性资产对外投资确认的非货币性资产转让所得，可在不超过5年期限内，分期均匀计入相应年度的应纳税所得额，按规定计算缴纳企业所得税。同时税法规定，转让所得，以评估价格扣除非货币性资产原值的余额计算确认。选择适用分期纳税的企业，若在5年内转让投资股权或投资收回或注销的，应停止递延纳税政策，并就递延期内尚未确认的非货币性资产转让所得，在当年一次性计算缴纳企业所得税。

企业所得税递延纳税优惠政策和个人所得税一样，在此不再赘述。以技术成果出资，企业选择该优惠政策最为有利。

3.1.4 合伙企业股东出资涉税分析

1. 合伙企业涉税概述

合伙企业股东与公司股东、个人股东非货币性出资，在印花税、增值税、土地增税、契税等方面并无重大区别，在此就不再赘述。以下重点分析合伙企业股东非货币性出资所得税的处理。

---

① 若无特殊说明，本书中的"公司"均为《企业所得税法》中的"居民企业"，非居民企业纳税问题不在本书的讨论范围。

② 《企业所得税法实施条例》第二十五条。

合伙企业不适用《企业所得税法》[①]，合伙企业以每一个合伙人为纳税义务人。合伙企业合伙人是自然人的，缴纳个人所得税；合伙人是法人和其他组织的，缴纳企业所得税。[②] 合伙企业既不是企业所得税的纳税义务人，也不是个人所得税的纳税义务人。合伙企业自身为所得税"透明"纳税实体，即合伙企业本身不缴纳所得税，合伙企业取得利润后即过渡给全体合伙人，由各合伙人缴纳相应的所得税。也就是说，合伙企业在所得税缴纳方面起的是一种"管道"作用。合伙企业生产经营所得和其他所得采取"先分后税"的原则。合伙企业无论是否实际分配所得，均须在年末按应分配比例分别确定各合伙人的应纳税所得额，合伙人再按各自适用税收政策纳税。

2. 合伙企业自然人合伙人涉税分析

如前文所述，个人以非货币性资产对外投资可以享受分期缴税政策，而合伙企业以非货币性资产对外投资，投资主体是合伙企业，并不是合伙企业的自然人合伙人。根据税务部门的相关答复，合伙企业的个人合伙人不能比照自然人股东出资适用分期缴纳个人所得税的政策规定。

3. 合伙企业公司合伙人涉税分析

公司以非货币性资产投资的，可以选择适用分期纳税优惠政策，可在不超过5年期限内，分期均匀计入相应年度的应纳税所得额，按规定计算缴纳企业所得税。根据税务部门的相关答复，合伙企业的公司合伙人虽然也缴纳企业所得税，但由于投资主体是合伙企业，也不能适用分期缴纳优惠政策。

3.1.5 小结

各类股东在货币性出资涉税方面没有区别，区别主要体现在非货币性出资方式的涉税处理。在非货币性出资方式下，除了在增值税的优惠政策上有所差异外，主要的不同是在所得税方面（见表3-1）。

表3-1 股东出资常见税费表

项目	增值税	个人所得税	企业所得税	土地增值税
有形动产	视同销售，缴纳增值税	可以分5年计算缴纳个人所得税，无须均匀缴纳	可以分5年均匀计入应纳税所得额	—

[①] 《企业所得税法》第一条。
[②] 《财政部 国家税务总局关于合伙企业合伙人所得税问题的通知》（财税〔2008〕159号）。

续表

项目	增值税	个人所得税	企业所得税	土地增值税
股权	股权转让无须缴纳增值税；股票转让按转让金融商品纳税，个人转让金融产品免征增值税	可以分5年计算缴纳个人所得税，无须均匀缴纳	可以分5年均匀计入应纳税所得额	—
技术成果	视同销售，技术转让免征增值税	可以选择：①分5年计算缴纳个人所得税，无须均匀缴纳；②暂不纳税，转让股权时再纳税	可以选择：①分5年均匀计入应纳税所得额；②暂不纳税，转让股权时再纳税	—
不动产土地使用权	视同销售，缴纳增值税	可以分5年计算缴纳个人所得税，无须均匀缴纳	可以分5年均匀计入应纳税所得额	非房地产开发企业改制重组中以房地产投资入股暂不征土地增值税

个人股东以非货币性资产投资的，个人需要缴纳个人所得税，适用"财产转让所得"税目的20%税率。企业股东以非货币性资产投资的，企业需要确认资产转让所得，与企业其他所得汇算清缴。如果最终汇算结果无应纳税所得额，则不用缴纳企业所得税；如果最终汇算结果有应纳税所得额，适用企业本身的企业所得税率缴纳企业所得税，即如果企业税率是25%，就适用25%的税率。从纳税可预测的角度来看，显然个人所得税比较好预测，而企业所得税要根据企业该纳税年度整体的盈利状况来测算，预测税负的难度比较大。

企业所得税与个人所得税分期纳税优惠政策的内容也不尽相同。虽然分期的期限都是5年，但不同之处在于：企业所得税为"分期均匀"计入应纳税所得额，每年计入年度相应纳税所得额是一样的；而个人所得税没有"分期均匀"的要求，只是要求分期缴纳，具体分期方案由纳税人自行决定，向税务机关备案即可。从这个角度来看，个人所得税在5年期限内的纳税方案更有利于创业初期资金紧张的股东灵活安排纳税的金额。

而合伙企业股东以非货币性资产出资的，合伙企业本身没有纳税义务。合伙企业的合伙人如果是自然人则缴纳个人所得税，是公司则缴纳企业所得税，但均无法享受相关的税收优惠。与自然人股东及公司股东相比，合伙企业股东在节税方面具有劣势。

3.2 股东分红

3.2.1 股东分红简述

股东分红是指股东持股期间，目标公司将当年的收益在按规定提取法定公积金、公益金等项目后向股东发放，是股东收益的一种方式。为便于大家理解，我们需要说明的是，这里的"股东"是指持有目标公司的自然人、公司、合伙企业等；"目标公司"是指股东持有的股权所归属的公司，是向股东发放分红的公司，通常可以分为有限责任公司、股份有限公司（未上市）、上市公司、新三板上市公司等。

总体上讲，股东从公司取得分红仅涉及所得税。持股股东为企业所得税的缴纳主体的，比如公司股东、合伙企业的公司合伙人，需要缴纳企业所得税；持股股东为个人所得税的缴纳主体的，比如自然人股东、合伙企业的自然人合伙人，需要缴纳个人所得税。

3.2.2 自然人股东分红涉税分析

自然人股东取得目标公司分红，需要缴纳个人所得税，但目标公司不同，涉及的税收优惠政策有所不同。

1. 目标公司为有限责任公司、股份有限责任公司（未上市）

自然人从其持股的有限责任公司、股份有限责任公司（未上市）处取得分红，应当按"利息、股息、红利所得"20%税率计算缴纳个人所得税[①]，无相关的税收优惠政策。

2. 目标公司为上市公司

（1）上市公司流通股

这里所称的"上市公司"，是指在上海证券交易所、深圳证券交易所挂牌交易的上市公司。根据规定[②]，个人从公开发行和转让市场取得的上市公司股票，执行股息红利差别化政策：持股期限在1个月以内（含1个月）的，其股息红利

[①]《个人所得税法》第二条、第三条。
[②]《财政部 国家税务总局 证监会关于上市公司股息红利差别化个人所得税政策有关问题的通知》（财税〔2015〕101号）。

所得全额计入应纳税所得额；持股期限在 1 个月以上至 1 年（含 1 年）的，暂减按 50% 计入应纳税所得额；持股期限超过 1 年的，暂免征收个人所得税。上述所得统一适用 20% 的税率计征个人所得税，持股期限是指个人从公开发行和转让市场取得上市公司股票之日至转让交割该股票之日前一日的持有时间。

（2）上市公司限售股

如果为上市公司限售股[1]，在解禁期后其税收政策同上市公司流通股，在解禁前分红的税收政策如下[2]：解禁前取得的股息红利暂减按 50% 计入应纳税所得额，适用 20% 的税率计征个人所得税，即按照 10% 的税率计征个人所得税。

3. 目标公司为新三板挂牌公司

新三板挂牌公司是指股票在全国中小企业股份转让系统公开转让的非上市公众公司。个人持有挂牌公司的股票，持股期限在 1 个月以内（含 1 个月）的，其股息红利所得全额计入应纳税所得额；持股期限在 1 个月以上至 1 年（含 1 年）的，其股息红利所得暂减按 50% 计入应纳税所得额；持股期限超过 1 年的，对股息红利所得暂免征收个人所得税。上述所得统一适用 20% 的税率计征个人所得税。[3]

3.2.3　公司股东分红涉税分析

根据规定[4]，"符合条件的居民企业之间的股息、红利等权益性投资收益"为免税收入。故公司股东从其直接持股的目标公司处取得分红，无须缴纳企业所得税。但根据《企业所得税法实施条例》第八十三条的规定，上述免税政策"不包括连续持有居民企业公开发行并上市流通的股票不足 12 个月取得的投资收益"。也就是说，公司从其直接持股的上市公司取得流通股分红，在持股期限 12 个月以内的，应当缴纳企业所得税；持股期限超过 12 个月的，才免征企业所得税。从该规定也可以推导出，公司从其直接持股的上市公司取得限售股分红，同样无须缴纳企业所得税。

综上，除了上市公司流通股分红有上述特殊规定，公司股东从有限责任公

---

[1] 限售股是指财税〔2009〕167 号文件和财税〔2010〕70 号文件规定的限售股。
[2] 《财政部 国家税务总局 证监会关于实施上市公司股息红利差别化个人所得税政策有关问题的通知》（财税〔2012〕85 号）。
[3] 《关于延续实施全国中小企业股份转让系统挂牌公司股息红利差别化个人所得税政策的公告》（财政部、税务总局公告 2024 年第 8 号）。
[4] 《企业所得税法》第二十六条第二项。

司、股份有限责任公司（未上市）、新三板挂牌公司以及上市公司限售股处取得分红，均属于免税收入，无须缴纳企业所得税。

3.2.4　合伙企业股东分红涉税分析

税法上，合伙企业不是企业所得税的纳税主体，实行"先分后税"的纳税制度。相比于自然人和公司直接持有目标公司的股份，合伙企业的公司合伙人和自然人合伙人属于通过合伙企业间接持有目标公司股份，其适用的纳税政策也不相同。

1. 合伙企业自然人合伙人

合伙企业对外投资分回的利息或者股息、红利，不并入企业的收入，而应单独作为合伙企业的投资者（自然合伙人）个人取得的利息、股息、红利所得，按"利息、股息、红利所得"应税项目，适用20%的税率计算缴纳个人所得税。[①]

目标企业是有限责任公司和股份有限公司（未上市）、上市公司（限售股），自然人直接持股和自然人合伙人通过合伙企业间接持股，个人所得税政策并无不同。

目标企业是上市公司（流通股）、新三板挂牌企业，自然人合伙人通过合伙企业间接持股不能享受股息红利差别化个人所得税政策，需要按"利息、股息、红利所得"应税项目，适用20%的税率计算缴纳个人所得税。这是由于虽然在税法上，合伙企业是"透明体"，直接穿透由合伙企业的投资人缴纳个人所得税，但股息红利差别化个人所得税政策却无法穿透合伙企业由自然人合伙人享有。[②]

另外，我们需要注意的是，之前不少地方存在核定征收方式，对合伙企业的股权转让及股利分红进行核定。自2022年1月1日，持有股权、股票、合伙企

[①]《国家税务总局关于〈关于个人独资企业和合伙企业投资者征收个人所得税的规定〉执行口径的通知》（国税函〔2001〕84号）第二条。

[②] 对于该问题，多个地方税务局以问答形式进行了回复，我们列举宁波税务局的答复。
问题内容：自然人股东投资合伙企业，通过合伙企业持股上市公司股权，上市公司分红给合伙企业，再由合伙企业分红给自然人股东，持股期限超过1年，能否按照国税函〔2001〕84号第二条，单独作为投资者个人取得的利息、股息、红利所得，按"利息、股息、红利所得"应税项目计算缴纳个人所得税？同时根据财政部、税务总局、证监会公告2019年第78号文件规定，免予缴纳个人所得税？
答复机构：宁波市税务局
答复内容：财税〔2015〕101号文件规定的上市公司股息红利差别化个人所得税政策，仅适用于个人从公开发行和转让市场取得的上市公司股票的股利，您的情况不在该文件的范围内。

业财产份额等权益性投资的个人独资企业、合伙企业，一律适用查账征收方式计征个人所得税，不允许再核定征收。① 由此可见，合伙企业持股的节税功能基本丧失，而且非直接持股导致自然人合伙人无法享受股息红利差别化个人所得税政策优惠。

2. 合伙企业公司合伙人

合伙企业本身不属于企业所得税的纳税主体，也就是说，《合伙企业法》上的"居民企业"是不包含合伙企业的。故合伙企业的公司合伙人从合伙企业取得的分红不属于居民企业之间的股息、红利所得，不能免征企业所得税，需要按照法人企业取得的利息、股息、红利所得，按"利息、股息、红利所得"应税项目，适用20%的税率计算缴纳个人所得税。②

3.2.5 小结

综上，我们可以通过表3-2总结股东分红的涉税处理：

表 3-2 股东分红涉税处理

企业类型	持股主体			
	公司	自然人	合伙企业	
			公司合伙人	自然人合伙人
有限责任公司	免企业所得税	缴纳个人所得税，按利息、股息、红利所得征收，税率20%	企业所得税，不免税	缴纳个人所得税，按利息、股息、红利所得征收，税率20%
股份有限公司（未上市）	免企业所得税	缴纳个人所得税，按利息、股息、红利所得征收，税率20%	企业所得税，不免税	缴纳个人所得税，按利息、股息、红利所得征收，税率20%
上市公司限售股在解禁期内	免企业所得税	缴纳个人所得税，按利息、股息、红利所得征收，税率10%	企业所得税，不免税	缴纳个人所得税，按利息、股息、红利所得征收，税率10%

---

① 《财政部 国家税务总局关于权益性投资经营所得个人所得税征收管理的公告》（2021年）。
② 国家税务总局辽宁省税务局《关注合伙企业的10个涉税问题》中有："问题六：我们企业属于合伙企业，合伙企业是法人合伙人，则从被投资企业取得的投资收益，是否享受免征企业所得税的优惠？答：法人合伙人从合伙企业取得的分红不属于居民企业之间的股息、红利所得，不能免征企业所得税。"

续表

企业类型	持股主体			
	公司	自然人	合伙企业	
			公司合伙人	自然人合伙人
上市公司流通股（主板、中小板、创业板、科创板）	持股满12个月免税，否则缴纳企业所得税	缴纳个人所得税：持股1个月以内20%；1年以内10%；超过1年免税	企业所得税，不免税	缴纳个人所得税，按利息、股息、红利所得征收，税率10%；不享受上市公司股息红利差别化个人所得税政策
新三板挂牌公司	免企业所得税	缴纳个人所得税：持股1个月以内20%；1年以内10%；超过1年暂免	企业所得税，不免税	缴纳个人所得税，按利息、股息、红利所得征收，税率10%；不享受新三板挂牌公司股息红利差别化个人所得税政策

可见，在股东持有股份期间股东取得分红仅涉及企业所得税和个人所得税。自然人、公司和合伙企业持股，仅从这一层级的股东分红来看，显然公司股东持股最节税，除了公司从其直接持股的上市公司（流通股）取得分红，在持股期限12个月以内的应当缴纳企业所得税，其他情形均免征企业所得税。自然人股东持股次之，目标公司为上市公司（流通股）和新三板挂牌企业，自然人股东可以享受股息红利差别化个人所得税政策，其他情形均须缴纳个人所得税。合伙企业作为持股股东不具备节税功能，合伙企业的公司合伙人不能享受免税优惠，自然人合伙人目标公司为上市公司（流通股）和新三板挂牌企业，自然人股东不可以享受股息红利差别化个人所得税政策。

3.3 增资

3.3.1 增资涉税分析

增资，是指公司成立后，在股东持有公司股权阶段，为了扩大经营规模、拓宽业务、提高公司的资信程度而依法增加注册资本金的行为。与股东出资成立公司相同，增资可以用货币也可以用非货币性资产。

股东增资的税务处理，与股东出资一样，自然人股东持股、公司股东持股以及合伙企业股东持股等不同持股主体的税务处理有所不同，各个持股主体的税务处理与股东出资并无不同，具体请参照本章关于股东出资税务处理的分析，在此不再赘述。

3.3.2 转增资本简述

转增资本是增资的一种特殊方式，是指股东在持有公司股权阶段，公司在日常经营中以资本公积、盈余公积、未分配利润向股东转增资本的行为。通常有限责任公司称之为"转增资本"，股份有限公司称之为"转增股本"，这里不再区分公司性质，统称"转增资本"。为了更好地探讨转增资本的涉税处理，我们有必要了解如下概念。

1. 资本公积

资本公积，是指会计上核算企业收到投资者出资额超出其在注册资本或股本中所占份额的部分以及直接计入所有者权益的利得和损失，通过"资本公积"科目核算。股东缴付公司的出资额大于其在公司注册资本中所拥有份额的数额为资本溢价。股份有限公司溢价发行股票时实际收到的款项超过股票面值总额的数额为股本溢价。资本溢价和股本溢价会计上均计入"资本公积"。

在税法上，我们还要注意股票发行溢价这个概念，国税发〔1997〕198号、国税函发〔1998〕289号规定的 "股份制企业股票溢价发行收入所形成的资本公积金"就是指"股份有限公司以超过股票票面金额的发行价格发行股份所得的溢价款形成的资本公积金"。

2. 盈余公积

盈余公积为会计中的一个科目，并非专门的法律概念，指企业按照有关规定从净利润中提取的积累资金。在法律上，相对应的概念为法定公积金、任意公积金，两者均计入"盈余公积"科目。本节若无特别注明，盈余公积包括法定公积金和任意公积金。

法定公积金具有强制性，公司分配当年税后利润时，应当提取利润的10%列入公司法定公积金。公司法定公积金累计额为公司注册资本50%以上的，可以不再提取，用于弥补公司的亏损、扩大公司生产经营或者转为增加公司资本。法定公积金转为资本时，所留存的该项公积金不得少于转增前公司注册资本的25%，也就是说，盈余公积不能全部转增资本。①

---

① 《公司法》第二百一十条、第二百一十三条。

任意公积金无须强制提取，由股东会或者股东大会自行决定。任意公积金用于弥补公司的亏损、扩大公司生产经营或者转为增加公司资本。在转为资本时，无数额限制，可全部转增资本。

3. 未分配利润

未分配利润是企业实现的净利润经过弥补亏损、提取盈余公积和向投资者分配利润后留存的、历年结存的利润。未分配利润的使用法律上没有特别的限制，可以用于弥补公司的亏损、现金分红、扩大公司生产经营、转增资本等。

公司是股份有限公司还是有限责任公司，持股股东是自然人、法人还是合伙企业，均影响转增资本的税务处理，故下面我们从持股股东类型和公司类型两个维度来分析转增资本的税务处理。

3.3.3 自然人股东转增资本涉税分析

因为股份有限公司在转增资本涉税处理上相关法规比较完备，相比于有限责任公司争议较小，所以我们先就股份有限公司情形分析自然人股东涉税处理。

1. 股份有限公司转增资本

（1）股票溢价发行形成的资本公积转增股本

根据税法规定，股份制企业用资本公积金转增股本不属于股息、红利性质的分配，个人取得的转增股本数额，不作为个人所得，不征收个人所得税。[1] 上述的"资本公积金"是指股份制企业股票溢价发行收入所形成的资本公积金。将此转增股本由个人取得的数额，不作为应税所得征收个人所得税。[2]

也就是说，股份有限公司以股票溢价发行形成的资本公积金向自然人股东转增股本时，自然人股东不需要缴纳个人所得税。

（2）盈余公积、未分配利润、除股票溢价发行外的其他资本公积转增股本

根据税法规定，股份制企业用盈余公积金派发红股属于股息、红利性质的分配，对个人取得的红股数额，应作为个人所得征税。[3] 以未分配利润、盈余公积和除股票溢价发行外的其他资本公积转增注册资本和股本的，要按照"利息、股

---

[1] 《国家税务总局关于股份制企业转增股本和派发红股征免个人所得税的通知》（国税发〔1997〕198号）第一条。

[2] 《国家税务总局关于原城市信用社在转制为城市合作银行过程中个人股增值所得应纳个人所得税的批复》（国税函〔1998〕289号）第二条。

[3] 《国家税务总局关于股份制企业转增股本和派发红股征免个人所得税的通知》（国税发〔1997〕198号）第二条。

息、红利所得"项目，依据现行政策规定计征个人所得税。①

可见，股份有限公司以盈余公积、未分配利润、除股票溢价发行外的其他资本公积向自然人股东转增股本的时候，自然人股东需要按"利息、股息、红利所得"计征个人所得税。

需要注意的是，上市公司及新三板企业自然人股东在获得以盈余公积、未分配利润、除股票溢价发行外的其他资本公积转增的股本时可以根据持股时间享受差别化税收优惠政策：持股期限在1个月以内（含1个月）的，其股息红利所得全额计入应纳税所得额；持股期限在1个月以上至1年（含1年）的，暂减按50%计入应纳税所得额；持股期限超过1年的，股息红利所得暂免征收个人所得税。②

中小高新技术企业以未分配利润、盈余公积、资本公积向个人股东转增股本时，可以以5年为限"分期付款"缴纳个人所得税。③

2. 有限责任公司转增资本

（1）盈余公积和未分配利润转增股本

有限责任公司以盈余公积和未分配利润转增，自然人股东应按照股息红利所得缴纳个人所得税，需要按20%全额缴纳个人所得税。对此，法律规定和实践中都比较明确，不再赘述。

（2）资本公积转增股本

实践中，对有限责任公司以资本公积向自然人股东转增注册资本，个人股东是否需要缴纳个人所得税存在争议，争议聚焦在"以资本溢价所导致的资本公积转增注册资本"这一情形。除此以外的其他情形所产生的资本公积转增资本即便对于股份有限公司而言也不属于免税范围，需要缴纳企业所得税，不存在争议。

资本溢价产生的资本公积转股之所以产生争议，主要是人们对于国税发〔1997〕198号文件、国税函发〔1998〕289号文件等税收政策所规定的"股份制企业股票溢价发行收入所形成的资本公积金"中的"股份制企业"包不包含有限责任公司有不同的看法。《股份制企业试点办法》（体改生〔1992〕30号）第3条界定股份制企业包括股份有限公司和有限责任公司两种组织形式。虽然该

---

① 《国家税务总局关于进一步加强高收入者个人所得税征收管理的通知》（国税发〔2010〕54号）。
② 《关于上市公司股息红利差别化个人所得税政策有关问题的通知》（财税〔2015〕101号）、《关于延续实施全国中小企业股份转让系统挂牌公司股息红利差别化个人所得税政策的公告》（财政部、税务总局公告2024年第8号）。
③ 《财政部 国家税务总局关于将国家自主创新示范区有关税收试点政策推广到全国范围实施的通知》（财税〔2015〕116号）。

文件已被废止，但除此以外，再无明确的法律文件界定股份制企业。

一种观点认为资本溢价转增股本属于免征个人所得税的情形。该观点认为税法的适用应该遵从"实质重于形式"的原则，并根据立法精神去理解，而不能生搬硬套政策原文——既然股份有限公司的股票溢价发行收入和有限责任公司的股权溢价融资没有任何本质上的不同，区别仅仅在于权益投资的流动性上，那么税法适用上就应该对同一种经济行为体现"税收中性"和"税收公平"的原则，不应该厚此薄彼。因此有限责任公司资本溢价转增股本属于免征个人所得税的情形。

另一种观点认为税法应具有基本的刚性，充分体现"依法征税"原则。国税发〔1997〕198号文件、国税函发〔1998〕289号文件等税收政策所规定的"股份制企业股票溢价发行收入所形成的资本公积金"中明确指出是"股票溢价发行"，可以明确只有股份有限公司才存在股票，这里是不可能包含有限责任公司的。[①] 既然文件采取正列举的方式明确了仅适用于股份有限公司，自然就不能随意进行扩大化解释。此观点实践中得到税务机关的支持，这样理解避免了税务机关漏征税款的风险。因此有限责任公司资本溢价转增股本应缴纳个人所得税。

被投资的有限责任公司为符合规定的中小高新技术企业，自然人股东同样可以按照规定[②] 在不超过5个（含）公历年度内分期缴纳税款。

3.3.4　公司股东转增资本涉税分析

1. 股份有限公司转增资本

股份有限公司以股权（票）溢价所形成的资本公积转增股本，公司股东税务上不需要确认收入，无须缴纳企业所得税。[③]

股份有限公司以未分配利润、盈余公积、除股票溢价发行外的其他资本公积向法人股东转增股本，可分解为两步来理解：首先被投资企业向公司股东分配股息、红利，然后法人股东以分得的股息、红利对被投资企业进行增资。[④] 符合条件的居民企业之间的股息、红利等投资性收益免交企业所得税，[⑤] 故以未分配利

---

① 梁晶晶，《税务稽查实务轻松入门》，中国财政经济出版社，2023年版，第139页。
② 《财政部 国家税务总局关于将国家自主创新示范区有关税收试点政策推广到全国范围实施的通知》（财税〔2015〕116号）。
③ 《国家税务总局关于贯彻落实企业所得税法若干税收问题的通知》（国税函〔2010〕79号）。
④ 《国家税务总局关于盈余公积金转增注册资本征收个人所得税问题的批复》（国税函〔1998〕333号）。
⑤ 见《企业所得税法》第二十六条第二项。

润、盈余公积转增股本，公司股东免征企业所得税。

2. 有限责任公司转增资本

①有限责任公司以未分配利润、盈余公积、除资本溢价外的其他资本公积转增股本向法人股东转增股本免征企业所得税。

②有限责任公司以资本溢价所形成的资本公积转增股本，法人股东税务上不需要确认收入，无须缴纳企业所得税。

3.3.5 合伙企业股东转增资本涉税分析

1. 股份有限公司转增资本

目前我国税法对合伙企业等非法人企业股东的相关立法尚有许多空白，这使得纳税人和征税机关产生很多争议，给征纳双方都带来法律风险。由于合伙企业实行"先分后税"的纳税方式，其所得税均由合伙人来负担，[①] 关于转增股本的税务处理，实践中也主要参考个人股东和法人股东的相关规定，故本节的论述均建立在法理的基础上，为编者的个人观点。

以盈余公积、未分配利润、除股票溢价发行外的其他资本公积向合伙企业股东转增股本的时候，合伙企业股东的自然合伙人虽然也缴纳个人所得税，但由于其通过合伙企业间接持股，不能直接"穿透"适用相应的股息红利差别化征税政策，需要按20%全额缴纳个人所得税。

穿透之后均是个人投资者的合伙企业股东取得的转增股本，无法适用股份有限公司以股票溢价发行形成的资本公积金转增股本不需要缴纳个人所得税的优惠政策。[②] 因为该政策要求转增股本由个人取得，才不作为应税所得征收个人所得税；而合伙企业持股，股份由合伙企业所得，虽然个人所得税由个人投资者缴纳，却享受不了该优惠政策。

合伙企业的法人合伙人，其取得股息红利所得属于通过合伙企业"间接投资"所取得的股息红利，不属于居民企业之间直接投资取得的股息，因此该股息红利不能享受免征企业所得税的优惠。

---

① 《国家税务总局关于〈关于个人独资企业和合伙企业投资者征收个人所得税的规定〉执行口径的通知》（国税函〔2001〕84号）。

② 对于合伙企业股东（穿透之后均是个人投资者）取得的转增股本数额，是否适用股份制企业溢价发行收入所形成的资本公积转增股本不属于股息、红利性质的分配，对个人股东取得的转增股本数额，不作为个人所得，不征收个人所得税的优惠政策，福建省税务局曾在网上解答，大意是：需要是股份制企业股票溢价发行收入所形成的资本公积金，将此转增股本由个人取得的数额，不作为应税所得征收个人所得税；如果股东是合伙企业则不适用下列文件规定（不征收个人所得税的优惠政策）。

根据税法规定:"被投资企业将股权(票)溢价所形成的资本公积转为股本的,不作为投资方企业的股息、红利收入,投资方企业也不得增加该项长期投资的计税基础。"[①]这里的"企业"显然包含合伙企业,所以股份有限公司以股权(票)溢价所形成的资本公积转增股本,合伙企业股东税务上不需要确认收入,无须缴纳企业所得税。

2. 有限责任公司转增资本

①有限责任公司以盈余公积、未分配利润、资本公积向合伙企业股东转增股本,合伙企业的自然人合伙人应全额缴纳个人所得税。

②有限责任公司以盈余公积、未分配利润、除资本溢价发行外的其他资本公积向合伙企业股东转增股本,合伙企业的法人合伙人应全额缴纳企业所得税。

③有限责任公司以资本溢价所形成的资本公积向合伙企业股东转增股本,合伙企业的法人合伙人不缴纳企业所得税,同时不调整其对于合伙企业投资份额的计税基础。

3.3.6 小结

综上所述,我们可以通过表3-3归纳总结本节内容。对比不同持股股东在转增资本环节的涉税分析,可见:

①自然人股东持股的情况下,均须缴纳个人所得税,上市公司、新三板公司、中小高新技术股份制公司有税收优惠政策。有限责任公司自然人股东以资本溢价形成的资本公积转增资本时是否缴纳个人所得税存在争议。

②公司股东持股的情况下,税费最少。不管是股份有限公司还是有限责任公司,相关税法规定比较明确,均不征或者免征企业所得税。

③在合伙企业股东持股的情况下,由于相关法律法规不明确,税收风险相对较大。合伙企业股东持股,合伙企业本身不缴纳企业所得税,均穿透该合伙企业,由合伙企业的自然人合伙人或公司合伙人根据其适用的税收规定来缴纳所得税。从现行规定来看,除了在以资本公积转增资本的情况下,合伙企业的法人股东不缴纳企业所得税外,均须依法缴纳相关所得税,并无税收优惠政策。

---

① 《国家税务总局关于贯彻落实企业所得税法若干税收问题的通知》(国税函〔2010〕79号)。

表 3-3 转增资本各类持股股东所得税处理方法表

企业类型	转增资本（股本）方式	上市公司	新三板公司	中小高新技术股份制公司	其他公司
自然人股东持股					
股份有限公司	以盈余公积、未分配利润、其他资本公积	按股息红利差别化政策计征个人所得税		全额缴纳个人所得税，可申请5年分期缴纳	全额一次性缴纳个人所得税
股份有限公司	以股票溢价形成的资本公积	不征个人所得税			
有限责任公司	以盈余公积、未分配利润、其他资本公积	—	—	全额缴纳个人所得税，可申请5年分期缴纳	全额一次性缴纳个人所得税
有限责任公司	以资本溢价形成的资本公积	—	—		不明确，存在争议
公司股东持股					
股份有限公司	以盈余公积、未分配利润	免征企业所得税			
股份有限公司	以资本公积（股票溢价形成的资本公积、其他资本公积）	不征个人所得税			
有限责任	以盈余公积、未分配利润	免征企业所得税			
有限责任	以资本公积（资本溢价形成的资本公积、其他资本公积）	不征企业所得税			
合伙企业持股					
股份有限公司 自然人合伙人	以盈余公积、未分配利润	全额缴纳个人所得税，且不能享受股息红利所得差别化征税优惠政策			
股份有限公司 自然人合伙人	以资本公积（股票溢价形成的资本公积、其他资本公积）	全额缴纳个人所得税			

续表

企业类型	转增资本（股本）方式	自然人股东持股			
		上市公司	新三板公司	中小高新技术股份制公司	其他公司
股份有限公司	公司合伙人 以盈余公积、未分配利润	全额缴纳企业所得税			
	以资本公积（股票溢价形成的资本公积、其他资本公积）	不征企业所得税			
有限责任公司	自然人合伙人 以盈余公积、未分配利润	全额缴纳个人所得税			
	以资本公积（资本溢价形成的资本公积、其他资本公积）	全额缴纳个人所得税			
	公司合伙人 以盈余公积、未分配利润	全额缴纳个人所得税			
	以资本公积（资本溢价形成的资本公积、其他资本公积）	不征企业所得税			

3.4 减少注册资本

3.4.1 减少注册资本概述

减少注册资本，是指股东依照《公司法》的规定减少注册资本的行为。减少注册资本，从税法的角度可视为股东撤回或者减少在企业的投资，会从公司取得相关资产和收益，同时企业的资产因此而减少，对企业的经营和偿债能力均有直接的影响。故为了保护债权人的利益，《公司法》对股东的减资程序进行了严格的规定。股东减少注册资本，可以是部分股东定向减资，也可以是各个股东同比例减资，是股权调整的常用方法。在税法上，股东减少注册资本主要涉及所得税。

3.4.2 自然人股东减少注册资本涉税分析

根据税法规定[①]，个人因各种原因终止投资、联营、经营合作等行为，从被投资企业或合作项目、被投资企业的其他投资者以及合作项目的经营合作人取得股权转让收入、违约金、补偿金、赔偿金及以其他名目收回的款项等，均属于个人所得税应税收入，应按照"财产转让所得"项目计算缴纳个人所得税。应纳税所得额的计算公式如下：应纳税所得额＝个人取得的股权转让收入、违约金、补偿金、赔偿金及以其他名目收回款项合计数－原实际出资额（投入额）及相关税费。

3.4.3 公司股东减少注册资本涉税分析

根据税法规定[②]，投资企业从被投资企业撤回或减少投资，其取得的资产中，相当于初始出资的部分，应确认为投资收回；相当于被投资企业累计未分配利润和累计盈余公积按减少实收资本比例计算的部分，应确认为股息所得；其余部分确认为投资资产转让所得。

3.4.4 合伙企业股东减少注册资本涉税分析

由于合伙企业为"税收透明体"，如果合伙企业的合伙人是公司，按照公司股东减少注册资本缴纳企业所得税；如果合伙企业的合伙人是自然人，按照自然人股东减少注册资本缴纳个人所得税。

3.4.5 小结

综上，股东撤回或者减少的投资，一般情况下可以分成以下三部分：一是股东的原始投资；二是利润，也就是撤回注册资本相对应的股息红利所得；三是其余部分，一般视为原始投资本身的增值。

对于自然人股东，因其从投资企业取得的利润需要缴纳个人所得税，故税法上明确可以从撤资所得中减去原实际出资额（投入额）及相关税费，这部分无须缴纳个人所得税。而公司股东，由于居民企业之间的股息红利免税，故除了股东原始投资部分无须缴纳所得税，相当于股息红利部分也不纳税。

---

① 《国家税务总局关于个人终止投资经营收回款项征收个人所得税问题的公告》（国家税务总局公告2011年第41号）。

② 《国家税务总局关于企业所得税若干问题的公告》（国家税务总局公告2011年第34号）第五条。

3.5 股权转让

3.5.1 股权转让简述

在《公司法》上，股权转让是指股东依法将自己的股东权益有偿转让给他人，使他人取得股权的民事法律行为。股权转让是公司调整股权最常见的方式之一，是股权架构设计或者动态调整的常见手段。在税法上，股权转让是广义的转让，并不是只有主动出售股权才是转让。税法主要看其实质，只要股权实质上变更了持有主体，就属于股权转让的范畴。税法上常见的股权转让包括以下情形：①出售股权；②公司回购股权；③发行人首次公开发行新股时，被投资企业股东将其持有的股份以公开发行方式一并向投资者发售；④股权被司法或行政机关强制过户；⑤以股权对外投资或进行其他非货币性交易；⑥以股权抵偿债务；⑦其他股权转移行为。[1]

股权转让在税法上通常涉及增值税、印花税、个人所得税、企业所得税。关于增值税，依照税法规定，转让非上市公司的股权，不属于增值税的征收范围；转让上市公司股票，按照金融商品转让，差额征收增值税；个人转让金融商品，免增值税。关于印花税，股权转让按产权转移书据缴纳印花税；转让上市公司、新三板挂牌企业股票，按照证券交易征收印花税。特殊情形下，转让的股权所涉资产主要是土地使用权、地上建筑物及附着物，股权转让金额接近房地产的评估值，有可能被征收土地增值税。[2]

关于所得税，按照"财产转让所得"缴纳所得税，企业股东缴纳企业所得税，自然人股东缴纳个人所得税。因在股权转让过程中涉及的增值税和印花税税负成本比例较小，故本节重点讨论不同持股主体转让股权的所得税问题。表 3-4 为股权转让涉税处理表。

表 3-4 股权转让涉税处理表

纳税义务	自然人	公司
增值税	转让非上市公司股权不征	转让非上市公司股权不征
	转让上市公司股票免征	转让上市公司股票须缴纳

---

[1] 《国家税务总局关于发布〈股权转让所得个人所得税管理办法（试行）〉的公告》（国家税务总局公告 2014 年第 67 号）（以下简称"67 号文"）第三条。

[2] 《关于以转让股权名义转让房地产行为征收土地增值税问题的批复》（国税函〔2000〕687 号）。

续表

纳税义务	自然人	公司
附加税费	不涉及	根据实际缴纳的增值税缴纳
企业所得税	不涉及	征收
个人所得税	征收	不涉及
印花税	征收	征收
土地增值税	不涉及	特殊情形下可能征收

3.5.2 自然人股东股权转让涉税分析

1. 股权转让"先税后转"

自然人股权转让目前实行"先税后转",也就是公司在进行自然人股东变更之前,必须由主管税务部门审核并完税,申报财产转让所得的个税和产权转移书据的印花税。其实,该政策有明确的法律依据[1]:个人转让股权办理变更登记的,市场主体登记机关应当查验与该股权交易相关的个人所得税的完税凭证。但该政策的实施落地,各地的时间并不一致。比如上海,要求自 2022 年 12 月 20 日起,个人转让股权办理股权变更登记的,在市场监管部门办理登记时,必须持有税务机关提供的"自然人股东股权变更完税情况表"[2]。当然,上海并不是第一个要求个人转让股权先完税后股转的城市,此前青岛、天津、广西、深圳、湖南、广东、北京、湖北、安徽、重庆、兰州、四川等地均已发布相关规定。

"先税后转"政策的实施,使得股权转让纳税先行,税务机关对股权转让的个人所得税的监管不再有遗漏。在该政策实施前,由于部分股东对税收政策不了解,在股权转让过程中全然未考虑税收成本,导致出现意想不到的税收风险,从而导致公司并购的失败。从这个角度讲,该政策的实施将纳税置于变更登记前,使得股东不得不做好税收规划,减少交易成本的误判,具有积极的现实意义。

2. 股权转让计税方法

自然人转让股权应当按照财产转让所得缴纳个人所得税,适用财产转让所得

---

[1] 《个人所得税法》第十五条。
[2] 《国家税务总局上海市税务局、上海市市场监督管理局关于进一步做好股权变更登记个人所得税完税凭证查验服务工作的通告》(2022年)。

20%税率。[①] 转让上市公司股票取得（限售股除外[②]）的所得暂免征收个人所得税[③]。财产转让所得，按照一次转让财产的收入额减除财产原值和合理费用后的余额计算纳税，[④] 即股权转让个人所得税=（股权转让收入额－财产原值－合理费用）×20%。从该公式来看，股权转让收入的多少直接关系到纳税额度，故实践中股权转让收入即股权转让价格成为纳税机关与纳税人博弈的焦点。

3.股权转让收入的确定

股权转让收入是指转让方因股权转让而获得的现金、实物、有价证券和其他形式的经济利益。转让方取得与股权转让相关的各种款项，包括违约金、补偿金以及其他名目的款项、资产、权益等，均应当并入股权转让收入。[⑤] 该规定杜绝了通过人为拆分股权收入来降低个人所得税应税金额的手段。但实践中，关于股权转让经常出现如下问题：

（1）股东未实缴出资零转让股权

股权转让的应纳税税额是以股权转让所得为计税依据的，股权转让所得=股权转让收入额－财产原值－合理费用。股东未实缴出资，意味着公式中的财产原值为零。财产原值为零，不意味着转让时股权的价值为零。若公司成立后利润丰厚，净资产必然增加，故其股权的公允价值必定不为零。所以，股东未实缴出资，和零转让股权没有必然的联系。

（2）股东平价转让和低价转让

平价转股通常是指按转让方的历史成本价作为交易双方的成交价，因卖出价与买入价之间无价差，即无所得，故不缴所得税。低价转股则是指以低于市场价的价格转让股权，因减少了所得，也就少缴了所得税。比如常见的一元转股、股权激励、合伙人计划、内部职工股、股权对赌、干股等市场行为，其交易实质就是股权转让，并且有一个共同的特点——低于市场价格转股，或称之为平价转股、低价转股。按税收的一般原则，应该以市场公允价格作为成交价格，平价或低价转股无疑违反了此原则。

---

① 《个人所得税法》第三条第三款。
② 《关于个人转让上市公司限售股所得征收个人所得税有关问题的通知》（财税〔2009〕167号）。
③ 《财政部 国家税务总局关于个人转让股票所得继续暂免征收个人所得税的通知》（财税字〔1998〕61号）。
④ 《个人所得税法》第六条第五款。
⑤ 67号文第八条。

（3）股权转让收入明显偏低且无正当理由，税务机关核定股权转让收入

根据现行税法规定[①]，股权转让收入应当按照公平交易原则确定。申报的股权转让收入明显偏低且无正当理由的，主管税务机关可以核定股权转让收入。以下情形可以认定为股权转让收入明显偏低。①申报的股权转让收入低于股权对应的净资产份额。其中，被投资企业拥有土地使用权、房屋、房地产企业未销售房产、知识产权、探矿权、采矿权、股权等资产，申报的股权转让收入低于股权对应的净资产公允价值份额。②申报的股权转让收入低于初始投资成本或低于取得该股权所支付的价款及相关税费。③申报的股权转让收入低于相同或类似条件下同一企业同一股东或其他股东股权转让收入。④申报的股权转让收入低于相同或类似条件下同类行业的企业股权转让收入。⑤不具有合理性的无偿让渡股权或股份。⑥主管税务机关认定的其他情形。

根据上述规定，股东零转让股权、平价转让、低价转让或者赠与他人股权，都有可能被认定为股权转让收入偏低，而被税务机关核定股权转让收入。根据税法规定[②]，税务机关应依次按照下列方法核定股权转让收入。

1）净资产核定法

股权转让收入按照每股净资产或股权对应的净资产份额核定。被投资企业的土地使用权、房屋、房地产企业未销售房产、知识产权、探矿权、采矿权、股权等资产占企业总资产比例超过20%的，主管税务机关可参照纳税人提供的具有法定资质的中介机构出具的资产评估报告核定股权转让收入。6个月内再次发生股权转让且被投资企业净资产未发生重大变化的，主管税务机关可参照上一次股权转让时被投资企业的资产评估报告核定此次股权转让收入。

2）类比法

一是参照相同或类似条件下同一企业同一股东或其他股东股权转让收入核定；二是参照相同或类似条件下同类行业企业股权转让收入核定。

3）其他合理方法

主管税务机关采用以上方法核定股权转让收入存在困难的，可以采取其他合理方法核定。

（4）股权转让收入明显偏低且视为有正当理由的情形

是不是股权转让收入偏低都无正当理由呢？对此，税法有如下规定[③]。符合

---

① 67号文第十一、十二条。
② 67号文第十四条。
③ 67号文第十三条。

下列条件之一的股权转让收入明显偏低,视为有正当理由:①能出具有效文件,证明被投资企业因国家政策调整,生产经营受到重大影响,导致低价转让股权;②继承或将股权转让给其能提供具有法律效力身份关系证明的配偶、父母、子女、祖父母、外祖父母、孙子女、外孙子女、兄弟姐妹以及对转让人承担直接抚养或者赡养义务的抚养人或者赡养人;③相关法律、政府文件或企业章程规定,并有相关资料充分证明转让价格合理且真实的本企业员工持有的不能对外转让股权的内部转让;④股权转让双方能够提供有效证据证明其合理性的其他合理情形。

4. 股权转让交易双方的义务

自然人股东股权转让个人所得税的纳税义务人是股权的出让方,出让方接受转让款,纳税义务自然由股权转让的收入者承担。但实践中,若转让方为自然人,按照税法规定[①],支付股权转让款的一方有代扣代缴义务。因此,股权转让收入的支付方要注意自身的代扣代缴义务,如果违反该义务,需要承担相应的法律责任。根据税法规定,扣缴义务人应扣未扣、应收而不收税款的,由税务机关向纳税人追缴税款,对扣缴义务人处应扣未扣、应收未收税款50%以上3倍以下的罚款。[②] 纳税人拒绝代扣、代收税款的,扣缴义务人应当向税务机关报告,由税务机关直接向纳税人追缴税款、滞纳金[③]。扣缴义务人不缴或者少缴已扣、已收税款,则涉嫌偷税,由税务机关追缴不缴或者少缴的税款、滞纳金,并处不缴或者少缴的税款50%以上5倍以下的罚款,构成犯罪的,依法追究刑事责任[④]。

5. 股权代持

股权代持又称委托持股、隐名投资或假名出资,是指实际出资人与他人约定,以他人名义代实际出资人履行股东权利义务的一种股权或股份处置方式。在实务中,挂名的股东被称为"显名股东",实际出资人被称为"隐名股东"。股权代持不属于严格意义上的法律概念,它是商事活动中实际出资人出于自身特殊的商业动机或者意图而与代持人所拟定的委托其代持股权的商业安排。随着法律和司法实践方面对股权代持法律关系的逐步明确,股权代持在商业实践中发生愈加频繁,越来越多的税务问题由此产生,其中最突出的问题是股权代持的纳税主体认定和重复征税的问题。

---

① 《个人所得税法》第九条。
② 《中华人民共和国税收征收管理法》第六十九条。
③ 《个人所得税法实施条例》第九十四条。
④ 《中华人民共和国税收征收管理法》第六十三条。

股权代持的税收争议焦点之一是纳税主体的认定，即以名义股东还是以实际股东作为法定纳税主体的问题，这衍生出有关两种课税方式——形式课税和实质课税的争论。

形式课税，就是按照商事登记的外观确定，确定工商登记的名义股东作为纳税主体。在形式课税的情形下，如果股权代持还原，即名义股东将股权转让给实际股东，视为股权转让，由名义股东缴纳个人所得税，这是目前主流的税务处理方式。根据现行规定[1]，在企业代个人持有限售股的情况下，显名股东企业为实际纳税义务人，但是该规定仅仅适用于企业代持限售股情形，对于在其他情形下实际纳税义务人如何确定并没有明确规定。另厦门市税务局答复[2]中指出，代持协议仅规范当事人内部的民事法律关系，对股东出资不构成调整或变化，显名股东转让股权取得所得的，应当按照"财产转让所得"缴纳个人所得税，这一答复显然采纳形式课税原则。

实质课税原则，是指税法上确立的应依据纳税人经营活动的实质而非表面形式予以征税的准则。在股权代持的法律关系中，实际股东为投资收益的实际享有者，股权登记由名义股东变更为实际股东并未改变经济实质，依据实质课税原则，代持股权还原并不构成股权转让，也不存在任何股权转让所得，无须缴纳个人所得税。显然，实质课税原则对股东最为有利。但税法上并没有明确规定该原则，且在实际操作过程中，虽然代持的法律关系是客观存在的，纳税人往往因为缺乏充足的证明材料而无法说服税务机关按照经济实质课税。实践中，许多隐名股东选择向法院提起确权诉讼，通过法院的判决或裁定，将代持的股权直接变更到隐名股东名下，确认股权为隐名股东所有。隐名股东认为不通过股权转让形式过户，税务机关将不视同转让，不征收个人所得税，但根据现行税法规定[3]，股权转让的情形包括"其他股权转移行为"。该规定涵盖了司法判决或裁定股权变更的情形，因此，司法判决或裁定并不能产生不被征收个人所得税的效果。

基于上述关于纳税主体的争议，合理选择代持人对减轻代持还原的纳税负担尤为重要。根据规定，继承或将股权转让给其能提供具有法律效力身份关系证明的配偶、父母、子女、祖父母、外祖父母、孙子女、外孙子女、兄弟姐妹以及对转让人承担直接抚养或者赡养义务的抚养人或者赡养人的，股权转让收入明显偏低时，视为有正当理由。因此，与隐名股东具有上述亲属关系，进行股权代持还

---

[1] 《国家税务总局关于企业转让上市公司限售股有关所得税问题的公告》（国家税务总局公告2011年第39号）。
[2] 《关于降低厦门股权代持关系下实际出资人双重税负的提案》（市政协十三届四次会议第1112号）。
[3] 67号文第三条。

原转让时可以产生节税效应，可以化解此环节的纳税负担。

对于名义股东取得股息红利、股权转让所得转付给隐名股东是否纳税，目前并无明确规定。但根据一些地方税务机关的答复归纳[①]，如果隐名股东为自然人，那么其转付的所得不属于自然人的应税范围，无须缴纳个人所得税。如果显名股东和隐名股东均为企业，其转付的所得应当并入应纳税所得额，缴纳企业所得税。[②] 虽然名义股东已经就其所得缴纳过税款，但由于双方之间未构成股权投资关系而不适用免税优惠政策，故存在一定的重复征税现象。我们需要关注的是，相关答复仅为部分地方税局的解答，并非国税总局的官方解释，其他地方对此部分转付所得的性质判定是否有相同的口径，存在不确定性，建议事先咨询主管税局予以明确，从而降低税收风险。

6. 股权退回

在股权转让"先税后转"政策落地之前，经常发生股权转让工商变更完毕后，税务机关通知交易双方缴纳所得税。由于在股权转让之前，双方对交易的税负根本没有测算，当发生巨额税收负担时，双方均表示无力承担该巨额税负，要求将股权变更还原，恢复至股权转让前的状态，以此来达到避免巨额税负的目的。但按照现行规定[③]，股权转让合同履行完毕，股权已作变更登记，且所得已经实现的，转让人取得的股权转让收入应当依法缴纳个人所得税。转让行为结束后，当事人双方签订并执行解除原股权转让合同、退回股权的协议，是另一次股权转让行为，对前次转让行为征收的个人所得税款不予退回。可见股权退回无法达到避免纳税负担的目的。

对此，税法进一步规定，股权转让合同未履行完毕，因执行仲裁委员会作出的解除股权转让合同及补充协议的裁决，停止执行原股权转让合同，并原价收回已转让股权的，由于其股权转让行为尚未完成，收入未完全实现，随着股权转让关系的解除，股权收益不复存在，根据《个人所得税法》和《中华人民共和国税收征收管理法》（以下简称《征管法》）的有关规定，以及从行政行为合理性原则出发，纳税人不应缴纳个人所得税。根据该规定，若股权转让合同未履行完毕，或者股权转让合同被法院、仲裁机构判定解除，股权原价回转的，由于转让行为未完成，收入未完全实现，随着转让关系的解除，转让收益不复存在，因此纳税人无须缴纳税款，已缴税款应予退还。

---

① 《关于降低厦门股权代持关系下实际出资人双重税负的提案》（市政协十三届四次会议第1112号）。
② 浙江、吉林12306问题答复。
③ 《国家税务总局关于纳税人收回转让的股权征收个人所得税问题的批复》（国税函〔2005〕130号）。

7. 股权无偿转让给自己名下个人独资企业

实务中，有观点认为：个人独资企业是个人的，个人将股权无偿转给其个人独资企业，无非是左口袋右口袋的区别，况且个人转让时也未取得收益，所以不存在缴纳个人所得税的问题。该观点进一步论证，根据现行规定[①]，"股权转让是指个人将股权转让给其他个人或法人的行为"。一方面，个人独资企业属于非法人组织，并不属于上述条文规定的"个人"或"法人"，并不当然能适用上述规定；另一方面，从纳税主体看，作为投资者的自然人与其设立的个人独资企业是两个不同的主体，但是在计算个人所得税时，纳税义务人只有一个即作为投资人的自然人，并不存在两个主体。

就上述问题由于目前尚无全国性的规范性文件给出明确处理方案，各地税务部门也理解不一，并未形成实践中的统一做法。有网友在12366纳税服务平台提问："个人股东A将其所持有100%股权甲公司转让给自己的A个人独资企业，这种情况下A需要交个税吗？"国家税务总局浙江省税务局2019年12月9日回答："自然人和个人独资企业是两个不同的主体，发生股权转让行为应按规定计算缴纳个人所得税。"[②] 显然，浙江税局机关认为，个人将股权无偿转给其个人独资企业需要缴纳个人所得税。

在此笔者建议投资者在将股权转让给自己设立的个人独资企业前，应先与当地税务部门进行及时沟通，明确当前政策，由税务机关判断是否属于应税行为，以规避可能的涉税风险。

8. 股权转让与不公允增资扩股

关于增资的税务处理本章3.3节已详细介绍，股权转让与增资为性质完全不同的应税行为，本不应有交集。而实践中，有股东低于公允价格增资扩股，导致稀释股权的行为，则增资扩股的股东实际获得的股权份额比其应获得的股权份额多，而不增资股东其应获得的股权份额比其实际获得的股权份额少，减少了股权份额，事实上导致低价转让股权行为，对此行为是不是需要征收个人所得税，各地方税务局的意见并不统一。

观点一：增资扩股中涉及个人股东的，不属于列举的个人股权转让行为，不缴个人所得税。

国家税务总局佛山市顺德区税务局关于"增资款导致原股东股权占比被稀释，原股东被稀释的部分属于股权转让吗？要交个税吗？"的答复："根据《国

[①] 67号文第三条。

[②] https://12366.chinatax.gov.cn/nszx/onlinemessage/detail?id=4286b44922ac45aa83e16549dbe4d827。

家税务总局关于发布〈股权转让所得个人所得税管理办法（试行）〉的公告》（国家税务总局2014年第67号），股权转让是指个人将股权转让给其他个人或法人的行为，包括以下情形：①出售股权；②公司回购股权；③发行人首次公开发行新股时，被投资企业股东将其持有的股份以公开发行方式一并向投资者发售；④股权被司法或行政机关强制过户；⑤以股权对外投资或进行其他非货币性交易；⑥以股权抵偿债务；⑦其他股权转移行为。若不属于上述情形的，则不属于个人所得税股权转让涉税行为。"

观点二：对于以低于每股净资产公允价值增资的行为，原个人股东实际占有的公司净资产公允价值发生转移的部分应视同转让行为，应依税法按照相关规定征收个人所得税。

宁波市税务局对此问题答复："①以大于或等于公司每股净资产公允价值的价格增资的行为，不属于股权转让行为，不征个人所得税。②以低于每股净资产公允价值的价格增资的行为，原股东实际占有的公司净资产公允价值发生转移的部分应视同转让行为，应依税法相关规定征收个人所得税。"广东省湛江市税务局答复："个人股东若按公允价格增资扩股，没有稀释股权，则不需要缴个人所得税。若低于公允价格增资扩股，存在稀释股权的行为，则增资扩股的股东实际获得的股权份额比其应获得的股权份额多，而不增资股东其应获得的股权份额比其实际获得的股权份额少，减少了股权份额，存在低价转让股权行为，需要缴纳个人所得税。"

综上，实践中有通过不公允增资方式实现股权实质上的转让，而达到不缴纳个人所得税的所谓筹划，依然有纳税风险。也有税务局在增资环节不要求纳税，但将来增资扩股的股权转让时，会将低于公允价值的部分作为损失予以扣除，从而在该环节将此前不征的税款予以征收。建议在相关情形下与税务部门充分沟通，了解当地政策，从而避免税收风险。

3.5.3 公司股东转让股权涉税分析

1. 概述

公司股东转让股权所得，属于该公司收入的一部分，属于企业所得税中企业"转让财产收入"[①]。企业取得财产（包括各类资产、股权、债权等）转让收入、债务重组收入、接受捐赠收入、无法偿付的应付款收入等，不论是以货币形式体现，还是以非货币形式体现，除另有规定外，均应一次性计入确认收入的年

---

① 《企业所得税法》第六条。

度计算缴纳企业所得税。[1] 企业转让股权收入，应于转让协议生效且完成股权变更手续时确认收入的实现。转让股权收入扣除为取得该股权所发生的成本后，为股权转让所得。企业在计算股权转让所得时，不得扣除被投资企业未分配利润等股东留存收益中按该项股权所可能分配的金额。[2]

2. 股权收购一般性税务处理

股权收购是股权转让的一种表现形式，是指一家企业（以下称为"收购企业"）购买另一家企业（以下称为"被收购企业"）的股权，以实现对被收购企业控制的交易。收购企业支付对价的形式包括股权支付、非股权支付和两者的组合。股权支付是指企业重组中购买、换取资产的一方支付的对价中，以本企业或其控股企业的股权、股份作为支付的形式，非股权支付是指以本企业的现金、银行存款、应收款项、本企业或其控股企业股权和股份以外的有价证券、存货、固定资产、其他资产以及承担债务等作为支付的形式。

依照现行规定[3]，企业进行股权收购交易，被收购方应确认股权、资产转让所得或损失，收购方取得股权或资产的计税应以公允价值为基础，被收购企业的相关所得税事项在原则上保持不变。以上税务处理称为一般性税务处理。也就是说，企业进行股权收购，若被收购企业通过股权转让发生了所得，企业股东需要缴纳企业所得税；如果股权收购发生了股权损失，也可以按规定税前扣除。

3. 股权收购特殊性税务处理

股权收购是企业重组的形式之一，企业重组同时符合下列条件的，适用特殊性税务处理规定[4]：

①具有合理的商业目的，且不以减少、免除或者推迟缴纳税款为主要目的；
②被收购、合并或分立部分的资产或股权比例符合规定的比例；
③企业重组后的连续 12 个月内不改变重组资产原来的实质性经营活动；
④重组交易对价中涉及股权支付金额符合规定的比例；
⑤企业重组中取得股权支付的原主要股东，在重组后连续 12 个月内，不得

---

[1] 《国家税务总局关于企业取得财产转让等所得企业所得税处理问题的公告》（国家税务总局公告 2010 年第 19 号）。
[2] 《国家税务总局关于贯彻落实企业所得税法若干税收问题的通知》（国税函〔2010〕79 号）第三条。
[3] 《财政部 国家税务总局关于企业重组业务企业所得税处理若干问题的通知》（财税〔2009〕59 号）第四条。
[4] 《财政部 国家税务总局关于企业重组业务企业所得税处理若干问题的通知》（财税〔2009〕59 号）第五条。

转让所取得的股权。

股权收购，收购企业购买的股权不低于被收购企业全部股权的50%，且收购企业在该股权收购发生时的股权支付金额不低于其交易支付总额的85%，可以选择按以下规定处理：①被收购企业的股东取得收购企业股权的计税基础，以被收购股权的原有计税基础确定；②收购企业取得被收购企业股权的计税基础，以被收购股权的原有计税基础确定；③收购企业、被收购企业的原有各项资产和负债的计税基础和其他相关所得税事项保持不变。[①] 也就是说，被收购企业适用特殊性税务处理，暂不缴纳企业所得税。

4. 股权划转特殊性税务处理

根据规定[②]，对100%直接控制的居民企业之间，以及受同一或相同多家居民企业100%直接控制的居民企业之间按账面净值划转股权或资产，凡具有合理商业目的，不以减少、免除或者推迟缴纳税款为主要目的，股权或资产划转后连续12个月内不改变被划转股权或资产原来实质性经营活动，且划出方企业和划入方企业均未在会计上确认损益的，可以选择按以下规定进行特殊性税务处理：①划出方企业和划入方企业均不确认所得；②划入方企业取得被划转股权或资产的计税基础，以被划转股权或资产的原账面净值确定；③划入方企业取得的被划转资产，应按其原账面净值计算折旧扣除。即符合上述条件的股权划转，暂不缴纳企业所得税。

5. 股权转让与股东投资收回

股权转让是股东投资收回的一种方式，股东收回投资常见方式还有撤回投资。根据前文所述，我们知道企业在计算股权转让所得时，不得扣除被投资企业未分配利润等股东留存收益中按该项股权所可能分配的金额。也就是说，直接股权转让，未分配利润、盈余公积等股东留存收益是没有任何税收优惠的。我们又知道企业盈余公积转增资本是免征企业所得税的，且居民企业之间的股息红利分配也是免征企业所得税的。制定股权转让方案时，如果我们能够充分地利用现有政策，依法充分享受上述税收优惠，就能找到税负最轻的方案。关于股权转让方案，我们可以直接转让股权，先分配利润再转让股权，先转增资本再转让股权，不同收

---

① 《财政部 国家税务总局关于企业重组业务企业所得税处理若干问题的通知》（财税〔2009〕59号）第六条；《财政部 国家税务总局关于促进企业重组有关企业所得税处理问题的通知》（财税〔2014〕109号）第一条。

② 《财政部 国家税务总局关于促进企业重组有关企业所得税处理问题的通知》（财税〔2014〕109号）第三条。

回投资方式的税务处理不同,享受的税收待遇也不同,其差异如表 3-5 所示[①]:

表 3-5 不同收回投资方式的税务处理

方案	税务处理
股权转让	未分配利润、盈余公积对应部分均无法享受免税待遇,税负最重
利润分配+股权转让	未分配利润对应部分可以享受免税待遇,盈余公积部分可以免税
转增资本+股权转让	以未分配利润、部分盈余公积转增资本享受免税待遇,并增加股权投资成本,使得未分配利润、盈余公积对应部分可以享受免税待遇
撤资	所有的未分配利润和盈余公积按比例享有部分享受免费待遇,税负最轻

3.5.4 合伙企业作为股东转让股权涉税分析

1. 合伙企业公司合伙人涉税分析

合伙企业属于"税收透明体",其股权转让所得最终由合伙企业的自然合伙人或者企业合伙人缴纳。对于合伙企业的企业合伙人,将转让所得纳入企业收入,缴纳企业所得税,在实践中并无争议,在此不再赘述。

2. 合伙企业自然合伙人涉税分析

对于合伙企业的自然合伙人,股权转让收入所得是经营所得还是财产转让所得,在实践中曾经有一定的争议。如果是经营所得,适用税率 5%～35%;如果是财产转让所得,适用税率 20%。

(1) 税率的适用

合伙企业股东转让股权,合伙企业的自然合伙人缴纳个人所得税。依照规定[②],合伙企业每一纳税年度的收入总额减除成本、费用以及损失后的余额,作为投资者个人的生产经营所得,比照《个人所得税法》的"个体工商户的生产经营所得"应税项目,适用 5%～35% 的五级超额累进税率计算征收个人所得税。收入总额,指企业从事生产经营以及与生产经营有关的活动所取得的各项收

---

① 奚卫华,《合规纳税:涉税风险防范与纳税筹划案例指导》,人民邮电出版社 2023 年版,第 302 页。
② 《财政部 国家税务总局关于印发〈关于个人独资企业和合伙企业投资者征收个人所得税的规定〉的通知》(财税〔2000〕91 号)附件 1《关于个人独资企业和合伙企业投资者征收个人所得税的规定》第四条。

入，包括商品（产品）销售收入、营运收入、劳务服务收入、工程价款收入、财产出租或转让收入、利息收入、其他业务收入和营业外收入。显然，根据上述规定，财产转让收入属于合伙企业的收入之一，属于个人投资者的生产经营所得，适用5%～35%的五级超额累进税率。同时，有规定进一步明确[①]，对个人独资企业和合伙企业从事股权（票）、期货、基金、债券、外汇、贵重金属、资源开采权及其他投资品交易取得的所得，应全部纳入生产经营所得，依法征收个人所得税。

国家为支持创投企业（基金）的发展，出台了针对创投企业（基金）的优惠政策[②]，即规定创投企业可以选择按单一投资基金核算或者按创投企业年度所得整体核算，如选择按单一投资基金核算，其个人合伙人从该基金应分得的股权转让所得按照20%税率计算缴纳个人所得税。该政策所指的"创投企业"须符合《创业投资企业管理暂行办法》或者《私募投资基金监督管理暂行办法》，并完成相关备案。除此以外，其他合伙企业无特殊优惠政策。

综上，如果是普通的合伙企业即非创投企业，则合伙企业股权转让是按"个体工商户的生产、经营所得"缴纳个人所得税，适用税率5%～35%。创投企业则可以有所选择：一是按单一投资基金核算，其个人合伙人从基金应分得的股权转让所得和股息红利所得，按照20%税率计算缴纳个人所得税；二是按年度所得整体核算，其个人合伙人应从创投企业取得的所得，按照"经营所得"项目5%～35%的超额累进税率计算缴纳个人所得税。[③]在2009年至2010年期间，部分省市（包括北京）为鼓励合伙制股权投资基金的发展，以地方规范性文件明确合伙制股权投资基金中个人投资者取得的转让股权收益，可按"财产转让所得"项目20%税率缴税，但范围仅限于经相关部门登记备案的从事私募股权投资业务的有限合伙企业，未扩大到其他合伙制企业。据了解，自新《个人所得税法》实施后，尤其是财税〔2019〕8号文件出台后，很多省市如上海、深圳、杭州、珠海、西藏等地，考虑到原有地方性文件上位法依据不足，陆续废止了自行制定的股权投资税收政策，统一按照国家现行政策执行。[④]

---

① 《国家税务总局关于切实加强高收入者个人所得税征管的通知》（国税发〔2011〕50号）第二条第三项。

② 《财政部 税务总局 发展改革委 证监会关于创业投资企业个人合伙人所得税政策问题的通知》（财税〔2019〕8号）。

③ 国家税务总局辽宁省税务局《关注合伙企业的10个涉税问题》，见http://liaoning.chinatax.gov.cn/art/2021/11/10/art_348_69686.html?LMCL=os67M1。

④ 北京市税务局答复关于降低有限合伙企业股权投资税率的提案。见http://beijing.chinatax.gov.cn/bjswj/jytabl/202207/61ebd9ab5fb64a09bd3e5fd5ccec0f97.shtml。

（2）核定征收

实务中，涉及股权转让的，一般金额比较大。就合伙企业自然合伙人而言，需要按照最高税率35%来缴纳个税，税负率极高。所以，就有很多人将合伙企业注册在有"税收优惠政策"的园区，利用核定征收政策进行"节税"。以通常核定征收率10%为例，合伙企业投资所得按收入的10%纳税，原来35%的高税率直接降到了3.5%的极低税率，造成社会税负严重不公平。所以，国家在2021年12月30日出台了规定，要求持有股权、股票、合伙企业财产份额等权益性投资的个人独资企业、合伙企业，不得核定征收，一律适用查账征收方式计征个人所得税。[①]

3.5.5 小结

综上，在股权转让环节，不同的持股主体所得税的税负有明显的差别。从税负的角度看：自然人持股适用税率20%，且比较稳定；合伙企业持股适用税率5%～35%，考虑到股权转让的金额一般比较大，那么税率相对自然人持股要高；公司持股面临双重征税，需要缴纳25%的企业所得税，转到最终控制人手中还需要缴纳20%的个人所得税，综合税负可以达到40%，税负最高。可见，自然人持股税率最低，故自然人持股最适合上市公司套现。从税务筹划方面来看：公司持股符合条件，可以适用公司重组和划转的特殊税务处理的优惠政策；自然人持股的税务筹划空间就很小；合伙企业持股由于税收政策不明确，税务筹划风险特别大。可见，从税务筹划的角度看，公司持股最优。

---

① 《财政部 国家税务总局关于权益性投资经营所得个人所得税征收管理的公告》（2021年）。

第 4 章
股权架构设计的场景应用

4.1 分散型股权架构如何调整?

【案情介绍】

甲、乙等 8 个年轻人,曾系某头部游戏公司一游戏开发团队的核心成员,甲为产品制作人,其余人员负责策划、程序、美术、测试、运营。该 8 人从公司离职创业,共同投资设立了 A 公司,公司启动资金 500 万元,由股东用自有资金出资。A 公司设立时股权结构如图 4-1 所示。A 公司设立后,甲全面负责公司经营管理,把握产品研发方向,积极寻找外部行业资源。游戏产品完成初步研发时,A 公司资金不足,但游戏测试数据喜人,故 A 公司决定进行股权融资,缓解资金压力。但在向投资人介绍公司股权架构时,投资人均不予认可,希望公司先进行股权结构优化。那么,A 公司该如何进行股权结构优化?

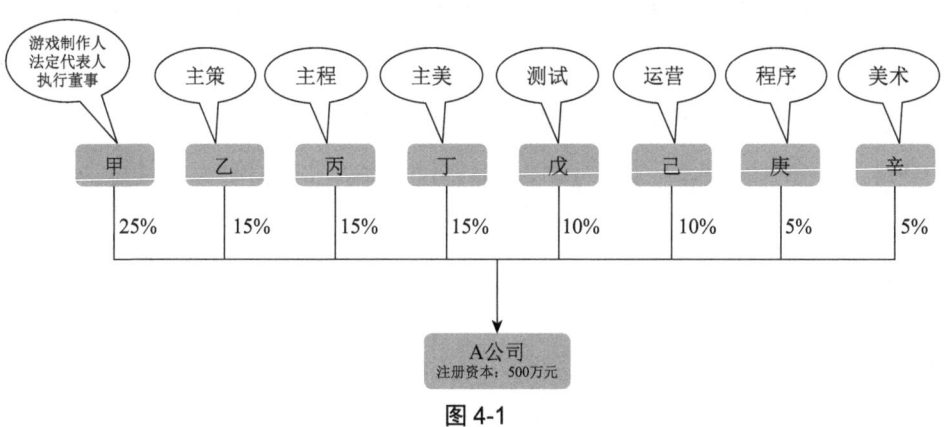

图 4-1

【案例分析】

一、A公司设立时股权结构的成因

1. 关于出资

各股东均系游戏行业从业人员，设立公司决定进行游戏的开发和运营。根据计划开发第一款游戏需要资金 350 万元，加上运营启动资金以及公司日常运营资金，预估初期需要 500 万元。如果消耗完 500 万元未做出产品，则考虑解散公司；如做出产品，后续公司可通过股权融资和游戏运营收入来维持。

2. 关于股权比例分配

分配股权比例时，股东考虑了两个因素。

其一，各股东的历史关系及其在 A 公司角色的重要度。

股东们是一起共事的好兄弟，而且每个人在 A 公司都有其价值，因此在股权比例上不能让谁明显吃亏，分配时基于游戏行业的共识，即一个游戏开发团队中各角色的重要性和贡献度来分配。通常游戏制作人负责管理整个游戏团队，其通常也有策划、程序或美术等专业背景，重要度最高，所以股权比例最高。主策、主程和主美，三者重要性相当，但较游戏制作人次之。

其二，各股东可用于出资的资金额。

基于股东已预估 A 公司初期所需资金为 500 万元，而各股东均为年轻人，可投入创业的资金均不多，只有大家一起出钱才能够凑足启动资金。甲也曾考虑做大股东，但其没有足够的资金可用于出资做大股东，另外也不确定是否能做成，不敢太冒险。

二、A公司股权结构分散可能产生的问题

第一，公司缺少实际控制人，甲对 A 公司没有话语权，有碍于公司的后续发展。

按 A 公司章程及《公司法》第六十六条的规定，A 公司股东会会议由股东按照出资比例行使表决权，股东会的一般决议由代表过半数表决权的股东通过，修改公司章程、增加或者减少注册资本的决议，以及公司合并、分立、解散或者变更公司形式的特殊决议，由代表三分之二以上表决权的股东通过。甲目前的持股比例为 25%，并且随着 A 公司后续的股权融资，甲的持股比例还将进一步被稀释。对照上述股东会决策机制可知，甲并非 A 公司的控股股东或实际控制人，甲在股东会并无控制权。

股权结构在一定程度上决定了整个公司的治理和运作。甲在股权比例上的弱

势,决定了其无法成为A公司的核心人物和精神领袖。甲个人对公司的战略规划通常难以落地,无法带领A公司这家创业公司快速发展。举例说明,假设甲与乙、丙、丁三人在第二款游戏立项时发生分歧,甲认为应该紧跟市场变化,尝试研发新的二次元游戏类型,乙、丙、丁认为应该发挥经验优势,继续研发仙侠游戏,在甲持股25%,乙、丙、丁合计持股45%的情况下,公司下一款游戏何去何从?

第二,公司决策效率低下,错失市场先机。

股权分散并非全无优点,其会对权力制衡产生有利的影响,同时有利于民主决策;缺点在于公司的反应速度会降低。为了能够在股东会层面就相关事项达成一致,股东之间往往需要进行许多沟通与协调。A公司目前有8个股东,意味着甲需要和其余7个人沟通、达成共识才可能将自己的想法付诸实施。但是机会都是稍纵即逝的,效率低下的公司决策将使公司工作效率降低,错失市场先机。

第三,部分股东的贡献与利益失衡。

A公司目前的股权结构是创始股东较多,各个股东的投入和地位差不多,单个股东出资能力有限。其未进行股权架构的动态规划,股权比例分配并未考虑后续各股东的实际贡献。虽然各个股东均全职在A公司工作,并且股权比例分配也考虑到了岗位重要度,但深入分析可知,不同股东的创业决心、机会成本以及实际贡献是不同的。比如庚和辛,虽然有投资,但投资金额并不高,按游戏行业的薪资水平也就是几个月的工资,且后续在A公司的日常经营中,其更像打工人的角色,除本职工作外,并不对公司的经营策略、发展方向有独立思考和见解。而甲则完全从项目制作人角色转变为了公司创始人,投入大量资金,拒绝了其他公司的高薪职位和发展机会,更是全身心投入A公司,为公司发展殚精竭虑,实际上带领团队度过了创业初期最艰难的日子,这是A公司继续发展不可或缺的,但是从股权比例和利益分配来看,甲是否有继续奋斗的充足动力?

三、外部投资人建议A公司先行优化股权结构的原因

外部投资人建议A公司先行优化股权结构,一方面是考虑到现行股权结构存在上述弊端,另一方面是担心股权结构不能顺利完成调整。股权结构调整涉及股东权力和利益的重新分配,在此过程中,不排除发生股东矛盾。如果A公司股东关系恶化,可能影响继续经营。在这种情况下,外部投资人自然会先观望。

【建议方案】

A公司是一家初创公司,其过于分散的股权结构已显弊端。分散型股权结构中的创始人基本上没有控股权,那么在公司发展初期,最好通过一系列控制权设

计工具提高其股权比例，归集表决权，让创始人能够掌握话语权，把握公司的发展方向和战略，以利于公司的稳健发展。

对于分散型股权结构，可从公司及股东实际情况出发，经股东充分协商，确定某股东作为实际控制人，并组合使用如下调整方式：①由经股东协商确定的实际控制人向公司增资，通过增资提高其股权比例；②由实际控制人作为普通合伙人，部分原股东作为有限合伙人，共同设立有限合伙企业，并将有限合伙人原持有的公司股权转让给有限合伙企业，实际控制人通过执行有限合伙企业的合伙事务控制有限合伙企业所持公司股权的表决权，从而提高实际控制人的控制权比例；③运用本书第 2 章中所述的一致行动协议、投票权委托、AB 股设置提高实际控制人的控制权比例。

本案中，各股东之间具有良好的信任基础，其他股东充分认可甲对 A 公司的贡献，希望继续由甲来带领团队和公司，甲经过前期的锻炼，对自身能力以及公司发展都有信心，愿意加大投资。

最后股东协商方案为，甲对 A 公司增资 125 万元，同时甲作为普通合伙人，戊、己、庚、辛作为有限合伙人共同设立有限合伙企业，将戊、己、庚、辛所持 A 公司股权转让给有限合伙企业，该有限合伙企业由甲执行合伙事务，调整后股权结构如图 4-2 所示。调整后的股权结构下，甲直接持股 40%，同时通过有限合伙企业再控制 A 公司 24% 的股权，合计控制 64% 的股权，即使后续因为股权融资被稀释，也能保持对 A 公司的相对控股。

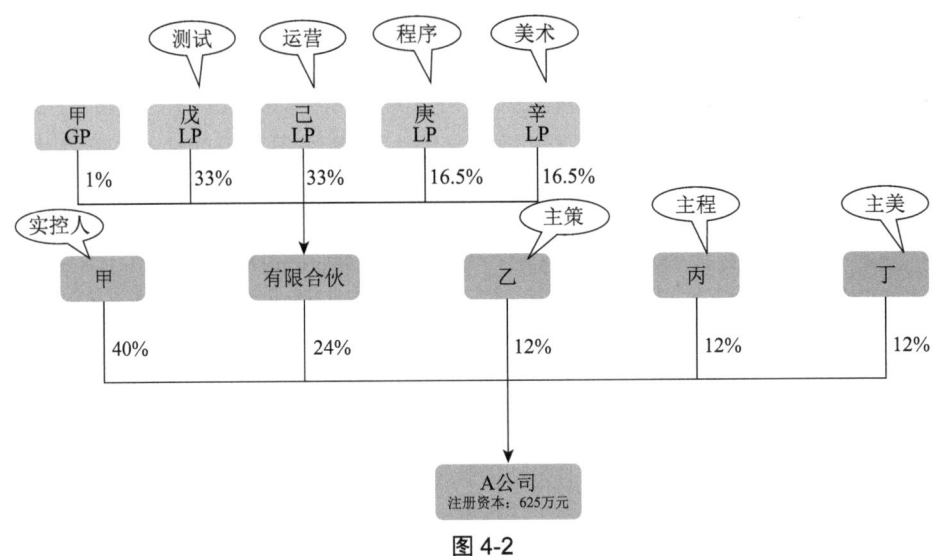

图 4-2

最为重要的是，通过股东的协商和方案调整，A 公司确定了实际控制人和决策人，对股东关系进行了重塑。A 公司具有了和谐稳定的股东关系，这对于后续引进投资人、公司治理都是极为重要的基础和财富。

【法条链接】

1.《公司法》第六十五条　股东会会议由股东按照出资比例行使表决权；但是，公司章程另有规定的除外。

2.《公司法》第六十六条　股东会的议事方式和表决程序，除本法有规定的外，由公司章程规定。

股东会作出决议应当经代表过半数表决权的股东通过。

股东会作出修改公司章程、增加或者减少注册资本的决议，以及公司合并、分立、解散或者变更公司形式的决议，应当经代表三分之二以上表决权的股东通过。

4.2　"五五分"股权架构下公司僵局如何破？

【案情介绍】

甲、乙系大学时同窗好友，志趣相投，毕业后两人决定共同创业。双方共同设立 A 公司，各占 50% 股权（见图 4-3）。两人分工明确，甲负责产品市场营销和公司日常管理，乙负责产品研发。A 公司获得初步成功后，甲、乙在公司下一步的发展战略上产生分歧。首先，甲想把公司往大了做，希望引入投资人、获得资金以快速扩大生产经营；乙认可扩大生产经营，但希望以公司所赚利润投入，稳扎稳打，不希望引入投资人以后受其限制。其次，双方对于后续产品的研发方向也存在不同意见。虽然两人是昔日好友，但在 A 公司的发展方向上分歧过大，矛盾无法调和，并且两人均不愿退让。甲咨询，基于 A 公司的现状，后续该如何处理？

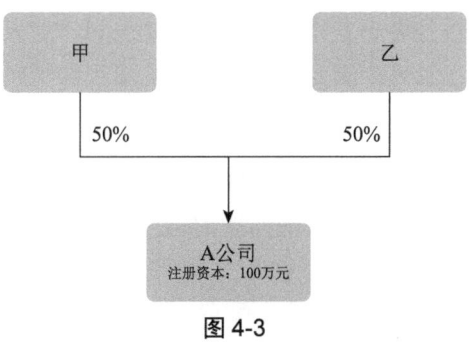

图 4-3

【案例分析】

本案中，甲、乙分别持有 A 公司 50% 的股权。A 公司的章程显示：①对公司增加或减少注册资本、合并、分立、解散、变更公司形式、修改公司章程作出决议时，必须经代表三分之二以上表决权的股东通过；②股东会的一般决议应当经代表过半数表决权的股东通过；③股东会会议由股东按照出资比例行使表决权。可见，A 公司的股权结构就是常说的"五五分"股权结构，也是最差股权架构之一。

"五五分"股权结构在现实中并不少见，通常发生在股东之间是夫妻、亲戚、好友关系的情况下。分析其成因，主要是在公司设立之初，股东们基于血缘等特殊关系以及充分的信任，认为对等的股权对彼此都公平，谁都不吃亏。

"五五分"股权结构最常见的问题是，在创业阶段，股东们往往还能奔着将公司做成、做大的目标，劲儿往一块儿使；一旦公司做成，股东之间往往发生分歧，导致公司僵局的发生，最后公司经营停滞，甚至解散。所谓公司僵局，是指公司在存续运行中由于股东、董事之间矛盾激化而处于僵持状况，导致股东会、董事会等公司机关不能按照法定程序作出决策，从而使公司陷入无法正常运转，甚至瘫痪的状况。

很难见到一家"五五分"股权结构的公司不出现问题的。海底捞虽然也是从"五五分"结构做起来的，但其在发展过程中，股东之间重新协商，创始人张勇受让了其他股东的股权，取得了公司控制权。真功夫是"五五分"股权结构，但未能有效解决问题，这也是绝大多数采用"五五分"股权结构的公司所要面对的，只不过惨烈程度不同。

"五五分"股权结构导致公司僵局的根源在于，公司缺乏实际控制人、决策者。两个股权比例相等的股东，谁都说了算，谁又都说了不算。只要股东之间无法形成一致意见，按公司股东会的决策机制，势必无法通过股东会决议，公司治理机制失灵。长此以往，关系公司发展战略的决议无法形成，必然限制公司的发展。同时，股东双方往往各自在事实上部分控制公司，对人、财、业务、证照和公章进行着一定的分工管理，因此还可能导致公司正常生产经营无法开展。

【建议方案】

对于"五五分"的股权结构，需要综合分析公司的经营情况、股东之间的矛盾点、不同股东的诉求以及股东解决问题的态度和意愿，然后通过协商或诉讼的方式进行优化。

1. 协商方式

对于公司盈利状况良好，虽然股东之间矛盾很深，但不是非解散公司不可的，优先考虑通过协商方式解决。

对于"五五分"的股权结构，虽然实践中可使用人资倒挂的股权架构调整方法，但因为涉及公司控制问题，股东们必须面对和解决谁是公司实际控制人的问题。如果可以协商并达成一致，在具体调整方法上，可以综合评估公司的净资产、股权调整的税负等因素，通过股权转让、定向增资或减资的方法增加实际控制人的股权比例，重新划定两个股东的责权利，达到双方付出与收益的相对平衡。

对于无法初步协商确定公司实际控制人的情况，可进一步采用竞价策略，通过买断股权迫使对手股东出局。我们介绍以下几种竞价策略供参考：

第一，得克萨斯枪战（Texas Shoot-out）。股东在密封标书中表明其愿意以现金收购对方权益的最高价格，最终出价高者可按照给出价收购报价低者的股权。

第二，荷兰式拍卖（Dutch Auction）。股东在密封标书中表明其愿意出售其权益的最低价格，最终出价高者可以按照出价低者的报价，买入出价低者的股权。

第三，俄罗斯轮盘条款（Russian Roulette）。股东在通知中标明其给予公司一半权益的现金收购价的估值，被通知方可以选择按此价格收购通知方的股权，或向通知方出售自己的股权。

2. 诉讼方式

如果股东关系已经恶化至无法协商的情况，那么法律给出的救济途径是通过诉讼解散公司，让股东及时止损。

《公司法》第二百三十一条规定，公司经营管理发生严重困难，继续存续会使股东利益受到重大损失，通过其他途径不能解决的，持有公司百分之十以上表决权的股东，可以请求人民法院解散公司。

结合《公司法解释（二）》第一条的规定以及相应的司法实践，股东依据《公司法》第二百三十一条提起公司解散之诉，如要得到裁判支持，需要满足如下核心要件：

第一，公司经营管理发生严重困难。

判断公司的经营管理是否出现严重困难，应当从公司组织机构的运行状态进行综合分析，其侧重点在于公司经营管理是否存在严重的内部障碍，股东会或董事会是否因矛盾激化而处于僵持状态，无法就公司的经营管理进行决策，一方股东是否无法有效参与公司经营管理等。公司本身处于盈利状态并非认定公司经营管理发生严重困难的充分阻却事由，公司经营管理发生严重困难侧重于对公司股东会等内部治理机构运行状态的考察，是否处于亏损状况并非判断公司经营管理发生严重困难的必要条件。

《公司法解释（二）》就此列举以下四种情形：①公司持续两年以上无法召开股东会；②股东表决时无法达到法定或者公司章程规定的比例，持续两年以上不能做出有效的股东会决议；③公司董事长期冲突，且无法通过股东会解决；④经营管理发生其他严重困难。总结而言，公司经营管理发生严重困难，主要指公司股东会、董事会等权力机构和管理机构运行失灵，无法对公司的任何事项作出决议，公司的一切事务处于瘫痪状态，即已经形成公司僵局，而这种持续的公司僵局使得股东的利益在僵持中逐渐耗竭。

第二，公司继续存续会使股东利益受到重大损失。

公司的经营管理如果出现严重困难，则有可能影响公司的正常运转以及股东权利实现通道的畅通，进而对股东的利益造成严重损害。由于公司的资产主要是股东出资形成，如果继续存续，只会继续损耗现有资产，对股东利益造成严重损害。

第三，公司僵局无法通过其他途径解决。

股东之间始终不能就转让股权、公司增资或减资等维系公司存续的解决方案达成合意，在诉讼阶段亦无法通过调解解决纠纷，即公司的持续性僵局穷尽其他途径仍未能化解，如维系公司，股东权益只会在僵持中逐渐耗竭。相较而言，解散公司能为双方股东提供退出机制，避免股东利益受到不可挽回的重大损失。

综上，本案中，甲、乙双方可通过初步协商来确定各自的真实想法与意图，如有可能确定公司的实际控制人或某一方退出公司，后续通过股权转让、公司增资或减资等方式从股权比例上确定实际控制人的控制权；如甲、乙双方关系恶化至无法协商，则双方均可通过诉讼请求解散公司来减少自己的损失。

【法条链接】

1.《公司法》第六十六条　股东会的议事方式和表决程序，除本法有规定的外，由公司章程规定。

股东会作出决议，应当经代表过半数表决权的股东通过。

股东会作出修改公司章程、增加或者减少注册资本的决议，以及公司合并、分立、解散或者变更公司形式的决议，应当经代表三分之二以上表决权的股东通过。

2.《公司法》第二百三十一条　公司经营管理发生严重困难，继续存续会使股东利益受到重大损失，通过其他途径不能解决的，持有公司百分之十以上表决权的股东，可以请求人民法院解散公司。

3.《公司法解释（二）》第一条 单独或者合计持有公司全部股东表决权百分之十以上的股东，以下列事由之一提起解散公司诉讼，并符合《公司法》第一百八十二条规定的，人民法院应予受理：

（一）公司持续两年以上无法召开股东会或者股东大会，公司经营管理发生严重困难的；

（二）股东表决时无法达到法定或者公司章程规定的比例，持续两年以上不能做出有效的股东会或者股东大会决议，公司经营管理发生严重困难的；

（三）公司董事长期冲突，且无法通过股东会或者股东大会解决，公司经营管理发生严重困难的；

（四）经营管理发生其他严重困难，公司继续存续会使股东利益受到重大损失的情形。

股东以知情权、利润分配请求权等权益受到损害，或者公司亏损、财产不足以偿还全部债务，以及公司被吊销企业法人营业执照未进行清算等为由，提起解散公司诉讼的，人民法院不予受理。

4.3 亲兄弟制衡式股权架构，产生矛盾能否轻松破局？

【案情介绍】

甲和乙系一对亲兄弟，共同控制A公司，并设置了绝对制衡式股权架构（见图4-4）：A公司的股东为两个法人股东B公司和C公司，其中B公司直接持有A公司48%的股权，C公司直接持有A公司52%的股权；B公司由乙直接持股90%作为控股股东，C公司由甲直接持股90%作为控股股东。为了制衡，非控股一方公司法定代表人由对方担任，即甲担任B公司的法定代表人，乙担任C公司的法定代表人；A公司的法定代表人由乙担任。

A公司经营一段时间之后，兄弟俩的矛盾逐渐显现。在矛盾发生初期，甲和乙将A公司以及两名法人股东B公司和C公司的公章、证照交付第三人丙保管，并规定在使用时须登记，以形成进一步防备和制衡。

后来，兄弟俩的矛盾进一步加深，为了获得A公司的控制权，甲首先利用自己作为C公司控股股东的地位，启动通过C公司股东会决议的方式撤换C公司的法定代表人乙的法律程序，由此拉开了双方战斗的序幕。如此均衡的股权结构，后续矛盾将如何发展？是否有好的破局方式？

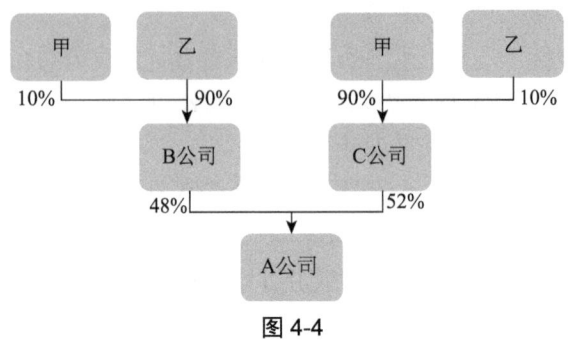

图 4-4

【案例分析】

本案系绝对制衡式股权结构下发生的控制权纠纷，这种股权架构会给 A 公司带来什么影响？单一股东是否能够仅仅通过自己一方的力量夺回控制权？

第一，C 公司的股东甲首先启动的利用绝对控股地位撤换 C 公司法定代表人乙的程序具有法律依据。根据《公司法》第十条的规定，公司的法定代表人按照公司章程的规定，由代表公司执行公司事务的董事或者经理担任；同时，依据该法第三十二条、第三十四条，公司法定代表人变更，应当办理变更登记。因此，法定代表人由公司股东会决议内部完成选任程序后，再办理对外公示的工商变更手续。甲因持有 C 公司 90% 的股权，因此能够控制 C 公司的股东会，换言之，即使 C 公司的小股东乙不同意更换 C 公司的法定代表人（也就是乙自己），也不会实质影响资本多数决原则下 C 公司股东会决议的效力，因此甲可以成功更换 C 公司的法定代表人。

第二，在充分制衡式股权架构下，应当能预见当甲启动更换 C 公司法定代表人的措施后，乙也会在 B 公司启动相同的反制措施。既然甲能利用自己控股股东的身份将乙从 C 公司踢出，那乙自然也能在 B 公司召开更换法定代表人的股东会决议。由此可以看到，在目前的股权架构下，双方的战火一定会在 A 公司层面点燃。

第三，A 公司的股权结构和 B 公司以及 C 公司有非常大的不同。A 公司并非自然人直接持股，A 公司的两个股东是两个有限责任公司。甲在矛盾激化后试图夺取 A 公司的控制权，具体做法是：在未履行常规召集程序的情况下单方作出 A 公司的股东会决议和董事会决议，选举甲自己为公司董事长及法定代表人。因为在矛盾发生初期，甲和乙将 A 公司以及两名法人股东 B 公司和 C 公司的公章、证照交付第三人丙保管，所以上述两份决议在作出时并没有公司的盖章，只有甲自己的签字。后续，甲通过公章挂失流程补盖，并办理工商变更手续，将 A 公司法定代表人的公示信息变更登记为自己。

在此情况下，上述两份决议能够获得法律上的承认？依据上述两份决议的结果是否具有法律效力？

应当看到，上述两份决议在法律上无法成立。因为甲作为 C 公司的控股股东，虽然能控制 C 公司并将 C 公司的法定代表人变成自己，但是无法控制 B 公司。换言之，在 A 公司的股东会决议中，仅有甲的签名，甲或许可以说自己作为法定代表人能够代表 C 公司，却很难说自己能够代表 B 公司。即使在 A 公司的该份股东会决议作出时，甲还是工商登记的 B 公司的法定代表人，但 B 公司已经开始实施更换法定代表人的反制措施，且根据持股情况能够更换成功。由此，甲事实上无法控制 B 公司，其个人意志更难以代替 B 公司的法人意志。

C 公司实际占有 A 公司 52% 的股权，是否由此得出 A 公司股东会决议依然因为超过一半持股比例的股东同意通过而有效？在本案中，答案是否定的。因为 A 公司有争议的股东会决议和董事会决议作出的时候已经出现核心控制权的争议。由此，两次会议均没有按照《公司法》要求的召集、表决程序执行，且涉及更换董事长和法定代表人的事项也属于需要修改公司章程的内容之一，公司章程的修改需代表三分之二以上表决权的股东通过。本案中的两份决议绝非简单的程序瑕疵，决议的作出未履行正常的开会流程，参会人数也不符合公司章程的规定，因此两份决议在法律上都"未成立"。

同时，决议作出时甲因为无法拿到公司公章，所以当时决议并没有公司盖章，后续新刻公章并补盖本身也不能够当然将涉案决议合法化。

综上，A 公司的股权架构设立之初就采用了绝对制衡式结构，这种结构在矛盾发生的时候必然导致僵局，很难有一方通过"一手遮天"的方式将对方赶走。A 公司的治理层面将在未来一段时间陷入僵局，直至一方愿意让步，主动退出。公司股权层面的僵局不可避免会对公司后续的运营造成干扰，很难轻松破局。

【建议方案】

股权的设计决定了公司控制权的走向，本案鲜明地反映了绝对制衡式股权结构发生矛盾很难破局：

第一，绝对制衡式股权结构在设计之初就将公司发展"锁死"。控制权稳定是公司发展的基础之一，股权层面的设计将直接影响公司控制权的发展方向。本案中，股权层面绝对制衡，且没有任何表决权或者一致行动的特殊安排，说明在公司发展初期就做好了"锁死"的准备。而公司的发展一定是动态的，所以最初确定控制地位对日后的发展非常重要。后续没有人能预料到公司的发展方向和控制权变化，在需要股权动态调整的时候，从实际控制人手中逐步合理地分割股权是更为有效且符合公司发展方向的做法。而本案中，一开始就"锁死"股权架构，几乎没有给后续股权的动态调整留下任何空间。

第二，绝对制衡式股权结构在设计之初也没有预留股东退出机制，后期很容易陷入公司治理的僵局。公司的发展存在很强的不可预料性，如果在设立之初的权力结构设计就采用"五五分"的方式，后续公司如果发展好了，任何一方都希望谋求更大的权力，没有人会愿意分割自己已有的权力。更重要的是，公司的内控制度和机制都需要通过有效的会议制度执行，但"五五分"的方式很容易让公司无法有效执行会议制度，最终出现本案中兄弟两人在三个公司层面都展开争斗的情况。

【法条链接】

1.《公司法》第十条　公司的法定代表人按照公司章程的规定，由代表公司执行公司事务的董事或者经理担任。

担任法定代表人的董事或者经理辞任的，视为同时辞去法定代表人。

法定代表人辞任的，公司应当在法定代表人辞任之日起三十日内确定新的法定代表人。

2.《公司法》第三十二条　公司登记事项包括：

（一）名称；

（二）住所；

（三）注册资本；

（四）经营范围；

（五）法定代表人的姓名；

（六）有限责任公司股东、股份有限公司发起人的姓名或者名称。

公司登记机关应当将前款规定的公司登记事项通过国家企业信用信息公示系统向社会公示。

3.《公司法》第三十四条　公司登记事项发生变更的，应当依法办理变更登记。

公司登记事项未经登记或者未经变更登记，不得对抗善意相对人。

4.《公司法》第五十九条　股东会行使下列职权：

（一）选举和更换董事、监事，决定有关董事、监事的报酬事项；

（二）审议批准董事会的报告；

（三）审议批准监事会的报告；

（四）审议批准公司的利润分配方案和弥补亏损方案；

（五）对公司增加或者减少注册资本作出决议；

（六）对发行公司债券作出决议；

（七）对公司合并、分立、解散、清算或者变更公司形式作出决议；

（八）修改公司章程；

（九）公司章程规定的其他职权。

股东会可以授权董事会对发行公司债券作出决议。

对本条第一款所列事项股东以书面形式一致表示同意的，可以不召开股东会会议，直接作出决定，并由全体股东在决定文件上签名或者盖章。

5.《公司法》第六十三条　股东会会议由董事会召集，董事长主持；董事长不能履行职务或者不履行职务的，由副董事长主持；副董事长不能履行职务或者不履行职务的，由过半数的董事共同推举一名董事主持。

董事会不能履行或者不履行召集股东会会议职责的，由监事会召集和主持；监事会不召集和主持的，代表十分之一以上表决权的股东可以自行召集和主持。

6.《公司法》第六十四条　召开股东会会议，应当于会议召开十五日前通知全体股东；但是，公司章程另有规定或者全体股东另有约定的除外。

股东会应当对所议事项的决定作成会议记录，出席会议的股东应当在会议记录上签名或者盖章。

7.《公司法》第六十七条　有限责任公司设董事会，本法第七十五条另有规定的除外。

董事会行使下列职权：

（一）召集股东会会议，并向股东会报告工作；

（二）执行股东会的决议；

（三）决定公司的经营计划和投资方案；

（四）制订公司的利润分配方案和弥补亏损方案；

（五）制订公司增加或者减少注册资本以及发行公司债券的方案；

（六）制订公司合并、分立、解散或者变更公司形式的方案；

（七）决定公司内部管理机构的设置；

（八）决定聘任或者解聘公司经理及其报酬事项，并根据经理的提名决定聘任或者解聘公司副经理、财务负责人及其报酬事项；

（九）制定公司的基本管理制度；

（十）公司章程规定或者股东会授予的其他职权。

公司章程对董事会职权的限制不得对抗善意相对人。

8.《公司法》第七十三条　董事会的议事方式和表决程序，除本法有规定的外，由公司章程规定。

董事会会议应当有过半数的董事出席方可举行。董事会作出决议，应当经全体董事的过半数通过。

董事会决议的表决，应当一人一票。

董事会应当对所议事项的决定作成会议记录，出席会议的董事应当在会议记录上签名。

4.4 股东贡献大、股权少怎么办？

【案情介绍】

A 公司注册资本为 1000 万元，由四个股东共同投资设立（见图 4-5）。甲出资 500 万元，占股 50%，不参与公司管理；乙出资 200 万元，占股 20%，有丰富的行业经验和管理能力，全职负责公司经营管理，任法定代表人、董事、经理；丙出资 150 万元，占股 15%，不参与公司经营管理，行业人脉较好；丁出资 150 万元，占股 15%，不参与公司经营管理，有与 A 公司产品强相关的市场及客户资源。A 公司创立后，乙全身心投入创业，打造出了具有核心竞争力的产品，其洞察市场商机，了解客户需求，逐步打开市场。丁积极利用资源，对于公司产品的市场推广和销售起到了重要作用，一年后进入 A 公司任销售负责人。A 公司两年后开始盈利，并且获得了投资人的关注。此时，甲感觉到乙工作积极性下降，甲作为大股东考虑到了乙为 A 公司付出多，但持股比例低，需要做出合理的调整，故咨询如何进行调整为宜。

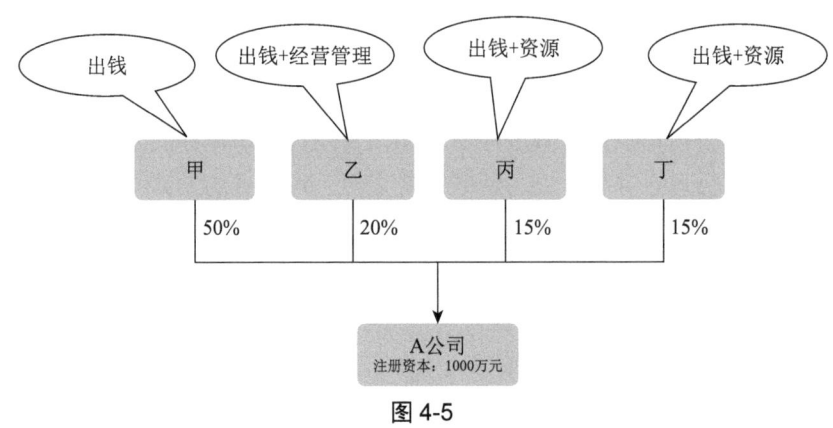

图 4-5

【案例分析】

调整股权架构，需要先分析现行股权架构存在的问题。A 公司目前的股权架构存在的问题是人资倒挂，这是公认的最差股权架构之一。所谓人资倒挂，通俗来讲，就是在股权分配上，出钱不干活儿的占大头，干活儿的占小头。

本案中，A 公司的股权架构具体存在如下问题：

1. 股权比例与股东价值贡献不匹配

本案中，乙的投资特点是资金少，投入多。由于出资较少，乙的持股比例小，但乙全职负责公司的经营管理，乙的全职投入和卓越能力是 A 公司得以生存和发展的基础。随着 A 公司日益发展壮大，利益分配不公的问题逐渐凸显，乙内心对股权分配的结果会越来越不满，尤其是在叠加资本市场对于财富的预期放大效应时。对于一家创业公司来说，资金固然重要，但人的作用要远大于钱的作用。一个好的管理人才是可遇不可求的，他可以帮助公司获得更多的资金和更稳定的发展。因此，公司的股权架构设计不仅要对钱定价，更要对人定价，它的计算公式应该是"投入＋能力＝股权"。

反观甲、丙、丁，其持股比例与其价值贡献是否匹配值得分析。

甲的持股比例全部基于其初始出资。在公司创业阶段，资金是公司启动和生存的基础，重要性毋庸置疑。但公司进入快速发展期后，更依赖以创始人为核心的管理团队的人力资本，初始出资的价值贡献降低，因为后续完全可以在市场上按照合理估值获得发展所需资金。丙的股权比例基于其出资以及资源，但实际上丙并未给 A 公司的业务发展提供过任何资源助力，其实际持股比例仅基于其初始出资。丁的股权比例亦基于其出资以及资源，但丁在初始出资后，为产品的销售实际提供了资源，后又全职加入 A 公司与乙共同创业。可见甲、丙的持股比例与其价值贡献明显不匹配。

A 公司在设立时没有考虑资金股、人力股、资源股等不同类别股权的特点，没有确定不同类别股权的权重，合理分配股权，现在如果仅仅按公司创业初始的出资进行利益分配，必然会使管理团队在心理上产生不平衡。

可见，本案中的股权分配存在明显的不公平。

2. 缺乏实际控制人

公司治理的核心就是控制权，股权架构设计的目的就是维护创始人的控制权。公司需要一个了解公司价值、凝聚创业伙伴、引领公司发展的精神领袖。如果没有这样一个灵魂人物，公司就没有关键决策人和领导人，股东关系僵化，人心涣散，公司的发展就成了无根之木、无源之水。而 A 公司目前没有哪个股东对公司具有控制权，极易发生股东关系恶化的情况，甚至发生公司的分崩离析。

第一，A公司股权分散，没有股东可在股东比例上控制股东会。

股权比例是股东从法律上控制公司的最为重要的基础和途径。以下以有限责任公司股东会重大事项的表决机制为例进行说明。

《公司法》第六十六条规定："股东会的议事方式和表决程序，除本法有规定的外，由公司章程规定。股东会作出决议，应当经代表过半数表决权的股东通过。股东会作出修改公司章程、增加或者减少注册资本的决议，以及公司合并、分立、解散或者变更公司形式的决议，应当经代表三分之二以上表决权的股东通过。"

从A公司目前的股权比例来看，在前述重大事项表决时，甲持股50%，无法有效影响股东会的决议，即使乙、丙、丁表决时意见一致，但合计持股比例未达三分之二，如果意见与甲相左，同样无法使决议通过。因此在重大事项决议时，股东会易陷入僵局。

第二，乙事实控制A公司，股东会决议可能无法得到有效落实。

乙为公司的法定代表人、董事和经理，全面负责公司的日常经营管理。根据《公司法》的规定，乙掌握了公司的人事任免、财务、公司证照和印章，从事实上控制着A公司的运营。仍以公司重大事项的决策举例来说明，如果甲与丙、丁一致行动，其合计持股比例为80%，已超过三分之二的比例要求，可使股东会通过重大事项的决议。如果乙反对股东会决议，由于其事实上控制公司，则股东会决议将无法在A公司实施。这种情况是很多公司走向"仇人式散伙"的原因。

综上可见，一个公司一定要有一个最有话语权的大股东，而这个大股东必须全职参与公司管理。

【建议方案】

对于人资倒挂的股权架构，通常可以通过股权转让、定向增资、股权激励、分红约定等方式进行股权调整。本案中，根据前述分析，结合具体情况，建议方案如下：

1. 按照各股东的价值贡献重新分配股权比例

公司应改变目前按初始出资比例分配股权的方式，鉴于甲与丙只投钱、不干活儿，应对其持股比例进行合理的下调。

2. 对股东进行定位，厘清各股东角色，维护控制权

股权比例调整后，乙为大股东，既出钱又出力，实际负责与主导公司的经营发展，为公司的创始人和实际控制人。丁出钱、出力、出资源，应为公司的创始合伙人。甲与丙只投钱、不干活儿，应定性为投资人。各股东应以乙为核心，齐心协力共促公司发展。

本案中，经过咨询，甲从大局出发，经与丙协商，采用了如下方案：第一，甲、丙转让部分股权给乙，让乙成为公司的最大股东和实际控制人，保证其绝对话语权；第二，设计股权激励方案，为甲、丁制定业绩考核标准，二人完成考核可获得激励股权。调整后股权情况如图4-6所示。

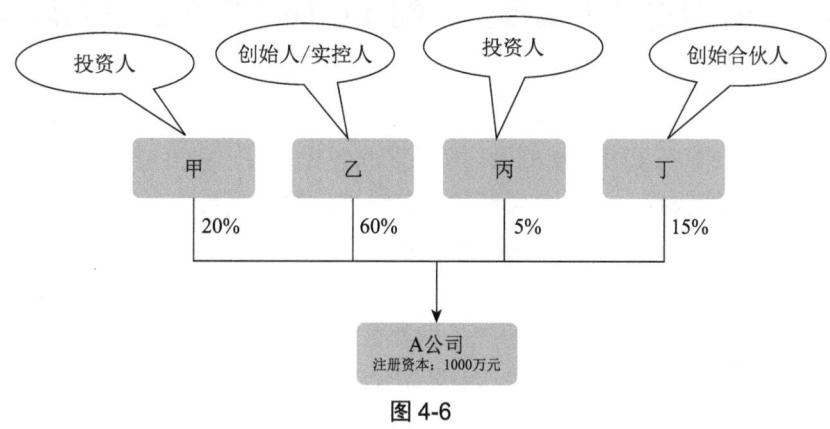

图4-6

【法条链接】

1.《公司法》第六十五条　股东会会议由股东按照出资比例行使表决权；但是，公司章程另有规定的除外。

2.《公司法》第六十六条　股东会的议事方式和表决程序，除本法有规定的外，由公司章程规定。

股东会作出决议，应当经代表过半数表决权的股东通过。

股东会作出修改公司章程、增加或者减少注册资本的决议，以及公司合并、分立、解散或者变更公司形式的决议，应当经代表三分之二以上表决权的股东通过。

3.《公司法》第七十四条　有限责任公司可以设经理，由董事会决定聘任或者解聘。

经理对董事会负责，根据公司章程的规定或者董事会的授权行使职权。经理列席董事会会议。

4.《公司法》第七十五条　规模较小或者股东人数较少的有限责任公司，可以不设董事会，设一名董事，行使本法规定的董事会的职权。该董事可以兼任公司经理。

5.《民法典》第六十一条　依照法律或者法人章程的规定，代表法人从事民事活动的负责人，为法人的法定代表人。

法定代表人以法人名义从事的民事活动，其法律后果由法人承受。

法人章程或者法人权力机构对法定代表人代表权的限制，不得对抗善意相对人。

4.5 在公司占大股就行，其他让小股东放手去干可以吗？

【案情介绍】

A公司是一家在上海注册的阀门制造公司，甲在公司设立时担任执行董事，持有公司55%的股权，乙系公司监事及总经理，持有公司45%的股权。公司的法定代表人由甲指定的人员担任，同时A公司主要客户B公司的实际控制人亦为甲（见图4-7）。A公司有厂房，乙负责A公司的生产线管理和日常经营事项。后B公司发现A公司生产的产品供货至B公司客户时出现大量产品质量问题，甲和乙的合作因此出现裂痕；甲还发现乙利用A公司的生产线给乙自己制造产品，双方合作进一步破裂。因A公司会计为乙的配偶，乙指使公司会计带走公司的营业执照、公章等，并拒绝归还。在这种情况下，甲面临哪些法律风险？可以采取哪些法律手段保护自己？

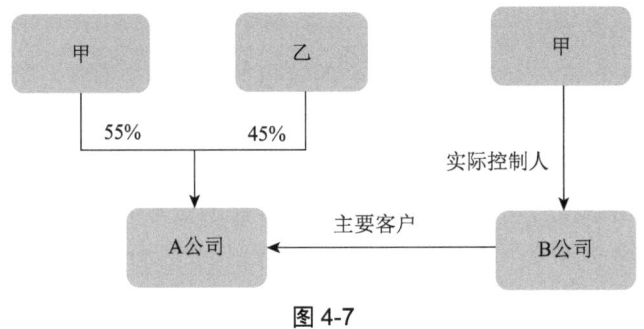

图4-7

【案例分析】

本案中，因乙安排配偶即公司会计擅自带走公司公章的行为，甲可能面临如下法律风险。

第一，乙控制公司公章期间，以公司名义对外签署各类合同，若相对方为善意，则该合同对公司生效，公司须承担合同项下的义务。

根据《民法典》的相关规定，乙担任公司的总经理，在A公司的章程未进行特殊约定的情况下，总经理的权限涵盖公司日常经营的方方面面，因此乙以总经理的身份就职权范围内的事项以公司的名义实施的法律行为，对公司发生效力,尤其在有交易习惯的场合,即乙以前曾经以A公司总经理名义和A公司的客户签署过合同的,在私自拿走公章后再故意和同一客户虚假签署非必要业务订单,公司最终可能还需要继续履行上述订单义务或承担无谓的解约成本。

第二,本案中公司法定代表人是甲控制的人选,若为乙控制,则还有可能涉及法定代表人"表见代表"的问题。

根据《民法典》的相关规定,公司法定代表人是代表公司从事民事活动的负责人。以公司名义从事的民事活动,其法律后果由公司承受。公司章程或者公司股东会对法定代表人代表权的限制,不得对抗善意相对人。《公司法》第十一条也明确:"法定代表人以公司名义从事的民事活动,其法律后果由公司承受。公司章程或者股东会对法定代表人职权的限制,不得对抗善意相对人。法定代表人因职务行为造成他人损害的,由公司承担民事责任。公司承担民事责任后,依照法律或者公司章程的规定,可以向有过错的法定代表人追偿。"

同时,法定代表人或者非法人组织的负责人超越权限订立的合同,除相对人知道或者应当知道其超越权限外,该代表行为有效,订立的合同对公司发生效力。值得一提的是,在越权代表签订担保合同的场合,《九民纪要》对"善意"债权人作了较为严格的要求,其需要核查有关担保的公司决议文件及章程,否则很难被认定为"善意"。总之,如果遇到法定代表人越权担保的场合,讼累或不可避免。

第三,在公司公章被乙控制的情况下,甲需要走公章丢失报案、登报声明公章作废、到公安局治安科办理新印章备案等手续,但在公司涉及控制权纠纷的场合,对于新印章的备案公安局通常会审慎处理。

一方面,完成上述手续的时间较长,在此时间内无法规避乙私自使用公章的风险;另一方面,在争夺公司控制权的场合,甲方和乙方都是公司的股东,公安部门或无法判断报案方是否为合法权利归属主体,可能要求甲去法院进行公章归属认定后,才能重刻公章。实践中,也经常发生同一时间段公司出现两枚公章的情况。

另一方面,根据《九民纪要》"看人不看章"的裁判规则,即使是公章为假的情况,法律行为也不必然无效:"人民法院在审理案件时,应当主要审查签约人于盖章之时有无代表权或者代理权,从而根据代表或者代理的相关规则来确定合同的效力。"

第四,营业执照的挂失同样须向市场监督管理部门提出申请,并在市场监督管理部门指定的省级报纸上发表声明,再携带相应材料到市场监督管理部门再次申领。

第五,在甲想向乙起诉要回公章、执照的场合,诉讼主体应当是公司,而非甲本人。

法院在审理印章返还纠纷时，会核查乙是否具有保管公司公章的法律基础，主要是公司章程、公司内部约定、公司决议是否授予过乙管理公章的权力。基于公章的管理属于公司自治范畴，在股东会未明确公章如何管理的情况下，人民法院不能确定由谁管理。如果甲因为乙私自拿走公章、证照，欲向法院起诉，或需要作出股东会决议，确认乙无权带走公章，之后再进行诉讼，同时还必须确保上述股东会决议的召集和表决程序完全合规，否则乙还有权利就该股东会决议提起撤销之诉。本案中，甲作为持股55%的大股东，原则上可以完成上述程序，但整个时间周期会较为漫长。

综上，在股东因合作关系破裂而小股东又控制公司财务和公章以及担任公司总经理的场合，公司经营容易瘫痪，并产生很多的法律隐患。一旦一方擅自带走公章，则意味着股东间的矛盾较大且短期难以调和。本案中，幸运的是，甲虽然不日常负责A公司的业务，但能够控制A公司的主要客户，因此乙拿走公章、证照对A公司在业务端的影响可控。但是乙在矛盾期间擅自使用公章的法律风险还需要进一步防范。

【建议方案】

本案中，甲因为是公司持股55%的股东，且能够控制A公司的法定代表人以及A公司的主要客户，因此尚不完全被动。

第一，A公司的公章和营业执照虽被拿走，但A公司的客户群体不大，原则上甲能够第一时间告知所有客户公司目前总经理私自拿走公章的情况，并进行书面留证，让客户在这段时间不与乙签单，即使签单，在甲已经通知的情况下，客户也很难构成善意相对方。

第二，甲此时可以控制B公司暂停和A公司的交易，从而控制A公司的生产，并逐渐用自己的人代替乙，让乙即使手握公章也无法在业务上对公司造成实质性负面影响。

第三，稳定住业务后，甲有充分的时间去挂失公章和证照，并着手准备起诉乙。甲作为大股东在章程未作特殊约定的情况下能够形成有效的股东会决议，确认乙拿走公司公章和执照的行为已经对公司利益和股东利益造成损害，并为后续收回公章、证照做准备。

【法条链接】

1.《民法典》第六十一条　依照法律或者法人章程的规定，代表法人从事民事活动的负责人，为法人的法定代表人。

法定代表人以法人名义从事的民事活动，其法律后果由法人承受。

法人章程或者法人权力机构对法定代表人代表权的限制，不得对抗善意相对人。

2.《民法典》第一百七十条第一款　执行法人或者非法人组织工作任务的人员，就其职权范围内的事项，以法人或者非法人组织的名义实施的民事法律行为，对法人或者非法人组织发生效力。

3.《民法典》第五百零四条　法人的法定代表人或者非法人组织的负责人超越权限订立的合同，除相对人知道或者应当知道其超越权限外，该代表行为有效，订立的合同对法人或者非法人组织发生效力。

4.《公司法》第十一条　法定代表人以公司名义从事的民事活动，其法律后果由公司承受。

公司章程或者股东会对法定代表人职权的限制，不得对抗善意相对人。

法定代表人因职务行为造成他人损害的，由公司承担民事责任。公司承担民事责任后，依照法律或者公司章程的规定，可以向有过错的法定代表人追偿。

5.《公司法》第十五条　公司向其他企业投资或者为他人提供担保，按照公司章程的规定，由董事会或者股东会决议；公司章程对投资或者担保的总额及单项投资或者担保的数额有限额规定的，不得超过规定的限额。

公司为公司股东或者实际控制人提供担保的，应当经股东会决议。

前款规定的股东或者受前款规定的实际控制人支配的股东，不得参加前款规定事项的表决。该项表决由出席会议的其他股东所持表决权的过半数通过。

6.《九民纪要》第17条　【违反《公司法》第16条构成越权代表】为防止法定代表人随意代表公司为他人提供担保给公司造成损失，损害中小股东利益，《公司法》第16条对法定代表人的代表权进行了限制。根据该条规定，担保行为不是法定代表人所能单独决定的事项，而必须以公司股东（大）会、董事会等公司机关的决议作为授权的基础和来源。法定代表人未经授权擅自为他人提供担保的，构成越权代表，人民法院应当根据《合同法》第50条关于法定代表人越权代表的规定，区分订立合同时债权人是否善意分别认定合同效力：债权人善意的，合同有效；反之，合同无效。

7.《九民纪要》第18条　【善意的认定】前条所称的善意，是指债权人不知道或者不应当知道法定代表人超越权限订立担保合同。《公司法》第16条对关联担保和非关联担保的决议机关作出了区别规定，相应地，在善意的判断标准上也应当有所区别。一种情形是，为公司股东或者实际控制人提供关联担保，《公司法》第16条明确规定必须由股东（大）会决议，未经股东（大）会决议，构成越权代表。在此情况下，债权人主张担保合同有效，应当提供证据证明其在订立合同时对股东（大）会决议进行了审查，决议的表决程序符合《公司法》第16条的规定，即在排除被担保股东表决权的情况下，该项表决由出席会议的其他股东所持表决权的过半数通过，签字人员也符合公司章程的规定。另一种情形是，公司为公司股东或者实际控制人以外的人提供非关联担保，根据《公司法》第16条的规定，此时由公司章程规定是由董事会决议还是股东（大）会决议。无论章程是否对决议机关作出规定，也无论章程规定决议机关为董事会还是股东（大）会，根据《民法总则》第61条第3款关于"法人章程或者法人权力机构对法定代表人代表权的限制，不得对抗善意相对人"的规定，只要债权人能够证明其在订立担保合同时对董事会决议或者股东（大）会决议进行了审查，同意决议的人数及签字人员符合公司章程的规定，就应当认定其构成善意，但公司能够证明债权人明知公司章程对决议机关有明确规定的除外。

债权人对公司机关决议内容的审查一般限于形式审查，只要求尽到必要的注意义务即可，标准不宜太过严苛。公司以机关决议系法定代表人伪造或者变造、决议程序违法、签章（名）不实、担保金额超过法定限额等事由抗辩债权人非善意的，人民法院一般不予支持。但是，公司有证据证明债权人明知决议系伪造或者变造的除外。

8.《九民纪要》第41条 【盖章行为的法律效力】司法实践中，有些公司有意刻制两套甚至多套公章，有的法定代表人或者代理人甚至私刻公章，订立合同时恶意加盖非备案的公章或者假公章，发生纠纷后法人以加盖的是假公章为由否定合同效力的情形并不鲜见。人民法院在审理案件时，应当主要审查签约人于盖章之时有无代表权或者代理权，从而根据代表或者代理的相关规则来确定合同的效力。

法定代表人或者其授权之人在合同上加盖法人公章的行为，表明其是以法人名义签订合同，除《公司法》第16条等法律对其职权有特别规定的情形外，应当由法人承担相应的法律后果。法人以法定代表人事后已无代表权、加盖的是假章、所盖之章与备案公章不一致等为由否定合同效力的，人民法院不予支持。

代理人以被代理人名义签订合同，要取得合法授权。代理人取得合法授权后，以被代理人名义签订的合同，应当由被代理人承担责任。被代理人以代理人事后已无代理权、加盖的是假章、所盖之章与备案公章不一致等为由否定合同效力的，人民法院不予支持。

4.6 朋友看好我的公司想投点儿钱，怎么给股权？

【案情介绍】

甲与其他两个自然人伙伴创立 A 公司，甲为大股东，经过几年的打拼，A 公司产品初步获得市场认可，A 公司即将扭亏为盈。A 公司计划后续进行股权融资，并朝着 IPO 的目标发展。A 公司这时的股权结构如图 4-8 所示。乙是甲多年的挚友，希望能投一点儿钱，以后 A 公司如果 IPO，自己也能实现财富的增长，甲同意接受乙的投资。甲咨询在股权上如何让乙进入 A 公司，以兼顾甲、乙和其他各方的利益。

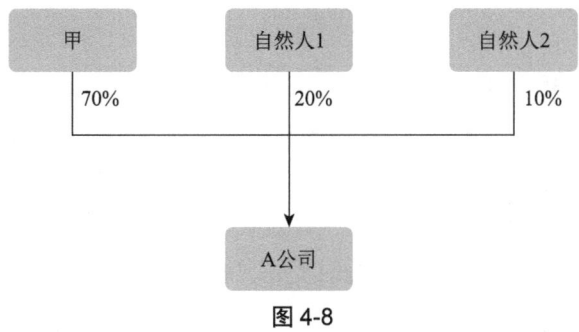

图 4-8

【案例分析】

本案中，各方诉求如下：

甲作为 A 公司的实际控制人，其诉求是：①以后 A 公司发展得好，让自己的好友乙跟着分享利益；②乙只是分享利益，不参与公司经营和决策；③乙不削弱甲对 A 公司的控制力，不削弱甲在公司的影响力，不对公司现状产生不利影响。

乙作为甲的好友，其诉求是：①A 公司发展前景良好，如果能够 IPO，希望自己能够分享利益；②自己为个人投资者，仅能用部分闲置资金投资，投资价格尽量低一些；③只投钱，对 A 公司所处行业和具体业务并不熟悉，不介意能否参与公司的经营和决策。

对于乙的投资，自然人 1 与自然人 2 的诉求是：①其与甲基于充分的了解和信任合伙创业，但与乙并不相识，与乙之间缺乏建立股东关系的了解与信任，故并不希望乙参与公司的经营决策；②看好 A 公司，并不希望自身的股权比例被稀释。

针对上述各方的诉求，分析如下：

1. 乙不能成为 A 公司的一级股东

如果乙成为 A 公司的一级股东并直接持有 A 公司股权，则：①按《公司法》的规定，乙进入 A 公司股东会，必然会参与公司的经营决策；②甲对乙所持 A 公司股权不再享有表决权，影响甲对 A 公司的控制权比例，削弱甲对公司的影响力；③乙对 A 公司的行业和业务均不熟悉，与自然人 1、自然人 2 不存在建立股东关系的了解与信任，股东之间易发生分歧和矛盾。

2. 乙的投资不能采用增资方式

如果乙的投资采用增资方式，无论是直接投资还是间接投资，则所增加投资进入 A 公司，必然稀释现有股东甲、自然人 1、自然人 2 的股权比例，超出现有股东的预期。

【建议方案】

基于前述的分析，建议方案如下：甲与乙共同出资设立一个有限合伙企业，由甲作为普通合伙人（GP），由乙作为有限合伙人（LP）；甲将其所持有的部分股权转让给有限合伙企业，有限合伙企业向甲支付股权转让款。本方案的核心在于使用有限合伙企业作为持股平台，以股权转让作为入股方式。

具体股权结构如图 4-9 所示（为便于展现和解释，图中有限合伙企业与乙的持股比例为假设数字）。

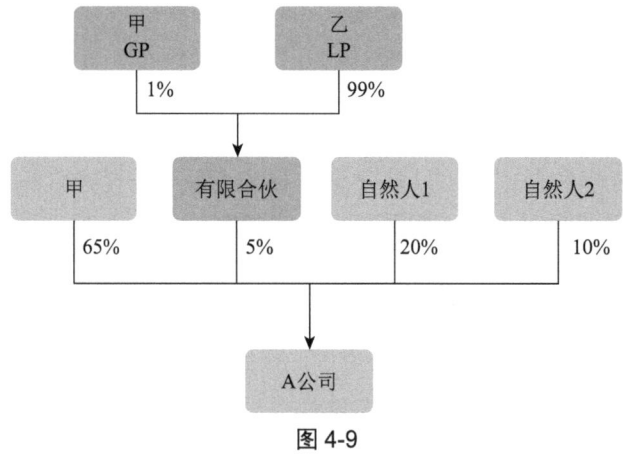

图 4-9

对此方案的具体分析如下：

1. 有限合伙企业作为持股平台的优点

（1）有利于保持甲的控制权

在有限合伙企业这一持股平台，甲可以作为普通合伙人，乙可以作为有限合伙人，通过合伙协议约定，决策权归于甲，乙享有分红权。然后由有限合伙企业持股A公司，有利于保持甲对A公司的控制权。

（2）不影响A公司现有股东关系

在该方案下，有限合伙企业持股A公司，且甲执行有限合伙企业合伙事务，那么A公司的日常经营以及发生股权融资、员工激励等重大变动时，其决策均由现有股东甲、自然人1、自然人2做出。也就是说，乙不是A公司的一级股东，亦不参与A公司任何经营与决策，故乙的投资不会改变A公司现有的股东关系。

（3）可减少股权变动对A公司的影响

乙通过有限合伙企业投资A公司后，如果乙后续想退出或甲想让其他朋友入股（甲在有限合伙企业预留财产份额的情况下），均可在有限合伙企业这一持股平台完成，无须对A公司的股权结构做出调整，有利于维护A公司股权结构的稳定性。

（4）相较于公司持股税负更低

相比于公司，有限合伙企业作为持股平台，在税收上实行的是"先分后税"，合伙企业本身不需缴纳所得税，避免了双重征税问题；而公司制下，公司和公司股东个人分别需要缴纳企业所得税和个人所得税，存在双重征税可能性。

2. 采用股权转让作为入股方式的优点

①本方案中，在甲、乙设立有限合伙企业作为持股平台后，由持股平台受让甲所持A公司股权，从而实现乙对A公司的间接持股。不采用增资方式，而采用股权转让方式入股，其核心优点就在于不稀释A公司现有股东的股权。在股权转让方式下，乙投资A公司的股权并非来自A公司的增资扩股，而是来自甲出让的股权，具体投资的股权比例由甲、乙协商确定即可。而自然人1与自然人2的股权比例保持不变，满足其股权比例不被稀释的诉求。

②目前A公司尚未盈利，亦尚未进行股权融资而产生市场估值，此时通过股权转让投资，可能不发生税负成本或只承担较低的税负。

【法条链接】

1.《合伙企业法》第三十条　合伙人对合伙企业有关事项作出决议，按照合伙协议约定的表决办法办理。合伙协议未约定或者约定不明确的，实行合伙人一人一票并经全体合伙人过半数通过的表决办法。

本法对合伙企业的表决办法另有规定的，从其规定。

2.《合伙企业法》第三十一条　除合伙协议另有约定外，合伙企业的下列事项应当经全体合伙人一致同意：

（一）改变合伙企业的名称；

（二）改变合伙企业的经营范围、主要经营场所的地点；

（三）处分合伙企业的不动产；

（四）转让或者处分合伙企业的知识产权和其他财产权利；

（五）以合伙企业名义为他人提供担保；

（六）聘任合伙人以外的人担任合伙企业的经营管理人员。

3.《合伙企业法》第六十七条　有限合伙企业由普通合伙人执行合伙事务。执行事务合伙人可以要求在合伙协议中确定执行事务的报酬及报酬提取方式。

4.《合伙企业法》第六十八条　有限合伙人不执行合伙事务，不得对外代表有限合伙企业。

有限合伙人的下列行为，不视为执行合伙事务：

（一）参与决定普通合伙人入伙、退伙；

（二）对企业的经营管理提出建议；

（三）参与选择承办有限合伙企业审计业务的会计师事务所；

（四）获取经审计的有限合伙企业财务会计报告；

（五）对涉及自身利益的情况，查阅有限合伙企业财务会计账簿等财务资料；

（六）在有限合伙企业中的利益受到侵害时，向有责任的合伙人主张权利或者提起诉讼；

（七）执行事务合伙人怠于行使权利时，督促其行使权利或者为了本企业的利益以自己的名义提起诉讼；

（八）依法为本企业提供担保。

4.7　朋友不想设一人公司，为帮忙参股1%有无风险？

【案情介绍】

甲、乙系生意上的朋友，各自经营自己的公司，时有业务合作。甲拟新设一家公司从事汽车出口贸易业务。甲本计划设立一人有限责任公司，注册资本1000万元，但考虑到一人公司的风险，想找个人一起做股东，以设立一般的有限责任公司。甲与乙沟通，希望乙参股1%（见图4-10），甲称其资金雄厚，非常看好汽车出口贸易，乙到时跟着赚钱就行。此外，甲在公司设立时先出资490万元，剩余500万元后续再出资；如公司经营需要增资，甲会对公司追加投资或通过股权融资引入新投资人，但无须乙再投资。乙不熟悉汽车出口贸易领域，也不指望跟着赚钱，只是朋友开口让帮忙不好拒绝，于是咨询除了10万元的出资款外，自己还有没有其他风险。

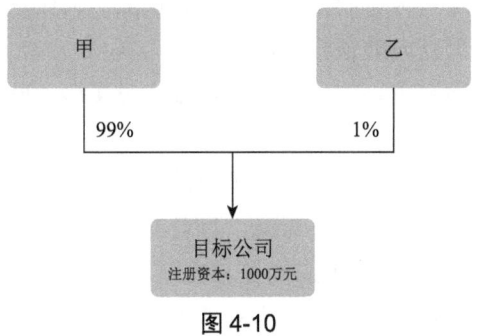

图 4-10

【案例分析】

从前述案件介绍以及股权结构图来看，大部分人的判断是乙没有什么其他风险，因为目标公司是由两个股东组成的有限责任公司，乙作为小股东以其认缴的10万元出资额为限承担责任，这与乙设想的"出10万元就当帮朋友一个忙"的预期相符。

但前述判断忽略了一个重要问题，虽然股东有限责任与公司独立法人主体资格是公司的基本运行规则，一般情况下不能被突破，但在特殊情况下，为平衡股东、公司和债权人的利益，股东与公司之间的"防火墙"可以被突破，即股东可能承担超出其认缴注册资本的连带责任，比如公司人格否认下的股东连带责任、怠于清算的股东连带责任。相比于非发起人股东，公司设立时的股东作为发起人，还要对其他发起人未履行或未完全履行出资义务等情况承担连带责任，其承担连带责任的范围更宽。本案中，重点分析乙作为公司发起人可能存在的法律风险。具体如下：

第一，如甲未能实缴990万元，乙是否要承担连带责任？

根据案情介绍可知，本案中公司章程会规定公司设立时甲出资490万元，并规定甲剩余500万元的出资期限。

新《公司法》第五十条规定："有限责任公司设立时，股东未按照公司章程规定实际缴纳出资，或者实际出资的非货币财产的实际价额显著低于所认缴的出资额的，设立时的其他股东与该股东在出资不足的范围内承担连带责任。"《公司法解释（三）》第十三条规定："股东未履行或者未全面履行出资义务，公司或者其他股东请求其向公司依法全面履行出资义务的，人民法院应予支持。公债权人请求未履行或者未全面履行出资义务的股东在未出资本息范围内对公司债务不能清偿的部分承担补充赔偿责任的，人民法院应予支持……。股东在公司设立时未履行或者未全面履行出资义务，依照本条第一款或者第二款提起诉讼的原告，请求公司的发起人与被告股东承担连带责任的，人民法院应予支持；公司的发起人承担责任后，可以向被告股东追偿……"

根据前述规定，本案中，如果甲未能在设立时实缴 490 万元，则乙需要对该 490 万元的出资承担连带责任。

剩余的 500 万元如未能在公司章程规定的出资期限内完成出资，乙是否要对该 500 万元的出资承担连带责任？对此，目前有不同的观点。一种观点认为，公司设立时股东要对其他设立时股东的全部出资（包括实缴和认缴）承担连带责任，即本案中乙须对甲剩余 500 万元出资承担连带责任；另一种观点认为，公司设立时股东连带责任范围限于公司设立时其他股东须实缴的出资，而不包括其他发起人认缴的出资，即本案中乙只对甲在公司设立时的 490 万元出资连带，无须对其认缴的 500 万元出资连带。这两种观点都有相应的司法实践予以支持，以第一种观点居多，笔者也比较倾向于第一个观点。

第二，如甲后续增资但不能实缴时，乙是否要承担连带责任？

在甲后续增资但不能实缴出资情况下，乙是否要对此承担连带责任，目前司法实践存在不同观点。

一种观点认为，资本充实责任是公司设立时发起人相互担保出资义务履行的连带责任。由于公司增加注册资本是扩张经营规模、增强责任能力的行为，与公司设立时的初始出资并没有区别，公司发起人有增资瑕疵的，其他发起人对其应承担与对公司设立时的出资瑕疵相同的责任。

另一种观点认为，发起人承担担保责任的范围应限于公司设立时其他发起人认缴且未实缴的出资金额，对于发起人对其他发起人因公司增资而产生的出资义务，由于该出资义务非在公司设立时产生，不符合"股东在公司设立时未履行或者未全面履行出资义务"的情形，不适用《公司法解释（三）》第十三条第三款的规定，故无须就增资部分的出资义务互负连带责任。

第三，如果甲抽逃公司实缴出资，乙是否要承担连带责任？

对此问题，目前司法实践亦存在分歧。

一种观点认为，"未履行或未全面履行出资义务"不包括"抽逃出资"，两者的本质区别在于，前者是指出资期限届满时未出资或未全额出资，后者是指履行出资义务后又将出资抽回。发起人连带责任的法理基础是民事合伙，各个发起人基于发起人协议而相互约束和彼此担保。公司设立时，发起人实缴或认缴出资便已向全体发起人开示，并记载于公司章程，其他发起人对此形成相应预期，互相负有监督出资到位的义务，在此情况下，发起人对其他发起人未履行或未全面履行出资义务承担资本充实责任并不超出全体发起人合意。这是《公司法解释（三）》第十三条第三款规定股东在公司设立时未履行或者未全面履行出资义务时，其他发起人承担连带责任的法理基础。而抽逃出资是在公司成立后发起人将原已实缴到位的出资通过各种隐蔽复杂手段抽回，本质上属于侵占公司财产的侵权行为，其他发起人无法预料该抽逃出资行为，也难以施以有效措施予以规制，要求其他发起人对抽逃出资承担连带责任过于苛刻。

另一种观点认为：无论是抽逃出资，还是未履行或未全面履行出资义务，其本质均属于股东违反出资义务的行为。虽然《公司法解释（三）》条文将抽逃出资与未履行或未全面履行出资义务并列进行描述，且该两种行为在行为时间、表现形式等方面确实存在不同之处，但两者在行为后果上均产生了侵害公司利益、违反公司资本维持原则、削弱公司偿债能力的后果，因此，抽逃出资和未履行或未全面履行出资义务在违法性方面并无本质区别，未履行或未全面履行出资义务包括抽逃出资的情形，故以《公司法解释（三）》中关于未履行或未全面履行出资义务的规定来规制抽逃出资行为，并不违反该司法解释的宗旨和目的。具体做法上，一种是将发起人抽逃出资的行为认定为未履行出资义务，直接适用《公司法解释（三）》第十三条；另一种是认为因未出资与抽逃出资均损害公司资本，参照适用《公司法解释（三）》第十三条，发起人对其他发起人抽逃出资也应当承担连带责任。

根据以上分析，本案中甲如果无法实缴其出资，乙需要就此承担连带责任。如果甲后续增资但无法实缴或出资后抽逃出资，乙亦存在一定风险。

【建议方案】

本案中，乙可考虑从以下几个方面降低自身风险。

第一，合理确定公司注册资本。

基于法律规定和司法实践，对于公司设立时的出资，发起人之间确定需要承担连带责任；目标公司所经营业务通常并无最低注册资本的要求，甲拉乙入股，主要目的是规避一人有限责任公司的风险，并不关注乙的实际投资额，故为控制乙作为发起人承担连带责任的金额，乙可与甲协商在公司设立时确定较低的注册资本。

第二，对甲的经济状况进行审慎调查。

公司发起人之间存在民事合伙关系，合伙人之间应有充分的了解和信任。甲是目标公司的发起人和实际经营者，乙作为目标公司发起人，基于其后续需要承担的风险和责任，应对甲的经济状况进行审慎调查，以降低甲因经济问题而增加未履行或不能完全履行出资义务的风险。

第三，及时督促甲按约定履行出资义务。

在出资期限届满前的合理时间内，乙可及时督促甲准备出资所需资金，以确保目标公司获得经营所需的资金。如在督促出资过程中发现甲的经济状况欠佳，对于甲后续向目标公司增加注册资本的行为，乙可以不予同意，以防自身风险的扩大；如发现甲有抽逃出资的行为，亦可及时要求甲向目标公司返还出资，为后续自身涉诉保存证据。

【法条链接】

1.《公司法》第四十九条　股东应当按期足额缴纳公司章程规定的各自所认缴的出资额。

股东以货币出资的，应当将货币出资足额存入有限责任公司在银行开设的账户；以非货币财产出资的，应当依法办理其财产权的转移手续。

股东未按期足额缴纳出资的，除应当向公司足额缴纳外，还应当对给公司造成的损失承担赔偿责任

2.《公司法》第五十条　有限责任公司设立时，股东未按照公司章程规定实际缴纳出资，或者实际出资的非货币财产的实际价额显著低于所认缴的出资额的，设立时的其他股东与该股东在出资不足的范围内承担连带责任。

3.《公司法》第五十四条　公司不能清偿到期债务的，公司或者已到期债权的债权人有权要求已认缴出资但未届出资期限的股东提前缴纳出资。

4.《公司法解释（三）》第一条　为设立公司而签署公司章程、向公司认购出资或者股份并履行公司设立职责的人，应当认定为公司的发起人，包括有限责任公司设立时的股东。

5.《公司法解释（三）》第十三条　股东未履行或者未全面履行出资义务，公司或者其他股东请求其向公司依法全面履行出资义务的，人民法院应予支持。

公司债权人请求未履行或者未全面履行出资义务的股东在未出资本息范围内对公司债务不能清偿的部分承担补充赔偿责任的，人民法院应予支持；未履行或者未全面履行出资义务的股东已经承担上述责任，其他债权人提出相同请求的，人民法院不予支持。

股东在公司设立时未履行或者未全面履行出资义务，依照本条第一款或者第二款提起诉讼的原告，请求公司的发起人与被告股东承担连带责任的，人民法院应予支持；公司的发起人承担责任后，可以向被告股东追偿。

股东在公司增资时未履行或者未全面履行出资义务，依照本条第一款或者第二款提起诉讼的原告，请求未尽《公司法》第一百四十七条第一款规定的义务而使出资未缴足的董事、高级管理人员承担相应责任的，人民法院应予支持；董事、高级管理人员承担责任后，可以向被告股东追偿。

6.《企业破产法》第三十五条　人民法院受理破产申请后，债务人的出资人尚未完全履行出资义务的，管理人应当要求该出资人缴纳所认缴的出资，而不受出资期限的限制。

7.《九民纪要》第 6 条　【股东出资应否加速到期】在注册资本认缴制下，股东依法享有期限利益。债权人以公司不能清偿到期债务为由，请求未届出资期限的股东在未出资范围内对公司不能清偿的债务承担补充赔偿责任的，人民法院不予支持。但是，下列情形除外：

（1）公司作为被执行人的案件，人民法院穷尽执行措施无财产可供执行，已具备破产原因，但不申请破产的；

（2）在公司债务产生后，公司股东（大）会决议或以其他方式延长股东出资期限的。

4.8　隐名股东有何投资风险？能否显名？

【案情介绍】

甲系一高校普通教师，具有智驾领域的教研经验。乙是甲的朋友，乙与其他合作伙伴拟投资设立 A 公司，从事智驾领域的业务。经 A 公司控股股东同意，乙邀请甲对 A 公司提供一定的技术指导，并同意给予甲 5% 的股权。甲经对 A 公司拟从事业务以及现有股东进行了解后，非常看好 A 公司的发展，同意今后在技术上给予指导；但甲考虑到自己高校教师的身份，稍有顾虑，不希望学校知道自己在外的商业投资。后各方经协商，由乙为甲代持股权。A 公司设立时注册资本为 1000 万元，甲通过乙投资 50 万元，甲通过银行转账向乙支付 50 万元，备注为"投资款"，未签署股权代持协议。A 公司设立时的股权结构如图 4-11（a）所示。两年后，A 公司获得首轮融资，公司投后估值为 2 亿元，甲的股权值 900 万元。融资后股权结构如图 4-11（b）所示。此时，甲了解到乙患上重病，并因此向身边亲戚朋友借钱治病。甲作为朋友，在力所能及帮助乙治病的同时，担心由乙代持的 A 公司股权会存在风险，故甲咨询其有何具体的法律风险以及能否自己直接做股东。

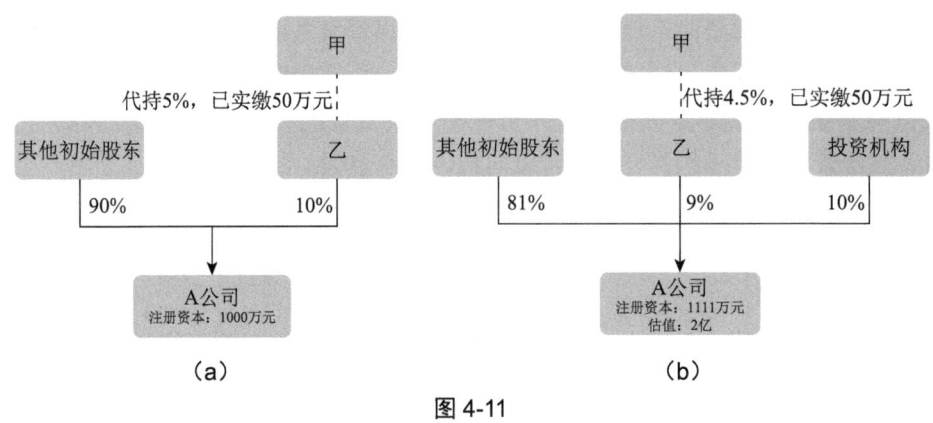

图 4-11

【案例分析】

股权代持中，隐名股东（又称"实际投资人"）对外行使股东权利均须通过显名股东（又称"名义股东"）来完成，故隐名股东的风险主要来源于显名股东，包括但不限于：显名股东不认可代持关系且无代持协议时的风险、不按隐名股东要求行使股东权利、擅自处分代持股权、不移交代持股权收益、因显名股东个人债务导致代持股权被冻结或被执行等。

本案中，甲委托乙代持 A 公司的股权（简称"代持股权"），可能面临如下法律风险：

1. 无法证明甲、乙之间存在股权代持关系的风险

甲与乙并没有签订书面的股权代持协议，甲仅在向乙银行转账 50 万元时备注了"投资款"，此种情况无法证明甲、乙双方达成了股权代持的合意。如果无法证明双方之间的代持关系，则甲无法向乙主张权利，有可能丧失对代持股权的权利。

2. 代持股权因乙的个人债务被冻结或被执行的风险

如果乙存在债务无法清偿，那么代持股权存在被乙的债权人申请强制执行的风险，此时甲无法以存在代持关系、乙并非实际股东为由排除强制执行。此种情况下，甲再向没有偿还能力的乙追偿亦无实际意义。

3. 乙生病逝世情况下代持股权确权风险

如果乙生病逝世，形式上代持股权为乙的遗产，甲无法通过正常的股权转让方式将代持股权变更至自己名下。此时需要通过诉讼方式对代持股权进行确权，以生效法律文书来确定甲为代持股权的权利人。在这种情况下，甲需要承担诉讼所带来的时间和金钱成本。此外，在没有书面代持协议的情况下，如果乙的继承人不知晓、不认可代持关系，诉讼结果也存在不确定性。

4. 其他股东不同意甲显名的风险

根据原《公司法》第七十一条第二款、《九民纪要》第 48 条以及《公司法解释（三）》第二十四条第三款的规定，实际投资人显名的条件是需要由除显名股东之外的其他股东过半数同意。新《公司法》第八十四条删除了有限责任公司股东对外转让股权时其他股东的同意权规则，即无须再由其他股东过半数同意，但保留了其他股东的优先购买权，即股东对外转让股权时，应当将股权转让的数量、价格、支付方式和期限等通知其他股东，其他股东在同等条件下有优先购买权。

新《公司法》取消股东对外转让股权时其他股东的同意规则后，在实际投资人能够证明其他股东知道其出资事实，且对其实际行使股东权利未曾提出异议的情况下，其他股东在实际投资人显名时是否还享有优先购买权，后续要看《九民经要》第 48 条以及《公司法解释（三）》第二十四条第三款的修改情况。

就本案来说，即使甲、乙补充签了股权代持协议、股权还原的股权转让协议，但是否能实现显名，还取决于其他股东是否可以行使、是否实际行使优先购买权，否则甲只能寻求由乙或乙的继承人继续代持。

5. 代持股权还原时的税负风险

《公司法解释（三）》虽然认可了股权代持的合法性，但我国目前法律法规并没有规定隐名股东可自动显名，实际操作层面需要通过名义股东与实际投资人进行股权转让的形式实现；而根据税法规定，对于股权转让过程中的溢价部分，自然人股东需要在股权转让时缴纳 20% 的个人所得税。

如果经协商，乙同意将代持股权还原，即通过签署股权转让协议，乙将代持股权转让给甲，需要注意的是，此时公司估值已是 2 亿元人民币，代持股权的市场价格为 900 万元，而代持股权的投资成本是 50 万元，如果要缴纳个人所得税，根据股权转让个人所得税的计算公式，股权转让个人所得税 =（股权转让收入额 - 财产原值 - 合理费用）×20%，须缴纳税款为 170 万元左右。

目前对于这种情况是否要缴纳个人所得税存在两种观点：观点一，按照商事登记的外观主义进行形式课税，如果代持股权还原，即名义股东将股权转让给实际投资人，视为股权转让，由名义股东缴纳个人所得税；观点二，在股权代持的法律关系中，实际投资人为投资收益的实际享有者，股权登记由名义股东变更为实际投资人并未改变经济实质，依据实质课税原则，代持股权还原并不构成股权转让，也不存在任何股权转让所得，无须缴纳个人所得税。

但目前主流的税务处理方式采用的是观点一，所以股权还原还存在税负风险。

【建议方案】

1. 甲与乙补签股权代持协议与股权转让协议

根据前述分析，可以看出股权代持协议的重要性，股权代持协议是证明隐名股东享有代持股权的重要依据，故甲应尽快与乙补签。此外，基于在发生继承事实后通过诉讼来确认代持股权归属的复杂性，甲应尽快与乙签署股权转让协议，并在其他股东确认不行使优先购买权后尽快办理相应的变更登记，此为最高效的方式。

2. 收集和保存甲与 A 公司股东关于股权代持的证据

在乙昏迷、逝世或不愿签署等无法实现补签代持协议的情况下，甲为证明与乙之间存在代持关系，需要证明甲、乙之间就代持股权存在代持的合意；同时，收集证据证明 A 公司其他股东知道甲实际出资的事实，以及对甲此前实际行使股东权利未提出过异议。因此，建议甲梳理与乙、A 公司其他股东的沟通记录，包括但不限于微信等即时通信工具的聊天记录、邮件、股东会会议记录等，以期获得必要的证据。

3. 与税务主管部门积极沟通

如前分析，目前税务部门对于股权代持还原是否应缴纳个人所得税存在不同的观点。因此需要就此与税务部门进行积极沟通，争取将甲显名的行为性质认定为代持还原，而非股权转让，以争取免缴个人所得税。

【法条链接】

1. 新《公司法》第八十四条　有限责任公司的股东之间可以相互转让其全部或者部分股权。

股东向股东以外的人转让股权的，应当将股权转让的数量、价格、支付方式和期限等事项书面通知其他股东，其他股东在同等条件下有优先购买权。股东自接到书面通知之日起三十日内未答复的，视为放弃优先购买权。两个以上股东行使优先购买权的，协商确定各自的购买比例；协商不成的，按照转让时各自的出资比例行使优先购买权。

公司章程对股权转让另有规定的，从其规定。

2.《公司法解释（三）》第二十四条　有限责任公司的实际出资人与名义出资人订立合同，约定由实际出资人出资并享有投资权益，以名义出资人为名义股东，实际出资人与名义股东对该合同效力发生争议的，如无法律规定的无效情形，人民法院应当认定该合同有效。

前款规定的实际出资人与名义股东因投资权益的归属发生争议，实际出资人以其实际履行了出资义务为由向名义股东主张权利的，人民法院应予支持。名义股东以公司股东名册记载、公司登记机关登记为由否认实际出资人权利的，人民法院不予支持。

实际出资人未经公司其他股东半数以上同意，请求公司变更股东、签发出资证明书、记载于股东名册、记载于公司章程并办理公司登记机关登记的，人民法院不予支持。

3.《公司法解释（三）》第二十五条　名义股东将登记于其名下的股权转让、质押或者以其他方式处分，实际出资人以其对于股权享有实际权利为由，请求认定处分股权行为无效的，人民法院可以参照《民法典》第三百一十一条的规定处理。

名义股东处分股权造成实际出资人损失，实际出资人请求名义股东承担赔偿责任的，人民法院应予支持。

4.《九民纪要》第28条　【实际出资人显名的条件】实际出资人能够提供证据证明有限责任公司过半数的其他股东知道其实际出资的事实，且对其实际行使股东权利未曾提出异议的，对实际出资人提出的登记为公司股东的请求，人民法院依法予以支持。公司以实际出资人的请求不符合公司法司法解释（三）第24条的规定为由抗辩的，人民法院不予支持。

4.9　股东没钱出资，先认缴，把股权比例占着行不行？

【案情介绍】

A公司为氢能领域的高端制造公司，B公司系一家氢能领域的初创科技研发公司，C公司为资金实力雄厚的传统能源领域的公司，正在探索向新能源领域的转型。各方计划合作打造一个清洁能源产业园，项目计划总投资2亿元，经协商同意设立目标公司来建设和运营计划中的清洁能源产业园，公司注册资本为2亿元。关于股权比例分配，各方都希望在目标公司持有尽量多的股权。经过协商，最终各方在目标公司持股比例为：A公司持有60%，出资1.2亿元；B公司持有20%，出资4000万元；C公司持有20%，出资4000万元（见图4-12）。由于B公司资金有限，故其希望在公司设立时实缴1000万元，其余3000万元认缴，以便先把股权比例占着；基于B公司拥有的技术优势，A公司与C公司同意B公司的意见，但B公司须在项目公司设立后3年内缴纳剩余3000万元出资。B公司虽然争取到了在项目公司20%的股权比例，但由于自己为初创公司，不确定今后是否有能力完成注册资本的实缴，故咨询方案的可行性以及可能存在的风险。

股权架构设计：法律、税务及 30 个实用场景

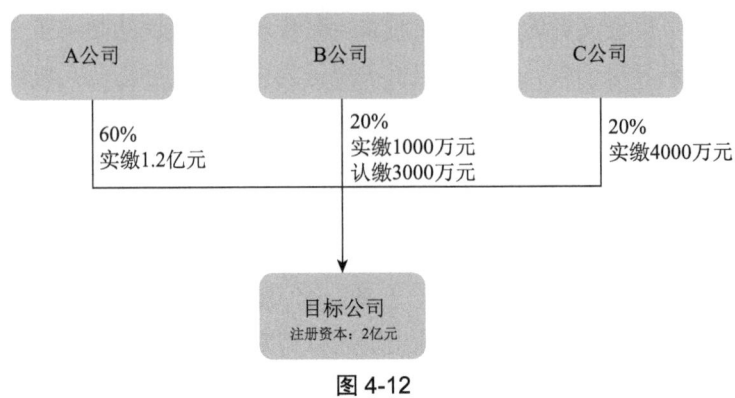

图 4-12

【案例分析】

在目前的公司设立实践中，很多公司都采用高注册资本、长认缴期限的方式。出现这种情况，既有对公司注册资本认缴制的误解（误认为认缴等于不用缴），也有争取投资份额和投资利益的目的。认缴制本身降低了企业经营成本，使资本运作方式更加高效灵活，有利于企业根据实际需要逐步投入经营所需资金。但认缴制不应成为空手套白狼、转嫁经营风险的工具，为了保障交易安全，保护债权人利益，法律对于认缴制下股东等主体的责任进行了相应的规范，以期达到利益的平衡。同时，新《公司法》第四十七条第一款亦明确了全体股东认缴的出资额由股东按照公司章程的规定自公司成立之日起五年内缴足。所以说认缴并非不能用，在使用认缴制的过程中有效管理风险，进行合理的商业决策才是根本。而管理风险的前提是了解风险，作为公司股东，应对认缴注册资本的风险进行充分的了解和评估。

结合本案情况，具体风险归纳如下：

1.出资期限届满时，认缴股东应对目标公司履行出资的义务

《公司法》第四十九条、第五十条以及《公司法解释（三）》第十三条第一款规定，股东应当按期足额缴纳公司章程规定的各自所认缴的出资额，股东未按期足额缴纳出资的，除应当向公司足额缴纳外，还应当对给公司造成的损失承担赔偿责任。公司设立时，股东未按照公司章程规定实际缴纳出资，或者实际出资的非货币财产的实际价额显著低于所认缴的出资额的，设立时的其他股东与该股东在出资不足的范围内承担连带责任；股东未履行或者未全面履行出资义务，公司或者其他股东请求其向公司依法全面履行出资义务的，人民法院应予支持。

根据以上规定，在出资期限届满时，认缴的股东应按约定完成注册资本的实缴，否则公司或其他股东可起诉要求该认缴股东履行出资义务；如投资协议约定

了逾期出资的违约责任,则该认缴股东还要向其他股东承担约定的违约责任。在本案中,当公司设立满3年时,B公司必须完成对目标公司剩余3000万元的出资义务,否则可能面对公司或A公司、C公司提起的诉讼。

2. 出资期限届满前或届满后,认缴股东在未出资本息范围内对公司债务承担补充赔偿责任

在出资期限届满后,在认缴股东未按公司章程规定履行出资义务的情况下,根据《公司法》第五十条、《公司法解释(三)》第十三条的规定,公司债权人可以其未履行出资义务为由,请求其对公司债务不能清偿的部分在未出资本息范围内承担补充赔偿责任。

即使出资期限尚未届满,但公司有未能清偿的债务,B公司将丧失期限利益,其出资义务加速到期,须提前履行出资义务,即提前履行3000万元的出资义务。新《公司法》生效前的具体法律依据如下。

①《企业破产法》第三十五条规定,人民法院受理破产申请后,债务人的出资人尚未完全履行出资义务的,管理人应当要求该出资人缴纳所认缴的出资,而不受出资期限的限制。

②《九民纪要》第6条规定以下两种情况下认缴股东加速出资:①公司作为被执行人的案件,人民法院穷尽执行措施无财产可供执行,已具备破产原因,但不申请破产的;②在公司债务产生后,公司股东(大)会决议或以其他方式延长股东出资期限的。

这些规定是以"不得请求股东提前缴纳出资义务"为原则,以"特殊情形下可请求加速到期"为例外,股东出资加速到期的适用较为严格。新《公司法》第五十四条规定,公司不能清偿到期债务的,公司或者已到期债权的债权人有权要求已认缴出资但未届出资期限的股东提前缴纳出资,即股东出资加速到期的适用门槛降低。相比来说,新《公司法》规定的加速到期更容易触发。

本案中,B公司在未履行剩余3000万元的出资义务前,只要目标公司存在无法清偿的债务,无论3年的出资期限是否届满,B公司都有可能被起诉要求承担补充赔偿责任或被要求加速出资。

3. 拟减少注册资本免除出资义务时,无法获得股东同意及减资程序不合规的风险

《公司法》第二百二十四条第三款规定,公司减少注册资本,应当按照股东出资或者持有股份的比例相应减少出资额或者股份,法律另有规定、有限责任公司全体股东另有约定或者股份有限公司章程另有规定的除外。即在非同比例减少注册资本的情况下,某一股东要减少注册资本,如果章程没有特别规定,则需

要由公司全体股东一致同意。在本案中，假设B公司后续由于资金压力无法按期缴纳剩余3000万元出资，想通过减少注册资本放弃该部分注册资本对应的股权，需要A公司与C公司均同意。在目标公司经营状况好的情况下，A公司与C公司可能求之不得；但在目标公司经营不佳的情况下，A公司与C公司则不一定会同意。此时B公司无法通过减少注册资本来免除其剩余3000万元的出资义务。

假设A公司与C公司均同意B公司减少注册资本3000万元，则需要依法通知目标公司的债权人，此时债权人会提出要求清偿债务或提供担保。目标公司在减资过程中如未能就减资向公司已知和应知的债权人全面、及时、有效履行通知义务，则可能被人民法院认定为未经法定程序减资，在公司减资后不能偿付减资前的债务时，B公司将在减少的注册资金范围内对债权人承担补充赔偿责任。

4.拟通过转让股权免除出资义务时，被要求补足出资、承担补充赔偿责任以及被认定为恶意逃废出资义务的风险

（1）认缴期限届满未履行出资义务转让股权

根据《公司法》第八十八条第二款，《公司法解释（三）》第十三条、第十八条第二款，有限责任公司的股东未按照公司章程规定的出资日期缴纳出资或者作为出资的非货币财产的实际价额显著低于所认缴的出资额的股东转让股权的，其作为股权转让人需要与受让人在出资不足范围内承担连带责任，受让人不知道或不应当知道存在上述情形的，由转让人单独承担责任。也就是说，股东未履行或者未全面履行出资义务，被公司要求补足出资或被债权人要求在未出资本息范围内对公司债务不能清偿的部分承担补充赔偿责任时，出让人应在出资不足范围内与股权受让人承担连带责任。

（2）认缴期限届满前转让股权

《公司法》第八十八条第一款规定，股东转让已认缴出资但未届出资期限的股权，由受让人承担缴纳该出资的义务；受让人未按期足额缴纳出资的，转让人对受让人未按期缴纳的出资承担补充责任。

本案中，B公司除非在3年出资期限届满前转让股权，并且受让股东履行3000万元的出资义务，否则无论在3年出资期限届满前还是届满后，只要未能完成出资，B公司都存在承担连带责任或补充责任的风险。

5.设立时其他股东对认缴股东的连带责任风险

根据《公司法》第五十条、《公司法解释（三）》第十三条的规定，某股东未履行或者未全面履行出资义务，被公司要求补足出资或被债权人要求在未出资本息范围内对公司债务不能清偿的部分承担补充赔偿责任时，公司设立时的其他

股东须与该股东在出资不足范围内承担连带责任。

这意味着,本案中A公司、C公司无法如预期承担有限责任,其投资目标公司的风险不限于其缴纳的出资款。A公司、C公司还需要对B公司剩余3000万元出资义务承担连带责任;当目标公司经营不善、无法清偿债务时,A公司、C公司将与B公司一起面对债权人的赔偿要求,需要在B公司未出资的3000万元本息范围内承担补充赔偿责任。在实践中,这种风险往往超出作出投资决策时的预期。

【建议方案】

本案中,可以根据B公司的出资能力、目标公司经营情况、股东关系等灵活组合使用以下方案:

第一,B公司合理评估其资金情况,适当降低持股比例,在其出资能力范围内进行投资。

第二,目标公司股东协商给予B公司约定的注册资本优先认购权,在B公司资金实力增强时通过增资方式达到目标股权比例。

第三,目标公司如需使用B公司的技术,则在合理定价的前提下由B公司向目标公司进行知识产权使用许可,B公司收取许可使用费用于出资。

【法条链接】

1.《公司法》第四十九条　股东应当按期足额缴纳公司章程规定的各自所认缴的出资额。

股东以货币出资的,应当将货币出资足额存入有限责任公司在银行开设的账户;以非货币财产出资的,应当依法办理其财产权的转移手续。

股东未按期足额缴纳出资的,除应当向公司足额缴纳外,还应当对给公司造成的损失承担赔偿责任

2.《公司法》第五十条　有限责任公司设立时,股东未按照公司章程规定实际缴纳出资,或者实际出资的非货币财产的实际价额显著低于所认缴的出资额的,设立时的其他股东与该股东在出资不足的范围内承担连带责任。

3.《公司法》第五十四条　公司不能清偿到期债务的,公司或者已到期债权的债权人有权要求已认缴出资但未届出资期限的股东提前缴纳出资。

4.《公司法》第八十八条　股东转让已认缴出资但未届出资期限的股权的,由受让人承担缴纳该出资的义务;受让人未按期足额缴纳出资的,转让人对受让人未按期缴纳的出资承担补充责任。

未按照公司章程规定的出资日期缴纳出资或者作为出资的非货币财产的实际

价额显著低于所认缴的出资额的股东转让股权的，转让人与受让人在出资不足的范围内承担连带责任；受让人不知道且不应当知道存在上述情形的，由转让人承担责任。

5.《公司法》第二百二十四条第三款　公司减少注册资本，应当按照股东出资或者持有股份的比例相应减少出资额或者股份，法律另有规定、有限责任公司全体股东另有约定或者股份有限公司章程另有规定的除外。

6.《公司法解释（三）》第一条　为设立公司而签署公司章程、向公司认购出资或者股份并履行公司设立职责的人，应当认定为公司的发起人，包括有限责任公司设立时的股东。

7.《公司法解释（三）》第十三条　股东未履行或者未全面履行出资义务，公司或者其他股东请求其向公司依法全面履行出资义务的，人民法院应予支持。

公司债权人请求未履行或者未全面履行出资义务的股东在未出资本息范围内对公司债务不能清偿的部分承担补充赔偿责任的，人民法院应予支持；未履行或者未全面履行出资义务的股东已经承担上述责任，其他债权人提出相同请求的，人民法院不予支持。

股东在公司设立时未履行或者未全面履行出资义务，依照本条第一款或者第二款提起诉讼的原告，请求公司的发起人与被告股东承担连带责任的，人民法院应予支持；公司的发起人承担责任后，可以向被告股东追偿。

股东在公司增资时未履行或者未全面履行出资义务，依照本条第一款或者第二款提起诉讼的原告，请求未尽《公司法》第一百四十七条第一款规定的义务而使出资未缴足的董事、高级管理人员承担相应责任的，人民法院应予支持；董事、高级管理人员承担责任后，可以向被告股东追偿。

8.《公司法解释（三）》第十八条　有限责任公司的股东未履行或者未全面履行出资义务即转让股权，受让人对此知道或者应当知道，公司请求该股东履行出资义务、受让人对此承担连带责任的，人民法院应予支持；公司债权人依照本规定第十三条第二款向该股东提起诉讼，同时请求前述受让人对此承担连带责任的，人民法院应予支持。

受让人根据前款规定承担责任后，向该未履行或者未全面履行出资义务的股东追偿的，人民法院应予支持。但是，当事人另有约定的除外。

9.《九民纪要》第6条　【股东出资应否加速到期】在注册资本认缴制下，股东依法享有期限利益。债权人以公司不能清偿到期债务为由，请求未届出资期限的股东在未出资范围内对公司不能清偿的债务承担补充赔偿责任的，人民法院不予支持。但是，下列情形除外：

（1）公司作为被执行人的案件，人民法院穷尽执行措施无财产可供执行，已具备破产原因，但不申请破产的；

（2）在公司债务产生后，公司股东（大）会决议或以其他方式延长股东出资期限。

10.《企业破产法》第三十五条 人民法院受理破产申请后，债务人的出资人尚未完全履行出资义务的，管理人应当要求该出资人缴纳所认缴的出资，而不受出资期限的限制。

4.10　股东没钱出资，用知识产权出资行不行？

【案情介绍】

甲、乙、丙三个朋友准备共同投资设立一家智能消防公司，甲担任总经理，乙为技术负责人，丙为商务负责人。根据公司业务规划，公司初期需要资金为500万元，故协商确定公司注册资本为500万元，甲、乙、丙持股比例为70%、20%、10%（见图4-13）。甲、丙计划以货币出资；乙曾就智能消防技术进行过研发，并持有数个专利权和软件著作权，故希望以其所持有知识产权出资。甲、乙、丙对乙所持有的知识产权进行评估，认为乙的专利权、著作权与拟设立公司的业务相关，但并无核心技术，后续公司仍将进行重新研发，基本不会用乙的前述知识产权。但甲、丙为吸引乙作为技术人才加入，同意乙用其知识产权出资，以解决乙出资的资金问题。甲、乙、丙咨询是否可以用知识产权出资，以知识产权出资有无风险，如何操作。

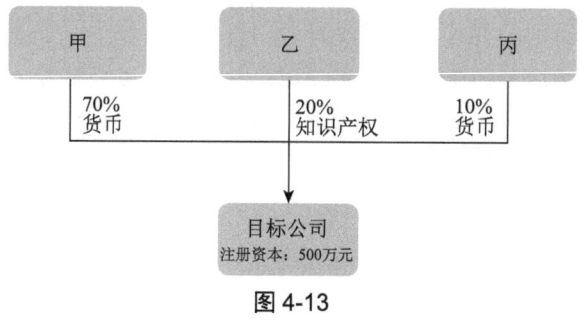

图4-13

【案例分析】

知识产权作为法定的出资方式，原则上可用于向公司出资，但本案中并不建议以知识产权出资。具体分析如下：

1. 知识产权出资的法律依据

《民法典》第一百二十三条规定，知识产权是权利人依法就作品，发明、实用新型、外观设计，商标，地理标志，商业秘密，集成电路布局设计，植物新品种，法律规定的其他客体享有的专有的权利。其中常见的知识产权类型包括著作权、专利权、商标权等。《公司法》第四十八条规定，股东可以用货币出资，也可以用实物、知识产权、土地使用权、股权、债权等可以用货币估价并可以依法转让的非货币财产作价出资；但是，法律、行政法规规定不得作为出资的财产除外。可见，知识产权作为公司的出资方式有明确的法律依据。

本案中，股东拟用作出资的知识产权是专利权、软件著作权，明确属于法律所列举的知识产权范围。

2. 知识产权出资的操作要点

分析相关法规可知，股东以知识产权出资，应当满足以下要件：①股东对拟用作出资的知识产权拥有合法的所有权、使用权；②拟出资的知识产权依其性质可以以货币评估作价；③对拟用于出资的知识产权进行评估作价，并将拟用于出资的知识产权向公司交付以完成财产权转移。

3. 知识产权出资的风险分析

（1）出资知识产权未评估作价或价值评估不实

如前所述，股东以可以用货币估价并可以依法转让的非货币财产作价出资。所谓非货币财产，是除货币之外的实物、知识产权、土地使用权、股权、债权等可以用货币估价并可以依法转让的财产。非货币性出资应当进行评估作价，但非货币财产是否必须经专门机构评估作价，法律未明确规定，学界及司法实务亦尚未形成统一观点。一种观点认为，非货币财产评估作价是股东的法定义务，这是公司资本真实性原则的要求，如果没有专门机构评估作价，非货币财产的价值有可能被高估进而虚增公司资本，损害公司、其他股东以及债权人的利益；另一种观点认为，虽然法律规定要求评估作价，但并未限制评估作价的主体，公司登记机关也不要求提供专门机构的评估报告，因此评估作价可以由专门的评估机构作出，也可以由股东协商作出。

那在实际设立公司时，股东如何选择呢？我们建议由专门的评估机构对知识产权进行评估作价。主要理由在于，基于《公司法解释（三）》第九条的规定，如果股东以知识产权等非货币财产出资时未经专门的评估机构进行评估作价，后续公司、其他股东或公司债权人主张该股东未履行出资义务时，法院将会委托具有合法资格的评估机构对该知识产权评估作价，如果评估确定的价额显著低于公司章程所定价额，法院将会认定该股东未依法全面履行出资义务。在此认定基础上，根据《公司法》第四十九条、第五十条以及《公司法解释（三）》第十三条第一款的规定，交付该非货币财产出资的股东需要补足出资差额，公司设立时的其他股东应对设立公司的非货币财产出资差额承担连带责任。

根据《公司法解释（三）》第十三条第二款、第三款的规定，公司债权人有权请求未履行或者未全面履行出资义务的股东在未出资本息范围内对公司债务不能清偿的部分承担补充赔偿责任，并要求设立时的其他股东对此承担连带责任。

但需要注意的是，非货币财产出资前由专门的评估机构进行评估作价是必要的，但由于影响知识产权价值的因素非常多，如权利类型、权属形式、经济寿命、使用情况、市场预期等，即便是专业的资产评估机构亦难以保证其评估结果科学公正。实践中，如果评估机构的评估程序、评估方法不合理，导致评估报告出现漏洞，法院也可能认定出资不实。

（2）出资知识产权非公司生产经营所需

股东用于出资的知识产权必须是公司实际生产经营所需，能为公司带来实际的经济收益，不能为了出资而转让公司实际不需要的知识产权，否则将会损害公司、其他股东和公司债权人的利益。

对于后续有 IPO 计划的公司来说，尤其需要重视这个问题。因为在 IPO 实务中，用于出资的知识产权是否产生了预期的经济效益会受到重点关注，发行公司经常被要求说明有关知识产权和目前产品的关系，有关知识产权的研发过程等。如果出资的知识产权与公司技术、产品没有关联性，或没有实际发挥作用，则可能构成出资不实，后续以该知识产权出资的股东将可能被要求以货币对其出资知识产权进行置换，并有可能影响 IPO 的进度。

4. 本案中知识产权出资的风险点

本案中，乙以其专利权、软件著作权出资，存在以下两种风险。

第一，乙所出资知识产权经评估实际价额不达 100 万元。

乙希望以知识产权出资，不再出现金，甲、丙也同意，即股东协商确定乙所持知识产权价额为 100 万元。那么，如果乙方所持知识产权的价额实际显著低于 100 万元，对于差额部分，乙需要补足出资，且甲、丙需要对此承担连带责任。

第二，乙所出资知识产权非公司生产经营所需。

乙所持知识产权虽与拟设立公司的业务相关，但并无核心技术，后续公司仍将进行重新研发，基本不会用乙的前述知识产权，仅是以知识产权出资解决乙出资的资金问题。因此，乙所出资知识产权很大可能被认定为非公司生产经营所需，存在出资不实的风险。

【建议方案】

第一，乙以货币出资并采用认缴方式。

基于乙个人资金紧张，可采用认缴方式，公司设立后先用甲、丙的货币出资进行经营。公司可制定合理的薪酬奖金制度，乙作为技术负责人，在实现产品研发目标、完成技术突破时可获得额外的现金奖励，乙可逐步完成对公司的实缴出资义务。如果公司后续研发确实需要用到乙的知识产权，则可评估作价后，由公司受让乙的知识产权，向乙支付合理的知识产权转让费用，乙亦可将其用于实缴出资。

第二，在公司设立时，降低乙的持股比例，后续通过股权激励的方式增加乙的持股比例。

【法条链接】

1.《民法典》第一百二十三条第二款　知识产权是权利人依法就下列客体享有的专有的权利：（一）作品；（二）发明、实用新型、外观设计；（三）商标；（四）地理标志；（五）商业秘密；（六）集成电路布局设计；（七）植物新品种；（八）法律规定的其他客体。

2.《公司法》第四十八条　股东可以用货币出资，也可以用实物、知识产权、土地使用权、股权、债权等可以用货币估价并可以依法转让的非货币财产作价出资；但是，法律、行政法规规定不得作为出资的财产除外。

对作为出资的非货币财产应当评估作价，核实财产，不得高估或者低估作价。法律、行政法规对评估作价有规定的，从其规定。

3.《公司法》第四十九条　股东应当按期足额缴纳公司章程规定的各自所认缴的出资额。

股东以货币出资的，应当将货币出资足额存入有限责任公司在银行开设的账户；以非货币财产出资的，应当依法办理其财产权的转移手续。

股东未按期足额缴纳出资的，除应当向公司足额缴纳外，还应当对给公司造成的损失承担赔偿责任。

4.《公司法》第五十条　有限责任公司设立时，股东未按照公司章程规定实际缴纳出资，或者实际出资的非货币财产的实际价额显著低于所认缴的出资额的，设立时的其他股东与该股东在出资不足的范围内承担连带责任。

5.《公司法》第五十四条　公司不能清偿到期债务的，公司或者已到期债权的债权人有权要求已认缴出资但未届出资期限的股东提前缴纳出资。

6.《公司法解释（三）》第一条　为设立公司而签署公司章程、向公司认购出资或者股份并履行公司设立职责的人，应当认定为公司的发起人，包括有限责任公司设立时的股东。

7.《公司法解释（三）》第九条　出资人以非货币财产出资，未依法评估作价，公司、其他股东或者公司债权人请求认定出资人未履行出资义务的，人民法院应当委托具有合法资格的评估机构对该财产评估作价。评估确定的价额显著低于公司章程所定价额的，人民法院应当认定出资人未依法全面履行出资义务。

8.《公司法解释（三）》第十条　出资人以房屋、土地使用权或者需要办理权属登记的知识产权等财产出资，已经交付公司使用但未办理权属变更手续，公司、其他股东或者公司债权人主张认定出资人未履行出资义务的，人民法院应当责令当事人在指定的合理期间内办理权属变更手续；在前述期间内办理了权属变更手续的，人民法院应当认定其已经履行了出资义务；出资人主张自其实际交付财产给公司使用时享有相应股东权利的，人民法院应予支持。

出资人以前款规定的财产出资，已经办理权属变更手续但未交付给公司使用，公司或者其他股东主张其向公司交付、并在实际交付之前不享有相应股东权利的，人民法院应予支持。

9.《公司法解释（三）》第十三条　股东未履行或者未全面履行出资义务，公司或者其他股东请求其向公司依法全面履行出资义务的，人民法院应予支持。

公司债权人请求未履行或者未全面履行出资义务的股东在未出资本息范围内对公司债务不能清偿的部分承担补充赔偿责任的，人民法院应予支持；未履行或者未全面履行出资义务的股东已经承担上述责任，其他债权人提出相同请求的，人民法院不予支持。

股东在公司设立时未履行或者未全面履行出资义务，依照本条第一款或者第二款提起诉讼的原告，请求公司的发起人与被告股东承担连带责任的，人民法院应予支持；公司的发起人承担责任后，可以向被告股东追偿。

股东在公司增资时未履行或者未全面履行出资义务，依照本条第一款或者第二款提起诉讼的原告，请求未尽公司法第一百四十七条第一款规定的义务而使出资未缴足的董事、高级管理人员承担相应责任的，人民法院应予支持；董事、高级管理人员承担责任后，可以向被告股东追偿。

4.11　公司创业如何实现劳务出资？

【案情介绍】

甲系游戏制作人，拥有丰富的手机游戏制作经验和团队管理经验，并拟设立公司自行创业。乙系游戏行业的天使投资人，认可甲的行业经验以及游戏产品初步策划方案，拟进行投资。甲、乙双方协商确定，甲、乙共同设立A公司，乙投资500万元，持股30%，甲以其劳务出资，持股70%，负责实际经营管理A公司（见图4-14）。甲对其不出钱、拿70%股权不放心，上网查询并了解到劳务不能用来出资，故咨询劳务是否能作为出资，如果不能，有没有办法解决以确保其获得70%股权。

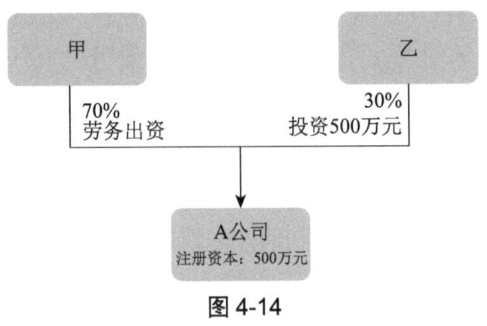

图4-14

【案例分析】

1. 公司股东依法不得以劳务出资

《公司法》第四十八条第一款规定，股东可以用货币出资，也可以用实物、知识产权、土地使用权、股权、债权等可以用货币估价并可以依法转让的非货币财产作价出资；但是，法律、行政法规规定不得作为出资的财产除外。《市场主体登记管理条例》第十三条第二款规定，公司股东、非公司企业法人出资人、农民专业合作社（联合社）成员不得以劳务、信用、自然人姓名、商誉、特许经营权或者设定担保的财产等作价出资。

可见，法律、行政法规不认可公司股东以劳务出资。此外，在实际操作层面亦如此，无论是在公司章程中，还是在公司注册登记备案时，劳务都无法作价出资进行登记，实际仍是以货币等法定认可的出资方式进行登记。

2. 公司股东劳务出资的法律风险

根据法律规定，有限责任公司股东不能以劳务作价出资，当股东用劳务出资时，由于该等出资无效，则对于公司而言，该股东仍需要履行出资义务，在其未履行出资义务时，其有可能会被其他股东除名而丧失股东身份。

此外，对于外部债权人而言，由于劳务出资无效，实际出资方式以公司登记备案为准，提供劳务者应补足出资以偿还公司债务。故当公司有未能清偿的债务时，劳务出资股东需要在其未能出资本息范围内承担补充赔偿责任。此时股东以劳务出资抗辩无法获得法院支持。

综上所述，本案中甲、乙双方仅口头约定甲以劳务出资，不用实际投资，但在 A 公司注册登记时，无法实现此约定。如果 A 公司注册资本为 500 万元，甲要获得 70% 股权，在章程约定及公司注册登记时，只能约定和登记为甲的出资额为 350 万元，出资方式为货币。如果甲后续不实际出资，按前述分析存在补足 350 万元出资或丧失股权的风险。如果 A 公司对外有无法清偿的债务，甲还应在未出资的 350 万元本息范围内承担责任。

虽然目前法律、行政法规禁止公司股东以劳务出资，但实践中存在大量以劳务出资的现实需求。就如本案中，甲、乙之所以达成"乙投资 500 万元，持股 30%；甲以其劳务出资，持股 70%"的合意，根本原因是乙认可甲的人力价值。乙有充足的资金，想要找有经验的游戏制作人合作，而甲有技术，有经验，但缺少资金，双方的优势可以互补。因此，将股东的人力价值与股东出资联系起来，在现有法律法规基础上，以合法形式实现劳务出资是解决问题的方向。

【建议方案】

综合现有法律规定以及司法案例，可以考虑从以下途径探索实现公司股东的劳务出资。

1. 通过约定出资比例与股权比例不一致实现劳务出资

目前司法实践认为，出资比例与股权比例不一致的约定并不违反法律和行政法规的强制性规定，在不损害他人利益的前提下，不应认定为无效。在公司注册资本符合法定要求的情况下，各股东的实际出资数额和持有股权比例应属于公司股东意思自治的范畴。股东持有股权的比例一般与其实际出资比例一致，但有限责任公司的全体股东也可以在内部约定不按实际出资比例持有股权，这样的约定并不影响公司资本对公司债权担保等对外基本功能的实现。如果该约定是各方当事人的真实意思表示，且未损害他人的利益，不违反法律和行政法规的规定，应属有效，股东按照约定持有的股权应当受到法律的保护。

本案中，甲可通过与乙签署投资协议和章程明确约定，A 公司注册资本 500 万元，乙出资 500 万元，股权比例为 30%，甲出资 0 元，股权比例为 70%。在实际操作中，在公司设立注册时，公司注册登记机关通常不接受公司章程中出资比例与股权比例不一致的约定，故章程通常还是会规定甲方的出资额为 350 万元，股权比例为 70%。故双方的投资协议可明确约定，投资协议与公司章程不一致时，以投资协议为准，同时乙将 350 万元支付给甲，然后由甲履行其 350 万元注册资本的实缴义务。从公平原则出发，乙可以对提供的劳务进行具体约定，并可约定一定的违约责任。

2. 以货币认缴出资，利用出资期限和分红、劳动报酬、劳务报酬来出资

公司设立时的股东须在章程中约定公司注册资本的认缴期限。按新《公司

法》的规定，有限责任公司股东认缴的出资额由股东按照公司章程自公司成立之日起五年内缴足。对于劳务出资股东而言，可以在前述期限内约定一定的出资期限，同时货币出资股东立即出资，以解决公司前期资金需求。对于劳务出资股东认缴的注册资本，可根据其个人以及公司的具体情况，将其从公司获得的分红、劳动报酬或劳务报酬的税后收入用于履行出资义务。

在本案中，章程可考虑作如下规定：甲认缴 350 万元注册资本，出资期限为 5 年，乙认缴 150 万元，于公司设立时实缴。基于甲实际入职 A 公司并负责 A 公司的日常经营管理，则 A 公司可向甲支付工资、奖金等劳动报酬，或在符合分红条件时向甲进行分红，甲以税后收入逐步出资。

此种方式需要注意：第一，在公司破产、无法清偿债务等情况下，可能出现认缴注册资本加速到期的风险；第二，出资协议与公司章程需要特别约定分红比例、表决权比例及增资比例，否则货币出资股东可能要求按实缴出资比例分红、行使表决权以及认缴新增注册资本。

3. 劳务出资股东先行设立公司，货币出资股东溢价增资入股

劳务出资股东可先行设立一家注册资本较低的公司，再由货币出资股东以溢价增资的方式入股，此时劳务出资股东的股权比例被稀释。如果公司经营对于注册资本有一定的要求，则可以将增资款中进入资本公积的部分转增为注册资本。此种方案适合公司估值有较快增速的公司。

在本案中，甲可先设立 A 公司，注册资本为 10 万元，然后由乙将 500 万元增资投入 A 公司，增资后乙的股权比例为 30%，甲的股权比例被稀释至 70%。此方案下，甲仅有 10 万元的出资义务，基本实现了不出钱但获得股权的目的。

4. 货币出资股东先行设立公司并实缴，劳务出资股东受让股权入股

货币出资股东可先行设立公司，并履行出资义务，再将一定比例的股权以 1 元转让给劳务出资的股东。

在本案中，可由乙先行设立 A 公司，注册资本为 500 万元；乙实缴 500 万元后，将 70% 股权转让给甲，转让价格为 1 元。

需要注意的是，后三种方案存在一定的税负成本。对于初创公司来说，无论纳税主体是谁，尚未开始开展业务就交税，往往不符合股东预期。所以后三种方案须在充分评估税负成本、股东协商一致的前提下方可采用。

【法条链接】

1.《公司法》第四十八条　股东可以用货币出资，也可以用实物、知识产权、土地使用权、股权、债权等可以用货币估价并可以依法转让的非货币财产作价出资；但是，法律、行政法规规定不得作为出资的财产除外。

2.《公司法》第六十五条　股东会会议由股东按照出资比例行使表决权；但是，公司章程另有规定的除外。

对作为出资的非货币财产应当评估作价，核实财产，不得高估或者低估作价。法律、行政法规对评估作价有规定的，从其规定。

3.《公司法》第二百一十条第四款　公司弥补亏损和提取公积金后所余税后利润，有限责任公司按照股东实缴的出资比例分配利润，全体股东约定不按照出资比例分配利润的除外；股份有限公司按照股东所持有的股份比例分配利润，公司章程另有规定的除外。

4.《公司法》第二百二十七条第一款　有限责任公司增加注册资本时，股东在同等条件下有权优先按照实缴的出资比例认缴出资。但是，全体股东约定不按照出资比例优先认缴出资的除外。

5.《市场主体登记管理条例》第十三条　除法律、行政法规或者国务院决定另有规定外，市场主体的注册资本或者出资额实行认缴登记制，以人民币表示。

出资方式应当符合法律、行政法规的规定。公司股东、非公司企业法人出资人、农民专业合作社（联合社）成员不得以劳务、信用、自然人姓名、商誉、特许经营权或者设定担保的财产等作价出资。

6.《合伙企业法》第十六条　合伙人可以用货币、实物、知识产权、土地使用权或者其他财产权利出资，也可以用劳务出资。

合伙人以实物、知识产权、土地使用权或者其他财产权利出资，需要评估作价的，可以由全体合伙人协商确定，也可以由全体合伙人委托法定评估机构评估。

合伙人以劳务出资的，其评估办法由全体合伙人协商确定，并在合伙协议中载明。

4.12　有限合伙企业作为员工激励持股平台有何利弊？

【案情介绍】

甲辞职创业，利用其自有资源和经验确定了创业领域，并对后续的市场营销和项目融资做好了规划。乙系甲的前同事，向来认可甲的能力，知道甲要辞职创业后，跟随甲一起辞职，甲、乙共同投资设立了 A 公司。甲根据以往经验规划了新公司的股权结构，甲持股 75%，乙持股 10%，预留员工激励股权 15%，并由甲作为普通合伙人（GP）、乙作为有限合伙人（LP）设立有限合伙企业持有员工激励股权。A 公司设立时股权结构如图 4-15 所示。A 公司设立后不久即完成首轮融资，前同事丙、丁、戊也投奔而来。甲考虑到这些人是多年的好同事、好兄弟，新公司正好需要人才充实核心岗位，所以欣然接纳。在资金、人才以及管理经验等要素都具备的情况下，A公司运营很快走上正轨，甲决定对丙、丁、戊及其他核心员工进行股权激励，即将激励对象作为预留的有限合伙企业的LP，激励对象通过有限合伙企业这一持股平台间接持有A公司的股权（见图4-16）。此时，甲留意到丙、丁、戊有情绪，丙、丁、戊认为他们和乙来的时间差得不多，公司也是大家一起做起来的，乙做了公司股东，他们却在有限合伙企业里面，对甲的这个安排不太理解。为与丙、丁、戊有效沟通，解决问题，甲咨询：用有限合伙企业作为员工激励的持股平台是否可行？有何利弊？

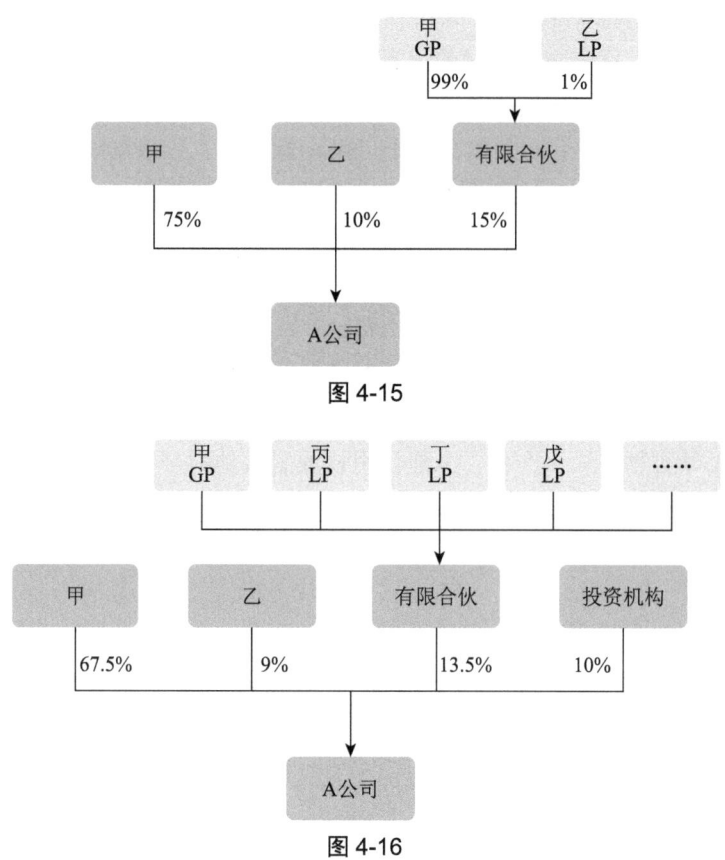

图 4-15

图 4-16

【案例分析】

1. 什么是有限合伙企业和持股平台？

有限合伙企业由普通合伙人和有限合伙人组成，普通合伙人对合伙企业债务承担无限连带责任，有限合伙人以其认缴的出资额为限对合伙企业债务承担责任。

持股平台用于个人股东持有经营主体公司的股权，常用的持股平台为有限责任公司和有限合伙企业两种。

2.员工股权激励的持股方式及利弊

个人持有公司股权,一种是直接投资,即个人直接持有公司股权;另一种是通过持股平台间接持有公司股权。故对员工进行实股的股权激励时,理论上员工持股存在如下几种方式。

(1)员工直接持股

以本案为例,采用直接持股方式进行股权激励时,签署激励文件后,丙、丁、戊与其他激励对象在 A 公司层面登记为股东,如图 4-17 所示。

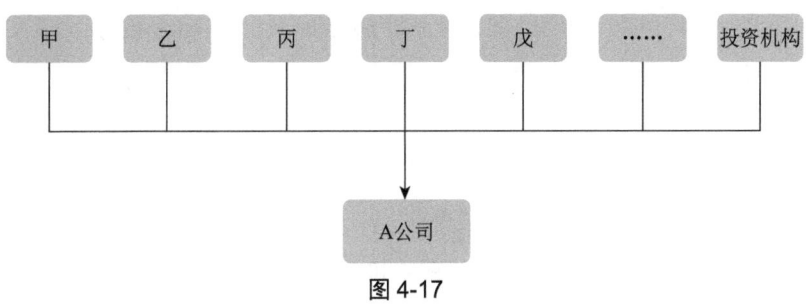

图 4-17

该方式的优点是,激励对象直接成为股东,可增强其对 A 公司的归属感。

该方式的缺点如下。首先,激励对象成为股东,依法享有股东权利,参加 A 公司的股东会并可以参与决策,影响 A 公司的决策效率。激励对象一旦与甲、乙发生意见分歧,则将影响公司的发展,比如对于 A 公司的后续融资方案发生分歧,任一激励对象不同意,则 A 公司可能因无法顺利融资而面临生死考验。其次,任一激励对象发生离职、疾病、死亡等退出情况,都需要在 A 公司层面办理股权变更登记,包括投资机构在内的所有股东都必须签署变更文件,程序繁杂,沟通成本高。

(2)员工通过有限责任公司间接持股

以本案为例,采用有限责任公司作为持股平台,则甲与激励对象共同设立一家有限责任公司,再由该有限责任公司持有 A 公司股权,如图 4-18 所示。

此方式的优点是,发生激励对象退出情况时,只需要在有限公司层面办理变更登记,无须在 A 公司层面变动,可避免 A 公司频繁进行工商变更,保持 A 公司作为经营实体的稳定性。

此方式的缺点如下。首先,激励对象不是 A 公司的一级股东,其积极性可能降低;其次,有限公司转让 A 公司股权时,存在双重征税问题;再次,有限公司从 A 公司获得分红或转让 A 公司股权获得收入,其在对激励对象进行分红前，须依法先提取法定公积金，会造成资金闲置，股东收益降低；最后，如章程无特殊规定，有限责任公司股东按出资比例行使表决权，由于甲在有限公司这一持股平台的股权比例有限，其无法有效控制持股平台，在持股平台就A公司股东会事项行使表决权时，甲依然要先在持股平台层面形成决议，沟通成本高。

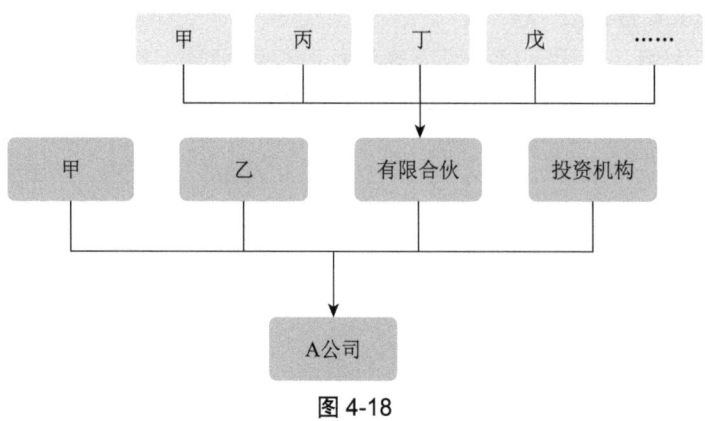

图 4-18

（3）员工通过有限合伙间接持股

以本案为例，采用有限合伙企业作为持股平台，则由甲作为GP，激励对象作为LP，共同设立一家有限合伙企业，再由该有限合伙企业持有A公司股权（见图4-16）。

相较于直接持股、有限责任公司作为持股平台，有限合伙企业作为持股平台的特点如下。

第一，有限合伙企业做持股平台，有利于大股东甲保持控制权。

基于《合伙企业法》规定有限合伙企业由普通合伙人执行合伙事务，以及合伙协议的约定，可实现普通合伙人持有较少的财产份额即可控制合伙企业。本案中，甲作为有限合伙企业的GP，可控制有限合伙企业所持A公司13.5%的股权，合并甲直接持股部分，其控制的股权比例达81%，可有效避免在后续融资中丧失控制权（见图4-16）。

第二，相较于直接持股，激励对象变动不影响A公司稳定性。

与有限责任公司作为持股平台类似，有限合伙企业作为持股平台时，如发生激励对象退出情况，只需要在有限合伙企业层面办理变更登记，无须在A公司层面变动，可避免A公司频繁变更，保持A公司作为经营实体的稳定性。

第三，从A公司取得分红时，有限合伙企业作为持股平台的税负与员工直接持股、有限责任公司作为持股平台相当。

《个人所得税法》规定，利息、股息、红利所得适用比例税率，税率为20%。据此，直接持股情况下，激励对象从 A 公司取得的分红应缴纳税率为 20% 的个人所得税。

《企业所得税法》规定，符合条件的居民企业之间的股息、红利等权益性投资收益属于免税收入。即有限责任公司从 A 公司取得的分红免税，其再向激励对象分红时，激励对象缴纳税率为 20% 的个人所得税。

《国家税务总局关于〈关于个人独资企业和合伙企业投资者征收个人所得税的规定〉执行口径的通知》规定，以合伙企业名义对外投资分回利息或者股息、红利，应按该通知所附规定的第五条精神确定各个投资者的利息、股息、红利所得，分别按"利息、股息、红利所得"应税项目计算缴纳个人所得税。有限合伙企业从 A 公司取得的分红收入，直接由激励对象缴纳税率为 20% 的个人所得税。

第四，转让 A 公司股权时，有限合伙企业较有限责任公司更节税，但较员工持股税负可能更高。

《个人所得税法》规定，财产转让所得，适用比例税率，税率为 20%。直接持股情况下，激励对象转让 A 公司股权的应纳税所得额应缴纳税率为 20% 的个人所得税。

《企业所得税法》规定，公司转让股权的收入纳入公司当期的应纳税所得额计征企业所得税，企业所得税的税率为 25%。此后，公司将其作为分红分配给激励对象时，激励对象须缴纳税率为 20% 的个人所得税。综合税率为 40%。

《关于个人独资企业和合伙企业投资者征收个人所得税的规定》明确，合伙企业每一纳税年度的收入总额减除成本、费用以及损失后的余额，作为投资者个人的生产经营所得，比照《个人所得税法》的"个体工商户的生产经营所得"应税项目，适用 5%～35% 的五级超额累进税率，计算征收个人所得税。故有限合伙企业转让 A 公司股权后，激励对象须缴纳税率为 5%～35% 的个人所得税，尤其是在 A 公司估值上升或上市后，适用 35% 的税率较易发生。

以上分析是针对非上市公司的，就上市公司而言，分红以及出售上市公司股票的税负，直接持股优于个人通过有限合伙企业作为员工激励持股平台，后者又优于有限责任公司作为员工激励持股平台。

【建议方案】

从员工激励持股方式设计的目的来看，保持对激励股权的控制权、将激励对象与公司长期利益捆绑、合理规划激励对象的税负，是选择持股方式的关键因素。

根据前述分析可见，三种持股方式各有利弊；但相对来讲，有限合伙企业作为员工激励的持股平台是一种不错的选择，能相对平衡公司与激励对象的利益，而有限责任公司作为持股平台的最终税负过高，相对不适合作为员工激励的持股平台。

本案中，甲目前设计的股权架构可以用于员工激励，但做好员工的沟通工作是关键。

【法条链接】

1.《合伙企业法》第二条第三款　有限合伙企业由普通合伙人和有限合伙人组成，普通合伙人对合伙企业债务承担无限连带责任，有限合伙人以其认缴的出资额为限对合伙企业债务承担责任。

2.《合伙企业法》第六十七条　有限合伙企业由普通合伙人执行合伙事务。执行事务合伙人可以要求在合伙协议中确定执行事务的报酬及报酬提取方式。

3.《公司法》第四十二条　有限责任公司由一个以上五十个以下股东出资设立。

4.《公司法》第六十五条　股东会会议由股东按照出资比例行使表决权；但是，公司章程另有规定的除外。

5.《公司法》第二百一十条第一款　公司分配当年税后利润时，应当提取利润的百分之十列入公司法定公积金。公司法定公积金累计额为公司注册资本的百分之五十以上的，可以不再提取。

6.《企业所得税法》第四条　企业所得税的税率为25%……

7.《企业所得税法》第五条　企业每一纳税年度的收入总额，减除不征税收入、免税收入、各项扣除以及允许弥补的以前年度亏损后的余额，为应纳税所得额。

8.《企业所得税法》第六条　企业以货币形式和非货币形式从各种来源取得的收入，为收入总额。包括：

（一）销售货物收入；

（二）提供劳务收入；

（三）转让财产收入；

（四）股息、红利等权益性投资收益；

（五）利息收入；

（六）租金收入；

（七）特许权使用费收入；

（八）接受捐赠收入；

（九）其他收入。

9.《企业所得税法》第二十六条　企业的下列收入为免税收入：

（一）国债利息收入；

（二）符合条件的居民企业之间的股息、红利等权益性投资收益；

（三）在中国境内设立机构、场所的非居民企业从居民企业取得与该机构、场所有实际联系的股息、红利等权益性投资收益；

（四）符合条件的非营利组织的收入。

10.《企业所得税法实施条例》第十六条　《企业所得税法》第六条第（三）项所称转让财产收入，是指企业转让固定资产、生物资产、无形资产、股权、债权等财产取得的收入。

11.《财政部 国家税务总局关于印发〈关于个人独资企业和合伙企业投资者征收个人所得税的规定〉的通知》之附件1《企业投资者征收个人所得税的规定》第四条　个人独资企业和合伙企业（以下简称"企业"）每一纳税年度的收入总额减除成本、费用以及损失后的余额，作为投资者个人的生产经营所得，比照《个人所得税法》的"个体工商户的生产经营所得"应税项目，适用5%～35%的五级超额累进税率，计算征收个人所得税。

前款所称收入总额，是指企业从事生产经营以及与生产经营有关的活动所取得的各项收入，包括商品（产品）销售收入、营运收入、劳务服务收入、工程价款收入、财产出租或转让收入、利息收入、其他业务收入和营业外收入。

第五条　……合伙企业的投资者按照合伙企业的全部生产经营所得和合伙协议约定的分配比例确定应纳税所得额，合伙协议没有约定分配比例的，以全部生产经营所得和合伙人数量平均计算每个投资者的应纳税所得额。

前款所称生产经营所得，包括企业分配给投资者个人的所得和企业当年留存的所得（利润）。

12.《国家税务总局关于〈关于个人独资企业和合伙企业投资者征收个人所得税的规定〉执行口径的通知》

……

二、关于个人独资企业和合伙企业对外投资分回利息、股息、红利的征税问题

个人独资企业和合伙企业对外投资分回的利息或者股息、红利，不并入企业的收入，而应单独作为投资者个人取得的利息、股利、红利所得，按"利息、股利、红利所得"应税项目计算缴纳个人所得税。以合伙企业名义对外投资分回利息或者股利、红利的，应按《通知》所附规定的第五条精神确定各个投资者的利

息、股利、红利所得,分别按"利息、股息、红利所得"应税项目计算缴纳个人所得税。

13.《个人所得税法》第三条　个人所得税的税率:

(一)综合所得,适用百分之三至百分之四十五的超额累进税率(税率表附后);

(二)经营所得,适用百分之五至百分之三十五的超额累进税率(税率表附后);

(三)利息、股息、红利所得,财产租赁所得,财产转让所得和偶然所得,适用比例税率,税率为百分之二十。

14.《个人所得税法》第六条　应纳税所得额的计算:

……

(三)经营所得,以每一纳税年度的收入总额减除成本、费用以及损失后的余额,为应纳税所得额。

……

(五)财产转让所得,以转让财产的收入额减除财产原值和合理费用后的余额,为应纳税所得额。

(六)利息、股息、红利所得和偶然所得,以每次收入额为应纳税所得额。

……

4.13　夫妻创业如何隔离家庭财产风险?

【案情介绍】

甲、乙系夫妻,妻子乙工作稳定,工资收入高,家庭有房有车,故丈夫甲选择创业。甲用甲、乙两人的名义设立 A 公司,从事互联网电商业务,甲实际经营 A 公司。A 公司注册资本 100 万元,在设立时即完成实缴作为启动资金(见图 4-19)。在创业初期,由于甲有相应的行业背景和市场眼光,A 公司获利颇丰。甲此前一直认为采用非一人的有限责任公司形式,股东的责任是有限的,公司债务无论如何不会影响到家庭资产,但后来,甲看到身边一些夫妻持股的公司被追债,导致家庭卖房卖车,生活陷入困境,非常困惑,故咨询如果 A 公司经营不善,是否会影响到其家庭财产,是否有解决办法。

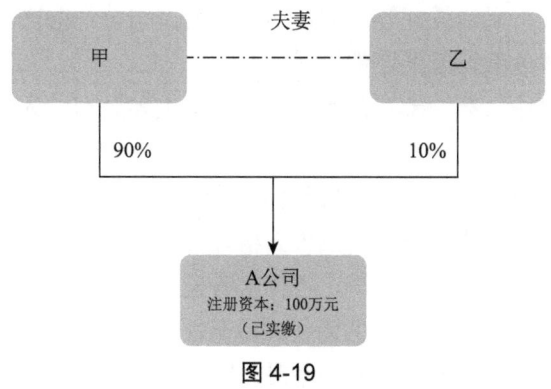

图 4-19

【案例分析】

一般情况下，有限责任公司的股东以其认缴的出资额为限对公司承担责任，无须对公司债务承担连带责任。但作为股东需要牢记的一点是：股东并不是100%的有限责任，存在突破有限责任的例外情形，主要包括出资瑕疵、怠于清算以及公司人格否认。公司人格否认又主要分为：人格混同、过度支配与控制、资本显著不足。

本案较有可能涉及的是人格混同问题。基于一人有限责任公司的特殊性，其容易被认定人格混同并导致股东对公司债务承担连带责任，所以商业实践中，很多人都不再使用一人有限责任公司作为经营主体。但仅由夫妻两人持股的夫妻公司与一人有限责任公司类似，存在被认定为实质一人有限责任公司的可能。具体分析如下：

1. 公司人格混同一般规定

《公司法》第二十三条第一款与第二款规定，公司股东滥用公司法人独立地位和股东有限责任，逃避债务，严重损害公司债权人利益的，应当对公司债务承担连带责任；股东利用其控制的两个以上公司实施前款规定行为的，各公司应当对任一公司的债务承担连带责任。《九民纪要》规定，认定公司人格与股东人格是否存在混同，最根本的判断标准是公司是否具有独立意思和独立财产，最主要的表现是公司的财产与股东的财产是否混同且无法区分。

2. 一人公司人格混同特殊规定

《公司法》第二十三条第三款规定，只有一个股东的公司，股东不能证明公司财产独立于股东自己的财产的，应当对公司债务承担连带责任。也就是说，对于一人有限责任公司的人格混同，《公司法》采取了举证责任倒置的举证原则，即如果一人有限公司的债权人主张该公司与股东发生人格混同，首先要由该一人有限公司的股东提供证据证明其个人财产独立于公司财产，如提交审计报告、公司账册、记账凭证、原始凭证等证据证明个人财产与公司财产相互独立，否则股东就需要对公司债务承担无限连带责任。

3. 适用《公司法》第二十三条第一款，否认夫妻公司法人人格，夫妻股东对公司债务连带

夫妻公司与一般公司相同，如果债权人能够证明公司的财产与股东的财产混同且无法区分，则可否认夫妻公司法人人格。债权人举证时综合考虑以下因素：①股东无偿使用公司资金或者财产，不作财务记载的；②股东用公司的资金偿还股东的债务，或者将公司的资金供关联公司无偿使用，不作财务记载的；③公司账簿与股东账簿不分，致使公司财产与股东财产无法区分的；④股东自身收益与公司盈利不加区分，致使双方利益不清的；⑤公司的财产记载于股东名下，由股东占有、使用的。

4. 适用《公司法》第二十三条第三款，夫妻公司被认定为实质一人公司、适用一人公司之举证责任倒置规定

司法实践中，对夫妻公司是否为一人公司存在不同的观点。第一种观点认为，夫妻公司的注册资本来源于夫妻共同财产，公司的全部股权实质来源于同一财产权，并为一个所有权共同享有和支配，股权主体具有利益的一致性和实质上的单一性。在此情况下，夫妻公司与一人公司在主体构成和规范适用上具有高度相似性，系实质意义上的一人公司。第二种观点认为，一人公司应以自然人股东或者法人股东的数量来认定，而非以公司的注册资本来源或者股权归属来认定。公司股东为夫妻、父母子女等高度利益相关的主体时，不宜直接推定为一人公司，本质上，此类公司属于多人公司的一种特殊形态，不能简单以家庭成员身份关系、一方不参与公司重大决策和经营、公司利润归入家庭共同财产为由认定其为一人公司；不能使用一人公司的规定分配举证责任，进而要求夫妻股东对债务承担连带责任；公司债权人主张股东滥用公司法人独立地位和股东有限责任的，债权人应对股东滥用公司法人独立地位和股东有限责任的事实承担举证责任。

基于第一种观点，认定夫妻公司为实质一人公司，不是必然直接导致夫妻双方对公司债务承担连带责任。其实质是为适用《公司法》第二十三条第三款一人公司的举证责任倒置规则，在不能举证的情况下，则夫妻公司人格被否认，夫妻股东对公司债务承担连带责任。

综上所述，结合本案来看，甲、乙双方对于设立A公司的出资、股权归属、收益分配均无特殊约定，可以确定甲、乙婚后用共有财产出资设立A公司，两人所持A公司100%股权为夫妻共有股权，投资利益归夫妻共同所有。根

据目前的司法实践，A 公司存在被认定为实质一人公司的可能性。在 A 公司经营状况出现问题时，如果债权人起诉要求甲、乙夫妻二人对 A 公司债务承担连带责任，且甲与乙无法证明其家庭财产独立于 A 公司，则甲、乙存在以其家庭财产为 A 公司偿还债务的风险。

【建议方案】

通过以上分析，结合目前的裁判案例，夫妻公司可通过以下方式降低发生人格否认的风险。

1. 夫妻财产协议

以《民法典》第一千零六十五条的规定为依据，签订夫妻财产协议。在设立公司时提交财产协议备案，将夫妻二人对公司的财产与双方其他共有财产进行严格的区分；但此方案是否可行取决于公司登记机关是否接受夫妻财产协议的备案。

2. 强化公司管理

按照法律的规定建立健全公司管理制度和财务制度，严格区分夫妻股东个人和公司的行为，避免造成财务混同和人格混同，尤其是在财务方面，公司应开设独立账户，建立完整的公司账册。股东不得擅自动用公司账户财产，相应分红应按照公司章程约定进行，公司与股东个人的资金往来需要有基础事实，可在每一会计年度终了时编制财务会计报告，并经会计师事务所审计，证明夫妻财产与公司财产相互独立。

3. 增加公司股东

夫妻公司被认定为一人公司的理由之一是夫妻关系的特殊性，可以考虑增加第三人作为股东，以避免参照适用《公司法》第二十三条第三款一人有限责任公司的举证责任倒置。

【法条链接】

1.《公司法》第二十三条　公司股东滥用公司法人独立地位和股东有限责任，逃避债务，严重损害公司债权人利益的，应当对公司债务承担连带责任。

股东利用其控制的两个以上公司实施前款规定行为的，各公司应当对任一公司的债务承担连带责任。

只有一个股东的公司，股东不能证明公司财产独立于股东自己的财产的，应当对公司债务承担连带责任。

2.《九民纪要》第 10 条　【人格混同】认定公司人格与股东人格是否存在混同，最根本的判断标准是公司是否具有独立意思和独立财产，最主要的表现是公司的财产与股东的财产是否混同且无法区分。在认定是否构成人格混同时，应当综合考虑以下因素：

（1）股东无偿使用公司资金或者财产，不作财务记载的；

（2）股东用公司的资金偿还股东的债务，或者将公司的资金供关联公司无偿使用，不作财务记载的；

（3）公司账簿与股东账簿不分，致使公司财产与股东财产无法区分的；

（4）股东自身收益与公司盈利不加区分，致使双方利益不清的；

（5）公司的财产记载于股东名下，由股东占有、使用的；

（6）人格混同的其他情形。

在出现人格混同的情况下，往往同时出现以下混同：公司业务和股东业务混同；公司员工与股东员工混同，特别是财务人员混同；公司住所与股东住所混同。人民法院在审理案件时，关键要审查是否构成人格混同，而不要求同时具备其他方面的混同，其他方面的混同往往只是人格混同的补强。

3.《民法典》第一千零六十五条　男女双方可以约定婚姻关系存续期间所得的财产以及婚前财产归各自所有、共同所有或者部分各自所有、部分共同所有。约定应当采用书面形式。没有约定或者约定不明确的，适用本法第一千零六十二条、第一千零六十三条的规定。

夫妻对婚姻关系存续期间所得的财产以及婚前财产的约定，对双方具有法律约束力。

夫妻对婚姻关系存续期间所得的财产约定归各自所有，夫或者妻一方对外所负的债务，相对人知道该约定的，以夫或者妻一方的个人财产清偿。

4.14　如何避免股东之间抢证照、抢公章？

【案情介绍】

A公司系一家在上海注册的食品销售公司，甲系A公司的董事长兼总经理及法定代表人，直接持有公司70%的股权，并通过自己控制的B公司间接持有公司30%的股权，为A公司目前的实际控制人。但就在两年前，公司的法定代表人、总经理、大股东和公司董事还是乙。因为当时的A公司经营产生负债，甲在当时借钱给A公司，并由此成为A公司的债权人。后来，为解决A公司的债务问题，乙和甲签署了相关协议，并最终将股权变更登记在甲的名下（见图4-20）。

甲在成为公司登记的新股东后，通过召开股东会和董事会更换了公司的董事、总经理，并变更法定代表人为自己。后甲和乙的矛盾愈演愈烈，乙最终利用自己以前管理公司的便利，将公司公章、合同章、营业执照正副本，以及部分财务原始会计凭证带走。

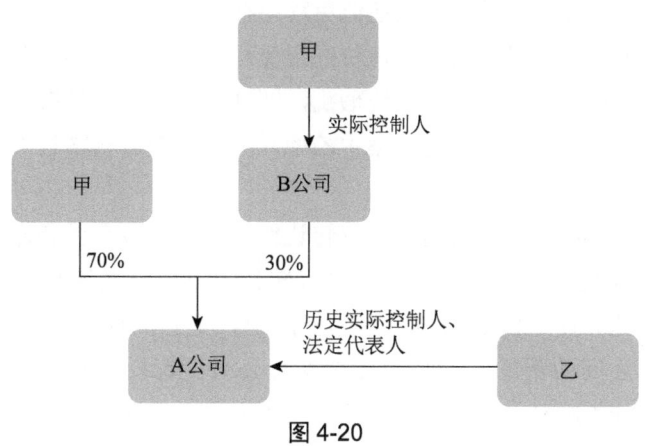

图 4-20

本案中，乙在带走公司相关证照及财务资料的同时还向法院起诉，称当时将股权变更登记在甲的名下系对 A 公司对甲享有的债务的让与担保，甲并非获得了股东地位，同时要求解除当时签署的股权转让协议。

在这种情况下，甲应当通过何种方式拿回公章以及公司的相关证照和财务资料？类似的矛盾又要通过何种方式避免？

【案例分析】

本案中，表面上甲和乙之间的矛盾是公司公章的抢夺，实际上双方更深层次的矛盾是对股权和公司控制权之争：

第一，从本案涉及的法律主体看，乙拿走公司公章及证照的行为本身损害的是 A 公司的利益，如果主张返还，应当是 A 公司作为诉讼主体来向法院主张。在这样的情况下，A 公司有权要求乙返还。但是在公章被抢的场合，往往公司作为起诉主体没有公章，因此只能由公司的法定代表人代表公司提起诉讼，在本案中，就是甲作为法定代表人代表 A 公司要求乙返还公司公章、证照、印鉴章、财务账册。

第二，在甲代表 A 公司作为主体起诉要求乙返还公章的场合，法院会判断乙是否具有合法占有公司公章的基础，这时，就需要核查公司章程、公司内部约定、公司决议是否授予过乙管理公章的权利。鉴于公章的管理属于公司自治范畴，在股东会未明确公章如何管理的情况下，法院不能确定由谁管理。但一般来说，公司高管及法定代表人对公司负有管理职责，经手公司证照、印鉴章、财务账册是正常的。但本案的特殊之处在于，乙卸任公司的法定代表人、总经理，都是和股东发生变更一起发生的。换言之，公司的实际控制权被甲获得之后，甲通过有效的会议程序罢免了乙的职务，才导致乙继续占有公司证照、印鉴章、财务账册没有依据，除非乙能够证明上述罢免程序存在问题。

第三，乙如果想要推翻对自己地位的罢免程序，就要证明之前实际控制权变更过程中，甲取得公司股权存在法律瑕疵，即证明甲名义上持有了公司股权，但实际上不具备股东地位。这也是本案中乙率先另案提起股权转让诉讼，要求解除当时的股权转让协议的原因。

但在本案中，值得注意的是，股权转让纠纷发生于股东甲和乙之间，并且股权转让是否能够被解除取决于当时的股权转让协议成立及履行的法律评价。但在取回公司证照、印鉴章、财务账册的问题上，主张的权利主体是 A 公司，因此股东甲和乙之间的矛盾并不必然会导致 A 公司没有权利向乙要求返还公司证照、印鉴章、财务账册，除非乙有办法证明甲取得公司股权不存在合法性基础，即甲与乙的股权转让协议应当被解除，或证明虽然甲合法地取得了公司的股权，但是后续更换公司董事、总经理以及法定代表人的股东会决议或董事会决议存在瑕疵或违反章程、法律法规等事由，应当予以撤销或确认无效。如果不能证明 A 公司作为权利主体要求乙返还公司证照、印鉴章、财务账册不存在法律障碍，因为 A 公司法定代表人、董事以及总经理的身份都经过合法变更，此时乙对公司证照、印鉴章、财务账册属于"无权占有"。

第四，在公司证照、印鉴章、财务账册被乙控制的情况下，甲（在本案中应该是 A 公司）需要走公章丢失报案、登报声明公章作废、到公安局治安科办理新印章备案等手续。一方面，完成上述手续的时间较长，在此时间内无法控制乙私自使用公章、公司证照以及泄露公司财务信息的风险；另一方面，在没有有效的司法裁定确认公章的归属前，公安可能会审慎启动重刻公章的法律程序。

第五，本案中甲已经通过规范的程序取得了公司的控制权，且最早的股权转让合同已经履行完毕，因此本案中后续确认乙不具备继续占有公司公章的合法性基础不存在太大的障碍。毕竟在所有的控制权形式变更手续完备的情况下，再主张推翻和解除最早的股权转让手续难度较大。但是，设想本案发生在控制权不稳定的公司，则问题的处理就会麻烦得多。法院在本案中能够忽略先前的股权转让纠纷，实质上已经在心证和证据上有初步判断，认为乙所主张的股权基础薄弱。如果本案甲与乙本身处于控制权争夺较为激烈的场合，则法院一旦发现控制权难以判断，后续公章能否返还或取决于在先纠纷的判决结果。

综上，看似是公司证照、印鉴章、财务账册返还的纠纷，实质是甲与乙的股权纠纷和控制权纠纷。只是本案中，甲在取得股权后，利用大股东的身份召开了股东会和董事会，将乙全面踢出了公司，撤换法定代表人，更换公司董事和总经理，牢牢地把握了公司的控制权，这样即使后续乙拿走公章等，甲也可以通过A公司的名义顺理成章地拿回，从根本上取得抢公章战斗的胜利。只是在公章等被乙控制的过渡期内，可能会存在乙私自滥用公司公章签署业务合同等法律风险，该等风险的防范在先前的案例中已有论述。

【建议方案】

本案中，因为甲是A公司目前的实际控制人，担任公司的法定代表人、总经理和董事，而乙只是公司历史上的实际控制人，伴随着公司控制权的变更，乙对公司公章等资料的占有也变成了无权占有，因此A公司有权主张返还。由此可见，公司抢公章纠纷主要通过以下几个方面避免：

第一，避免公司股权层面的纠纷。公司股权层面一旦发生纠纷就可能引发控制权的争夺，尤其是在公司法定代表人、董事、总经理以及大股东分别由不同的主体担任的情况下。在这类控制权不稳定的场合，不论是公安报失公章还是法院判断占有公章的合法性，都会比较困难，可能需要等待公司股权层面纠纷定性在先的判定。这会导致公司较长时间的动荡，而公章的争夺只是动荡的一环。因此，避免抢公章，首先就要对公司股权和控制权进行妥善的安排。

第二，取得股权后要进一步巩固控制权。本案中，甲在获得公司大股东地位后，立即着手召开股东会、董事会等将公司的法定代表人、董事以及总经理都进行了更换，由此巩固了自己的绝对控制地位；并且更换的手续也合法合规，使得被撤换的乙很难从会议决议违法的角度进行推翻。

第三，制定完善的公司公章保管制度，必要的时候在章程中确认公章保管主体。实践中，在发生公司公章抢夺的情况下，如果公司章程及公司内部对公司公章的合法保管主体没有约定，就需要法院进行判断。因此制定完善的公司公章保管办法，并通过股东会确认形成有效的公司内部管理文件，对避免抢夺公章，以及抢夺公章后的持有主体合法性确认都能起到很好的作用。

【法条链接】

1.《民法典》第六十一条第一款　依照法律或者法人章程的规定，代表法人从事民事活动的负责人，为法人的法定代表人。

2.《中华人民共和国民事诉讼法》第五十一条　公民、法人和其他组织可以作为民事诉讼的当事人。法人由其法定代表人进行诉讼。其他组织由其主要负责人进行诉讼。

3.《民法典》第二百三十五条　无权占有不动产或者动产的，权利人可以请求返还原物。

4.《民法典》第四百五十八条　基于合同关系等产生的占有，有关不动产或者动产的使用、收益、违约责任等，按照合同约定；合同没有约定或者约定不明确的，依照有关法律规定。

5.《民法典》第四百五十九条　占有人因使用占有的不动产或者动产，致使该不动产或者动产受到损害的，恶意占有人应当承担赔偿责任。

6.《民法典》第四百六十二条　占有的不动产或者动产被侵占的，占有人有权请求返还原物；对妨害占有的行为，占有人有权请求排除妨害或者消除危险；因侵占或者妨害造成损害的，占有人有权依法请求损害赔偿。

占有人返还原物的请求权，自侵占发生之日起一年内未行使的，该请求权消灭。

7.《公司法》第三条第一款　公司是企业法人，有独立的法人财产，享有法人财产权。公司以其全部财产对公司的债务承担责任。

8.《九民纪要》第41条　【盖章行为的法律效力】司法实践中，有些公司有意刻制两套甚至多套公章，有的法定代表人或者代理人甚至私刻公章，订立合同时恶意加盖非备案的公章或者假公章，发生纠纷后法人以加盖的是假公章为由否定合同效力的情形并不鲜见。人民法院在审理案件时，应当主要审查签约人于盖章之时有无代表权或者代理权，从而根据代表或者代理的相关规则来确定合同的效力。

法定代表人或者其授权之人在合同上加盖法人公章的行为，表明其是以法人名义签订合同，除《公司法》第16条等法律对其职权有特别规定的情形外，应当由法人承担相应的法律后果。法人以法定代表人事后已无代表权、加盖的是假章、所盖之章与备案公章不一致等为由否定合同效力的，人民法院不予支持。

代理人以被代理人名义签订合同，要取得合法授权。代理人取得合法授权后，以被代理人名义签订的合同，应当由被代理人承担责任。被代理人以代理人事后已无代理权、加盖的是假章、所盖之章与备案公章不一致等为由否定合同效力的，人民法院不予支持。

4.15 合作破裂，小股东能否顺利"代位"替公司主张损害赔偿？

【案情介绍】

甲和乙合资成立了A公司，其中甲持股70%，担任控股股东，乙持股30%，是公司设立时的法定代表人及执行董事。甲同时为B公司实际控制人，并主导 A 公司和 B 公司之间的业务合作。后甲和乙因业务合作过程中理念不合，合作无法继续。甲利用自己控股股东的地位单方发表声明："本人以持有 A 公司三分之二以上表决权的大股东身份作出如下决定：①罢免乙法定代表人职务，由我本人担任法定代表人；② A 公司进入停业状态，不进行一切商业宣传、交易等经营性业务活动；③择日将开始 A 公司的清算注销程序。"

声明信发出后，A 公司又召开临时股东会并通过决议，罢免乙 A 公司执行董事职务，选举丙为新的公司执行董事，同时变更公司法定代表人为丙。

上述声明发表及股东会决议作出后不久，A 公司多名员工通过劳动仲裁，要求 A 公司赔付合计 30 余万元的解除劳动合同经济补偿金。同时，B 公司因先前和 A 公司的业务往来，尚拖欠 A 公司业务款 100 余万元（见图 4-21）。

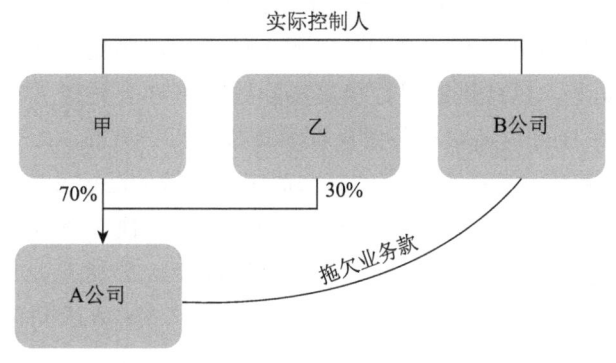

图 4-21

乙认为甲单方发表声明的行为直接导致了后续员工离职并造成 A 公司需要支付离职补偿金；同时，乙认为甲利用自己 A 公司控股股东的地位，罢免乙 A 公司法定代表人及执行董事的职务，以此逃避履行由其实际控制的 B 公司对 A 公司的债务，导致 A 公司无法对 B 公司追索相关债权，属于控股股东滥用股东权利给 A 公司造成损失，并试图通过诉讼程序追回上述损失。乙的诉求能否获得支持？

【案例分析】

本案的主要问题是，公司小股东被架空，能否依据控股股东滥用股东地位"代位"替公司主张损失赔偿？

首先，为了固定 A 公司的损失，需要梳理多起在先诉讼及仲裁。一方面，员工的劳动补偿金被劳动仲裁部门裁决认定；另一方面，A 公司和 B 公司之间存在未结清的业务款。在本案前，乙以自己作为工商登记的法定代表人身份试图

"代表"A 公司起诉要求 B 公司结清欠 A 公司的业务款。但在乙起诉时，A 公司已经通过了更换法定代表人及执行董事为丙的股东会决议，只是未履行法定代表人的工商变更手续。在该案中，B 公司明确对乙"代表"A 公司提出异议，法院也认定鉴于更换法定代表人的股东会决议并未被提起撤销、确认无效或者不成立之诉，应认定丙而非乙代表 A 公司的意志，故乙无权"代表"A 公司提起诉讼，裁定驳回了乙的起诉。

其次，即使在先判决能够确定劳动补偿金的金额，但并不构成"控股股东滥用股东地位"给 A 公司造成的损失。甲单方发表的声明中虽然声称 A 公司进入停业状态，但在 A 公司未经法定程序并由股东会作出相应的决议时，在法律上并不会直接产生停业解散的后果。故甲发表声明这一行为与 A 公司员工离职造成 A 公司须支付补偿金之间缺乏直接的因果关系。

同时，乙认为的甲利用 A 公司控股股东的地位，罢免乙 A 公司法定代表人及执行董事的职务，以此逃避履行由其实际控制的 B 公司对 A 公司的债务，导致 A 公司无法对 B 公司追索相关债权也很难成立。一方面，A 公司对 B 公司的业务损失（即未追索债权）是否真实存在尚未经生效的法律文书确认，故难以认定损失；另一方面，虽然 A 公司已作出生效的股东会决议将 A 公司法定代表人及执行董事由乙变更为丙，并进而导致乙无法代表 A 公司起诉 B 公司，但乙不能代表 A 公司诉讼并不等同于 A 公司实体诉权的丧失，A 公司依旧保有向 B 公司起诉的权利。

乙在被控股股东罢免了法定代表人及执行董事职务之后，仅仅具有小股东身份。当小股东认为公司的利益受损，按照《公司法》第一百八十九条，小股东可以以股东身份"代位"向侵犯公司利益的主体起诉，《公司法》还规定了"股东可以书面请求董事会向人民法院提起诉讼。监事会或者董事会收到前款规定的股东书面请求后拒绝提起诉讼，或者自收到请求之日起三十日内未提起诉讼，或者情况紧急、不立即提起诉讼将会使公司利益受到难以弥补的损害的，前款规定的股东有权为公司利益以自己的名义直接向人民法院提起诉讼"的前置程序。最高法在〔2019〕最高法民终 1679 号案中也明确该条项下"股东代表诉讼的前置程序"在事实上无法完成时，并不苛求小股东执行。因此，本案中乙以小股东的身份"代位"起诉主张损失在程序上是被法律允许的。

但是，要证明控股股东或者董监高等的实际行为给公司造成了损失以及损失和行为之间的因果关系，在实践中的难度是比较大的，尤其是当乙不再担任 A 公司的法定代表人的时候，其代表公司诉讼的权利都很难获得支持。

综上，虽然在公司设立之初担任小股东，同时担任了公司的法定代表人及执行董事，但是当后续产生合作矛盾的时候，控股股东可以单方罢免小股东的法定代表人及执行董事的职务。当乙仅仅具有小股东身份的时候，要"代位"帮一个实际控制权已经不在自己手里的公司主张权益，存在重重障碍。

【建议方案】

股权的设计决定了公司控制权的走向，并影响着合作破裂之后小股东的维权路径，本案就明显地体现出持股超过三分之二的绝对控股股东对公司的直接控制力。小股东和这样的控股股东合作需要事先明确可能存在的风险：

第一，即使在公司设立之初自己能够担任高管和法定代表人，后续控股股东也能利用自己的绝对持股优势罢免小股东的相关职务，事实上剥夺小股东的控制权。因此，如果小股东想实际参与公司的经营管理，就要获得公司三分之一以上的持股比例，并且就特别重大事项在公司章程中约定特别多数的表决通过率，对大股东起到约束的作用；如果只是财务投资人，则因为相关的经营管理权限都在大股东手中，主要保证自己的分红以及与知情相关的权利即可。

第二，为了约束大股东和实际控制人，公司内部对关联交易需要制定详细的管理制度。本案中A公司和B公司是关联公司，都被甲控制，两公司之间的交易并无任何约束，所以当小股东乙认为A公司和B公司之间的交易事实上给A公司造成损失，并且该损失是由控股股东导致的，举证上存在巨大的困难。如果公司具有关联交易制度，一方面能够约束实际控制人的行为，另一方面事后在证明"控股股东滥用股东地位"的举证上也能提供一定的便利。

【法条链接】

1.《公司法》第二十一条　公司股东应当遵守法律、行政法规和公司章程，依法行使股东权利，不得滥用股东权利损害公司或者其他股东的利益。

公司股东滥用股东权利给公司或者其他股东造成损失的，应当承担赔偿责任。

2.《公司法》第二十二条　公司的控股股东、实际控制人、董事、监事、高级管理人员不得利用关联关系损害公司利益。

违反前款规定，给公司造成损失的，应当承担赔偿责任。

3.《公司法》第一百八十九条　董事、高级管理人员有前条规定的情形的，有限责任公司的股东、股份有限公司连续一百八十日以上单独或者合计持有公司百分之一以上股份的股东，可以书面请求监事会向人民法院提起诉讼；监事有前条规定的情形的，前述股东可以书面请求董事会向人民法院提起诉讼。

监事会或者董事会收到前款规定的股东书面请求后拒绝提起诉讼，或者自收到请求之日起三十日内未提起诉讼，或者情况紧急、不立即提起诉讼将会使公司利益受到难以弥补的损害的，前款规定的股东有权为公司利益以自己的名义直接向人民法院提起诉讼。

他人侵犯公司合法权益，给公司造成损失的，本条第一款规定的股东可以依照前两款的规定向人民法院提起诉讼。

公司全资子公司的董事、监事、高级管理人员有前条规定情形，或者他人侵犯公司全资子公司合法权益造成损失的，有限责任公司的股东、股份有限公司连续一百八十日以上单独或者合计持有公司百分之一以上股份的股东，可以依照前三款规定书面请求全资子公司的监事会、董事会向人民法院提起诉讼或者以自己的名义直接向人民法院提起诉讼。

4.《公司法》第一百九十二条　公司的控股股东、实际控制人指示董事、高级管理人员从事损害公司或者股东利益的行为的，与该董事、高级管理人员承担连带责任。

5.《公司法》第二百六十五条　本法下列用语的含义：

（一）高级管理人员，是指公司的经理、副经理、财务负责人，上市公司董事会秘书和公司章程规定的其他人员。

（二）控股股东，是指其出资额占有限责任公司资本总额超过百分之五十或者其持有的股份占股份有限公司股本总额超过百分之五十的股东；出资额或者持有股份的比例虽然低于百分之五十，但依其出资额或者持有的股份所享有的表决权已足以对股东会的决议产生重大影响的股东。

（三）实际控制人，是指通过投资关系、协议或者其他安排，能够实际支配公司行为的人。

（四）关联关系，是指公司控股股东、实际控制人、董事、监事、高级管理人员与其直接或者间接控制的企业之间的关系，以及可能导致公司利益转移的其他关系。但是，国家控股的企业之间不仅因为同受国家控股而具有关联关系。

4.16　公司相对控股股东变更，如何"请"走原委派董事长？

【案情介绍】

A公司成立于2015年，注册资金1000万元，公司成立时的股东为股东1、股东2和股东3，分别持有A公司40%、30%和30%的股权；其中股东1作为最大股东委派甲担任A公司董事并担任董事长，同时甲还担任A公司的法定代表人。后来，股东1将自己持有的40%的股权全部转让给股东4，退出了公司，新股东 4 欲委派乙担任公司的新董事长及法定代表人（见图 4-22）。股东 4 已经和公司其他股东协商，就董事会人员达成了一致意见，同时股东 4 还和股东 1 沟通出具"解除委派董事函"给 A 公司股东会。但经股东及其他董事与甲多次沟通，甲不愿意卸任公司董事长，在此情形下，A 公司怎样才能合法合规地将甲"请"走？

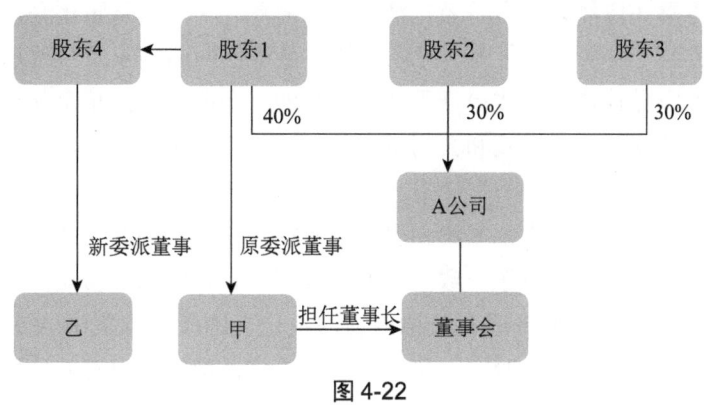

图 4-22

【案例分析】

本案中，在股东易主的情况下，原董事长不愿意配合离开，且不配合办理工商变更事宜，那么，如何合规操作才能保证公司平稳过渡？

首先，本案并非股东之间关于董事人选有争议，仅仅是原董事长个人的问题，说明公司矛盾没有到股东会层面。应当看到，股东 1 及股东 4 均持有公司 40% 的股权，对于公司处于"相对控股"的状态，没有超过 50% 或者三分之二。在这种情况下，除非章程特殊约定，没有任何一个股东可以单独在其他股东反对的情况下作出符合自己意愿的股东会决议，而董事的人选恰恰是需要股东会通过的事项。因此，公司股东 4 和公司股东 2、股东 3 对于新的董事会成员及董事长人选能够达成一致意见是解决本案矛盾的前提。

其次，在所有股东对公司新的董事会成员已经能够一致通过的情况下，就仅需要与不愿意走的老董事长甲沟通。按照《公司法》的规定，任免董事是公司股东会的职责，而公司的董事长由公司的董事会选举。换言之，甲如果没有继续担任公司董事的基础，就更无法继续担任公司的董事长。

在本案中，公司的原董事甲是由股东 1 委派的，A 公司原董事会的成员均系股东委派，同时得到原全体股东的认可。股东 1 将自己持有的公司 40% 股权全部转让给股东 4 的时候也愿意解除对甲的委派，并通过官方发函的方式将此事提交给 A 公司。A 公司的其余两名股东对此并无异议。在此情况下，核查 A 公司

189

章程中关于股东会任免董事会成员的职权规定如下："公司的法定代表人由董事长担任。"章程另载明："公司股东会由全体股东组成，是公司的权力机构，行使下列职权：……选举和更换非由职工代表担任的董事、监事，决定有关董事、监事的报酬事项；审议批准董事会的报告……对前款所列事项股东以书面形式一致表示同意的，可以不召开股东会会议，直接作出决定，并由全体股东在决定文件上签名、盖章（自然人股东签名，法人股东盖章）。公司设董事会，其成员为3人，任期3年，董事任期届满，可以连任。董事任期届满未及时改选，或者董事在任期内辞职导致董事会成员低于法定人数的，在改选出的董事就任前，原董事仍应当依照法律、行政法规和公司章程的规定履行董事职务。董事会设董事长一人，由董事会选举产生……"

从上述规定中可以看出，本案中股东会有权决定董事会的人选，即股东会通过股东会决议，或在全体股东一致同意的情况下不召开股东会会议，采用直接作出书面决定的方式，都能形成有法律效力的决定。因此，本案中A公司的股东通过书面一致同意或者召开股东会作出决议的方式，都能作出有效地罢免甲董事职务的决定。新的公司董事会应召开董事会会议，作出罢免原董事长并选举新的公司董事长的决议。

本案中另一个需要注意的细节是，选举新的董事长需要召开董事会决议，根据公司章程及《公司法》的规定，董事会会议是需要董事长召集的，但是甲作为原董事长显然不会召集罢免自己的董事会会议，因此本案中董事会决议的召集程序将不可避免地存在一定的瑕疵。一般来说，该等程序瑕疵不足以对此次选举新董事长的董事会决议产生实质影响，且综合考虑本案股东对新董事会成员并无任何异议，因此通过上述程序"请"走老董事长具有法律效力。

综上，在只有原公司董事长甲不配合的情况下，公司按照《公司法》及公司章程的规定作出有效罢免甲的决议，是"请"走甲的合法性基础。在此基础上，甲不配合办理相关手续，则公司可以通过法院程序要求甲配合办理变更登记并强制执行。

【建议方案】

公司决议包括股东会决议和董事会决议，是公司内部决策的基础，决议的实体和程序合规决定了公司重大决策的有效性。在公司高管变动的场合，尤其在没有股东能对公司形成绝对控制的场合，协调好公司的董事人选对公司控制权的稳定具有重要的意义。

第一，公司章程中需要对董事等公司高管的实体任免条件有完善的设置。《公司法》对董事、监事和总经理等高管的职责有初步的规定，公司的章程可以在《公司法》的基础上进一步规定，必要时还需要制定专门的董事、监事、高管的任职资格管理办法，使得公司选任的董监高人员能够有利于公司的发展。

第二，除了实体规定外，对于公司董监高在任期内发生变动可能产生的过渡期也可以作程序上的细化规定。例如，本案中，在原董事长不配合的情况下，公司董事会的召集程序将不可避免地出现一定问题，若A公司对董事会选任变化的过渡期有安排，比如设置"代理董事长"负责召集和主持会议，在一定程度上可以使得罢免及续聘程序更为顺畅。

第三，即使公司已经通过完善的程序将原董事长罢免，还是有可能出现其不配合工商变更的情况，在此情况下，可以通过"请求变更公司登记纠纷"要求法院通过判决方式确定原董事长配合办理工商变更的义务，并通过生效法律文书的强制执行程序推进工商流程。在法院流程的过渡期内，公司可以通过自己的官方网页等渠道公示董事长及法定代表人正在办理变更手续，尤其需要让自己的主要客户和供应商知晓，防止原董事长及法定代表人在此期间以公司名义对外私自签单等行为。

【法条链接】

1.《公司法》第十条　公司的法定代表人按照公司章程的规定，由代表公司执行公司事务的董事或者经理担任。

担任法定代表人的董事或者经理辞任的，视为同时辞去法定代表人。

法定代表人辞任的，公司应当在法定代表人辞任之日起三十日内确定新的法定代表人。

2.《公司法》第五十九条　股东会行使下列职权：

（一）选举和更换董事、监事，决定有关董事、监事的报酬事项；

（二）审议批准董事会的报告；

（三）审议批准监事会的报告；

（四）审议批准公司的利润分配方案和弥补亏损方案；

（五）对公司增加或者减少注册资本作出决议；

（六）对发行公司债券作出决议；

（七）对公司合并、分立、解散、清算或者变更公司形式作出决议；

（八）修改公司章程；

（九）公司章程规定的其他职权。

股东会可以授权董事会对发行公司债券作出决议。

对本条第一款所列事项股东以书面形式一致表示同意的，可以不召开股东会会议，直接作出决定，并由全体股东在决定文件上签名或者盖章。

3.《公司法》第六十七条　有限责任公司设董事会，本法第七十五条另有规定的除外。

董事会行使下列职权：

（一）召集股东会会议，并向股东会报告工作；

（二）执行股东会的决议；

（三）决定公司的经营计划和投资方案；

（四）制订公司的利润分配方案和弥补亏损方案；

（五）制订公司增加或者减少注册资本以及发行公司债券的方案；

（六）制订公司合并、分立、解散或者变更公司形式的方案；

（七）决定公司内部管理机构的设置；

（八）决定聘任或者解聘公司经理及其报酬事项，并根据经理的提名决定聘任或者解聘公司副经理、财务负责人及其报酬事项；

（九）制定公司的基本管理制度；

（十）公司章程规定或者股东会授予的其他职权。

公司章程对董事会职权的限制不得对抗善意相对人。

4.《公司法》第七十二条　董事会会议由董事长召集和主持；董事长不能履行职务或者不履行职务的，由副董事长召集和主持；副董事长不能履行职务或者不履行职务的，由过半数的董事共同推举一名董事召集和主持。

5.《公司法》第七十三条　董事会的议事方式和表决程序，除本法有规定的外，由公司章程规定。

董事会会议应当有过半数的董事出席方可举行。董事会作出决议，应当经全体董事的过半数通过。

董事会决议的表决，应当一人一票。

董事会应当对所议事项的决定作成会议记录，出席会议的董事应当在会议记录上签名。

6.《市场主体登记管理条例》第八条　市场主体的一般登记事项包括：

（一）名称；

（二）主体类型；

（三）经营范围；

（四）住所或者主要经营场所；

（五）注册资本或者出资额；

（六）法定代表人、执行事务合伙人或者负责人姓名。

除前款规定外，还应当根据市场主体类型登记下列事项：

（一）有限责任公司股东、股份有限公司发起人、非公司企业法人出资人的姓名或者名称；

（二）个人独资企业的投资人姓名及居所；

（三）合伙企业的合伙人名称或者姓名、住所、承担责任方式；

（四）个体工商户的经营者姓名、住所、经营场所；

（五）法律、行政法规规定的其他事项。

4.17　实际控制人滥用控制地位长期不归还借款，小股东能否顺利维权？

【案情介绍】

A公司三个法人股东分别为B公司、C公司、D公司，持股比例分别为44%、46%和10%。A公司设立时，自然人甲担任A公司执行董事及法定代表人，乙担任A公司监事。B公司股东为三个自然人丙、丁、戊，持股比例分别为50%、30%和20%，C公司和D公司均由甲实际控制，但甲不直接持股（见图4-23）。

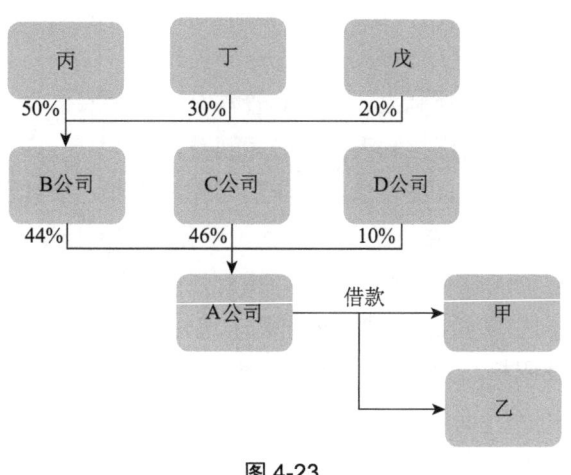

图 4-23

A公司设立后，公司的公章、财务章、合同章和营业执照的正本、副本及开户许可证、U盾均在甲的控制之下。A公司设立后五年内，甲和乙陆续向A公司借款上百万元，同时因为股东间存在纠纷以及内部审计等问题，五年间也从未分红。后A公司监事乙还因涉嫌刑事案件被采取了强制措施。

A公司设立第六年，甲牵头A公司起诉乙，要求乙归还累积拖欠A公司的款项及利息150余万元。在A公司起诉后不久，B公司向甲和A公司发函，声明A公司起诉乙却回避了甲个人的借款问题，如乙须还款，基于甲控制A公司的事实，甲应当先行还款。但A公司对此置之不理。故B公司股东商议后提起对甲的诉讼，认为甲利用A公司执行董事的身份，怠于行使职权，对A公司造成了损害，应当将多年累积借款及利息归还给A公司。B公司的上述主张能否得到法院的支持呢？

【案例分析】

本案涉及的问题是：公司实际控制人长期多次向公司进行关联借款且未归还，是否足以认定其损害了公司利益，并由小股东代位要求公司实际控制人归还。

甲作为A公司的执行董事及法定代表人，通过C公司和D公司间接控制公司56%的股权；且甲实际控制了公司的公章、财务章、合同章和营业执照的正本、副本及开户许可证、U盾，并实际参与公司的管理，为A公司的实际控制人。A公司设立并运行一段时间之后，长期没有实现分红，公司的间接持股小股东丙、丁、戊逐渐和甲产生分歧。在本案诉讼前，B公司曾起诉A公司要求行使股东知情权，并获得法院的支持。B公司通过这种方式了解到，实际控制人甲和当时担任A公司监事的乙，在公司运营的五六年间多次向A公司借款且尚未归还。

实践中经常发生实际控制人、公司高管与公司的关联借款，关联借款长期未归还本身并不足以认定实际控制人损害公司利益。

本案的特殊之处在于，在长达五六年的时间里甲和乙持续进行同种性质的借款，但当公司监事乙长期未归还公司借款，甲作为实际控制人牵头A公司起诉乙之时，却对自己的欠款行为避而不谈。由此，间接持股小股东丙、丁、戊认为同一时期A公司向甲支付的款项A公司从未追讨，系甲利用其A公司执行董事的身份，怠于行使职权，对A公司造成损害。

就此甲认为，一方面，自己欠A公司的钱并未超出诉讼时效；另一方面，自己和乙之间存在还款能力的差异，毕竟乙已经被采取了刑事强制措施。对此，法院认为，尽管甲及A公司均确认涉案借款未超过诉讼时效，但仍属于长期未还款项；同时，甲作为借款人之一，由甲自己来判断借款人是否具备还款能力缺乏公允性，故对于甲的上述抗辩意见不予认可。同时法院特别指出，A公司向乙追讨借款的情节说明甲及A公司均认为上述借款应当归还，那么，甲作为A公司的执行董事，其同期、同种性质的款项同样应予以归还，在实体上认可了B

公司即间接持股小股东丙、丁、戊的观点。

另外，从程序上看，B公司作为A公司直接持股44%的小股东，当其认为A公司的利益受损，按照《公司法》第一百八十九条的规定，可以"代位"向侵犯公司利益的主体起诉。《公司法》同时规定了"股东可以书面请求董事会向人民法院提起诉讼。监事会或者董事会收到前款规定的股东书面请求后拒绝提起诉讼，或者自收到请求之日起三十日内未提起诉讼，或者情况紧急、不立即提起诉讼将会使公司利益受到难以弥补的损害的，前款规定的股东有权为公司利益以自己的名义直接向人民法院提起诉讼"的前置程序。最高法在〔2019〕最高法民终1679号案中也明确该条项下"股东代表诉讼的前置程序"在事实上无法完成时，并不苛求小股东执行。因此，法院认为甲为A公司实际控制人及执行董事，与小股东站在对立面，乙已经被采取刑事强制措施，在上述情形下B公司客观上无法穷尽内部救济途径，直接提起诉讼具有合理性。

本案中，法院认定甲对给A公司造成的损失承担赔偿责任是基于甲作为执行董事对A公司应尽忠实义务。应当指出，《公司法》第一百八十一条明确列举公司董事侵害公司权益、违反忠实义务的行为，主要包括"（一）侵占公司财产、挪用公司资金；（二）将公司资金以其个人名义或者以其他个人名义开立账户存储；（三）利用职权贿赂或者收受其他非法收入；（四）接受他人与公司交易的佣金归为己有；（五）擅自披露公司秘密"，同时还设置兜底条款"违反对公司忠实义务的其他行为"。在本案中，甲关联借款长期未归还，并非上述明确列举事项，且关联借款本身在实践中也很常见，但本案法院却突破性地认为甲存在利用关联借款损害A公司利益的行为。应当指出，本案存在特殊情节，即甲因担任实际控制人牵头A公司起诉乙，但无视自己欠A公司"同期、同种性质"的借款；且鉴于甲实际控制了A公司，让法官产生了后续A公司不会积极追诉甲的借款（因为A公司实际被甲控制），以及甲利用关联借款行为实际上损害A公司利益，间接为自己谋利的心证，以致在本案中认定甲构成违反忠实义务，损害A公司利益。

综上，甲虽然不是公司的直接持股股东，但是担任公司的董事，应当接受忠实义务的约束。同时，甲也是公司的实际控制人，在实践中，甲实际控制公司的事实也可能成为其侵犯公司利益的便利因素，并在一定程度上影响法院的判断。

【建议方案】

甲作为实际控制人滥用控制地位长期不归还借款，小股东最终还是依据甲作为董事未尽忠实义务来维权，应当指出：

第一，本案中 A 公司在股权架构设计时没有考虑公司权力结构的制衡。在甲实际担任执行董事并控制 A 公司日常经营的情形下，B 公司的持股比例没有超过 50%，对一些重要事项，如本案的关联借款，无法通过有效的股东会决议来制约甲的行为。因为无法通过股东会决议来启动 A 公司对甲借款的司法程序，B 公司作为股东非常被动，并长期无法享受股东分红等权利。如果 B 公司能够获得超过 50% 的相对控股地位，则对于《公司法》及公司章程未要求特别多数（即超过三分之二）的表决事项还是能够拥有一定的话语权。

第二，为了约束实际控制人，公司内部对关联交易（包括但不限于关联借款）需要制定详细的管理制度。本案中，公司规章制度层面如果对关联借款的发放额度、归还期限、超期借款的追诉程序及负责人员等有详细规定，在一定程度上能对关联方长期不归还借款有一定的约束作用。同时，即使出现长期未还情形，也能够明确公司内部应当负责追诉的责任主体，落实管理责任，有助于公司优化财务管理，保证公司的健康发展。

【法条链接】

1.《公司法》第二十一条　公司股东应当遵守法律、行政法规和公司章程，依法行使股东权利，不得滥用股东权利损害公司或者其他股东的利益。

公司股东滥用股东权利给公司或者其他股东造成损失的，应当承担赔偿责任。

2.《公司法》第二十二条　公司的控股股东、实际控制人、董事、监事、高级管理人员不得利用关联关系损害公司利益。

违反前款规定，给公司造成损失的，应当承担赔偿责任。

3.《公司法》第一百八十条　董事、监事、高级管理人员对公司负有忠实义务，应当采取措施避免自身利益与公司利益冲突，不得利用职权牟取不正当利益。

董事、监事、高级管理人员对公司负有勤勉义务，执行职务应当为公司的最大利益尽到管理者通常应有的合理注意。

公司的控股股东、实际控制人不担任公司董事但实际执行公司事务的，适用前两款规定。

4.《公司法》第一百八十九条　董事、高级管理人员有前条规定的情形的，有限责任公司的股东、股份有限公司连续一百八十日以上单独或者合计持有公司百分之一以上股份的股东，可以书面请求监事会向人民法院提起诉讼；监事有前条规定的情形的，前述股东可以书面请求董事会向人民法院提起诉讼。

监事会或者董事会收到前款规定的股东书面请求后拒绝提起诉讼，或者自收到请求之日起三十日内未提起诉讼，或者情况紧急、不立即提起诉讼将会使公司利益受到难以弥补的损害的，前款规定的股东有权为公司利益以自己的名义直接向人民法院提起诉讼。

他人侵犯公司合法权益，给公司造成损失的，本条第一款规定的股东可以依照前两款的规定向人民法院提起诉讼。

公司全资子公司的董事、监事、高级管理人员有前条规定情形，或者他人侵犯公司全资子公司合法权益造成损失的，有限责任公司的股东、股份有限公司连续一百八十日以上单独或者合计持有公司百分之一以上股份的股东，可以依照前三款规定书面请求全资子公司的监事会、董事会向人民法院提起诉讼或者以自己的名义直接向人民法院提起诉讼。

5.《公司法》第一百九十二条　公司的控股股东、实际控制人指示董事、高级管理人员从事损害公司或者股东利益的行为的，与该董事、高级管理人员承担连带责任。

6.《公司法》第二百六十五条　本法下列用语的含义：

（一）高级管理人员，是指公司的经理、副经理、财务负责人，上市公司董事会秘书和公司章程规定的其他人员。

（二）控股股东，是指其出资额占有限责任公司资本总额超过百分之五十或者其持有的股份占股份有限公司股本总额超过百分之五十的股东；出资额或者持有股份的比例虽然低于百分之五十，但依其出资额或者持有的股份所享有的表决权已足以对股东会的决议产生重大影响的股东。

（三）实际控制人，是指通过投资关系、协议或者其他安排，能够实际支配公司行为的人。

（四）关联关系，是指公司控股股东、实际控制人、董事、监事、高级管理人员与其直接或者间接控制的企业之间的关系，以及可能导致公司利益转移的其他关系。但是，国家控股的企业之间不仅因为同受国家控股而具有关联关系。

4.18 公司经营不善无法清算，谁来承担责任？

【案情介绍】

A 公司系一家从事旅游及相关文化业务的公司，成立初期设立了有限合伙的员工持股平台 C 和 D，分别直接持有 A 公司 25% 和 15% 的股权。B 公司作为 A 公司的管理公司直接持有 A 公司 55% 的股权，为第一大股东；自然人甲持有 B 公司 80% 的股权并担任 B 公司的法定代表人，甲同时还担任 A 公司的法定代表人、董事长。乙系甲的亲属并以自有资金投资 A 公司，成为持股 5% 的小股东，仅进行财务投资，不参与公司治理（见图 4-24）。

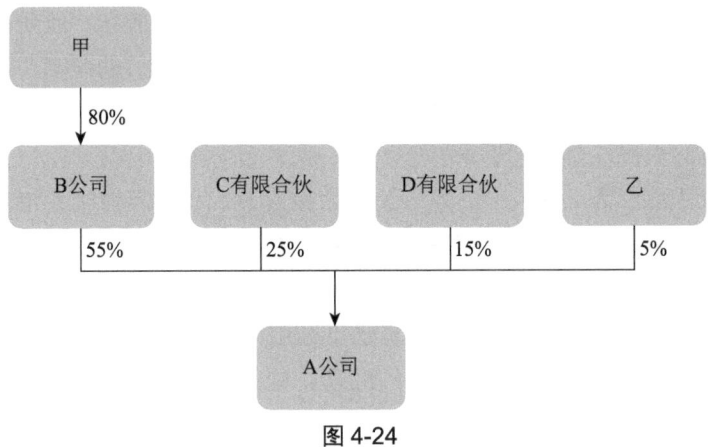

图 4-24

A 公司经营几年后，因旅游市场受大环境影响及公司经营转型决策失误等原因停业。后 A 公司因自行连续停业 6 个月以上被公司住所地市场监督管理局吊销了营业执照，此时尚有部分供应商欠款未支付完毕。

A 公司和 B 公司的实际办公地址一致，在 A 公司停业后，甲将 A 公司的部分账册、重要文件等带回自己的老家原籍地保管，后来 A 公司经专业审计机构评测难以开展清算工作。此时 A 公司可能存在哪些法律风险？由此引发的法律责任由谁来承担？

【案例分析】

本案中目前 A 公司已经被吊销营业执照，吊销属于《公司法》第二百二十九条项下的法定解散事由。按照《公司法》第二百三十二条的规定，在吊销后，董事为公司清算义务人，应当在解散事由出现之日起十五日内组成清算组进行清算，同时，清算组由董事组成，但是公司章程另有规定或者股东会决议另选他人的除外。该条还规定"清算义务人未及时履行清算义务，给公司或者债权人造成损失的，应当承担赔偿责任"。正常启动清算程序后，在清算的过程中，清算组应当按照《公司法》第二百三十四条行使职权，包括"（一）清理公司财产，分别编制资产负债表和财产清单；（二）通知、公告债权人；（三）处理与清算有关的公司未了结的业务；（四）清缴所欠税款以及清算过程中产生的税款；（五）清理债权、债务；（六）分配公司清偿债务后的剩余财产；（七）代表公司参与民事诉讼活动"，如果出现资不抵债等符合破产受理情形的，转破产处理。

本案中，公司因为账册不完整，无法自行清算，且供应商欠款已经无力偿还，事实上已经符合破产条件，但尚未启动破产程序，也无法注销，陷入了僵局。在这种情况下，甲、乙、B公司和持股平台是否会被追究法律责任呢？

应当看到，在A公司破产程序尚未启动的情况下，供应商作为A公司的债权人不会放弃任何继续实现债权的手段。除了核查A公司股东的出资是否到位，能否向股东追缴出资外，债权人还会追究公司相关责任方的清算责任。《公司法》第二百三十二条规定，发生吊销这一法定解散事由后，董事为公司清算义务人，应当在解散事由出现之日起十五日内组成清算组进行清算，清算组由董事组成，但是公司章程另有规定或者股东会决议另选他人的除外。同时，清算义务人未及时履行清算义务，给公司或者债权人造成损失的，应当承担赔偿责任。

需要注意的是，原《公司法》规定的清算义务人是"有限责任公司的股东、股份有限公司的董事和控股股东"[1]，同时，配套原《公司法》的司法解释（二）第十八条规定："有限责任公司的股东、股份有限公司的董事和控股股东未在法定期限内成立清算组开始清算，导致公司财产贬值、流失、毁损或者灭失，债权人主张其在造成损失范围内对公司债务承担赔偿责任的，人民法院应依法予以支持。有限责任公司的股东、股份有限公司的董事和控股股东因怠于履行义务，导致公司主要财产、账册、重要文件等灭失，无法进行清算，债权人主张其对公司债务承担连带清偿责任的，人民法院应依法予以支持。上述情形系实际控制人原因造成，债权人主张实际控制人对公司债务承担相应民事责任的，人民法院应依法予以支持。"

因新《公司法》于2024年7月1日生效，本案因清算事由发生的时间不同

---

[1] 见原《公司法》第一百八十三条。

适用不同版本的《公司法》，清算义务人会有不同。若发生在新《公司法》生效前，则甲作为 A 公司的实际控制人，同时担任 A 公司的法定代表人、董事长和 B 公司的法定代表人，在本案中对 A 公司无法清算负有直接的责任。

新旧两版《公司法》对"实际控制人"的认定一致，均为"通过投资关系、协议或者其他安排，能够实际支配公司行为的人"[①]。甲在本案中在持股层面通过 B 公司（A 公司的直接持股第一大股东）间接控制了 A 公司，同时担任 A 公司的法定代表人和董事长，也担任 B 公司的法定代表人。以目前的情况看，甲还控制了 A 公司现在的公司账册和资料以及部分剩余财产（放到甲原籍地保管），虽然 A 公司已经停业，但法律主体尚未注销，甲目前仍是 A 公司的实际控制人是毋庸置疑的。

同时，在本案中，甲将 A 公司剩余的资料都带回自己原籍地保管的行为一定程度上坐实了甲的清算责任。公司的主要财产、账册、重要文件本来应该由公司专门的保管机构进行保管，以确保完整性，但甲擅自将上述材料带回原籍地，并且 A 公司的实际情况是账册不全、无法清算。在这种情况下，甲的行为和 A 公司无法清算之间的因果关系是相当强的，甲需要对 A 公司的债权人承担相应的责任。

即使是新《公司法》生效后，甲作为 A 公司的董事，同样是法定清算义务人，甲未及时履行清算义务给公司或者债权人造成损失，应当承担赔偿责任。

B 公司作为 A 公司的控股股东，按照原《公司法》对 A 公司无法清算也需要承担责任。原《公司法》第一百八十三条规定，有限责任公司的清算组由股东组成，A 公司被吊销营业执照后应当依法及时成立清算组进行清算。B 公司作为 A 公司控股股东，负有对公司主要财产、账册、重要文件的保管义务，在法定清算事由出现后多年，始终未组成清算组进行清算，属于怠于履行清算义务。当然，如果法定清算事由发生在 2024 年 7 月 1 日后，B 公司作为有限责任公司的股东并非清算义务人。

按照原《公司法》，作为持股平台的 C 和 D 以及作为小股东投资人的乙在本案中与 A 公司无法清算之间的因果关系较弱，无须承担责任。值得注意的是，在原《公司法》中，发生法定解散事由之后，成立清算组是股东的责任，但并不区分小股东和控股股东；但是在要求股东承担清算责任的场合，小股东在未参与公司经营管理的情况下，存在豁免责任的空间。《九民纪要》第 14 条规定："公司法司法解释（二）第 18 条第 2 款规定的'怠于履行义务'是指有限

---

① 见原《公司法》第二百一十六条及新《公司法》第二百六十五条。

责任公司的股东在法定清算事由出现后，在能够履行清算义务的情况下，故意拖延、拒绝履行清算义务，或者因过失导致无法进行清算的消极行为。股东举证证明其已经为履行清算义务采取了积极措施，或者小股东举证证明其既不是公司董事会或者监事会成员，也没有选派人员担任该机关成员，且从未参与公司经营管理，以不构成'怠于履行义务'为由，主张其不应当对公司债务承担连带清偿责任的，人民法院依法予以支持。"本案中，鉴于甲作为实际控制人将公司账册资料等带回原籍地，加上小股东们也不是公司董事会成员，并不参与公司经营管理，因此，A公司无法清算和小股东们怠于履行义务的因果关系较弱。

如果涉案解散事由发生在2024年7月1日后，根据新《公司法》，C和D作为股东并非有限责任公司清算义务人。

综上，涉案解散事由发生在不同的时间，将适用不同版本的《公司法》，涉案公司清算义务人因此会有不同，但无论适用哪一版的《公司法》，甲都存在清算责任。

【建议方案】

公司经营过程中难免出现经营不善的情况，当出现这种情况的时候，尤其是在某些债权人穷尽法律程序仍然无法实现债权的时候，债权人会进一步通过"股东损害债权人利益之诉"或者提起"清算责任纠纷"的方式继续追究股东及高管的责任，为了防止股东、实际控制人甚至公司实际经营管理人员破罐子破摔，导致公司成为烂摊子，并被倒追法律责任的情况发生，公司及实际控制人和公司高管在公司还在运行及出现一定经营困难的时候就应该树立良好的合规和风险意识：

第一，公司需要制定公司财产、账册及文件资料的专门保管制度并实际有效执行。公司应当聘请专职的财务人员和行政人员，按照公司股东会通过的账册、财产、资料管理办法，以及章程有关规定行使自己的职责。在公司正常运行时，股东有权行使知情权，需要专人对接，公司的高管和实际控制人也需要实时了解公司经营管理和财产情况。良好的保管制度和专人对接能促进公司规范化的管理，也有助于相关方及时了解公司的财务和运行情况。

第二，如果公司经营出现了动荡，人员流动频繁，更需要做好上述资料的保管和对接工作。实践中经常出现的情况是，公司的"关"比公司的"开"难度大得多。一方面是因为公司运营过程导致的债权债务复杂；另一方面是公司在经营出现问题时，人员也容易流动，导致公司的财务等资料保管出现不稳定情况。此时，作为公司的管理层和实际控制人，应当在非常时期担当重任，保证重要资料的稳定性，这既是为了公司平稳过渡（可以正常对接清算和破产程序），也是相关责任人的法定义务。本案中，如果处理不当，作为债权人的供应商在一定的法律条件下可以向责任方追责，并对公司不能偿还债务要求赔偿。

第三，作为公司的小股东，也需要有隔离法律风险的意识。对一些持股较少的财务投资人，不建议兼职担任公司的董事或监事成员，这样清算责任能够在一定程度上豁免。

【法条链接】

1. 原《公司法》第一百八十条　公司因下列原因解散：

（一）公司章程规定的营业期限届满或者公司章程规定的其他解散事由出现；

（二）股东会或者股东大会决议解散；

（三）因公司合并或者分立需要解散；

（四）依法被吊销营业执照、责令关闭或者被撤销；

（五）人民法院依照本法第一百八十二条的规定予以解散。

2. 原《公司法》第一百八十三条　公司因本法第一百八十条第（一）项、第（二）项、第（四）项、第（五）项规定而解散的，应当在解散事由出现之日起十五日内成立清算组，开始清算。有限责任公司的清算组由股东组成，股份有限公司的清算组由董事或者股东大会确定的人员组成。逾期不成立清算组进行清算的，债权人可以申请人民法院指定有关人员组成清算组进行清算。人民法院应当受理该申请，并及时组织清算组进行清算。

3.《公司法》第二百二十九条　公司因下列原因解散：

（一）公司章程规定的营业期限届满或者公司章程规定的其他解散事由出现；

（二）股东会决议解散；

（三）因公司合并或者分立需要解散；

（四）依法被吊销营业执照、责令关闭或者被撤销；

（五）人民法院依照本法第二百三十一条的规定予以解散。

公司出现前款规定的解散事由，应当在十日内将解散事由通过国家企业信用信息公示系统予以公示。

4.《公司法》第二百三十二条　公司因本法第二百二十九条第一款第一项、第二项、第四项、第五项规定而解散的，应当清算。董事为公司清算义务人，应当在解散事由出现之日起十五日内组成清算组进行清算。

清算组由董事组成，但是公司章程另有规定或者股东会决议另选他人的除外。

清算义务人未及时履行清算义务，给公司或者债权人造成损失的，应当承担赔偿责任。

5.《公司法解释（二）》第七条　公司应当依照《民法典》第七十条、《公司法》第一百八十三条的规定，在解散事由出现之日起十五日内成立清算组，开始自行清算。

有下列情形之一，债权人、公司股东、董事或其他利害关系人申请人民法院指定清算组进行清算的，人民法院应予受理：

（一）公司解散逾期不成立清算组进行清算的；

（二）虽然成立清算组但故意拖延清算的；

（三）违法清算可能严重损害债权人或者股东利益的。

6.《公司法解释（二）》第十八条　有限责任公司的股东、股份有限公司的董事和控股股东未在法定期限内成立清算组开始清算，导致公司财产贬值、流失、毁损或者灭失，债权人主张其在造成损失范围内对公司债务承担赔偿责任的，人民法院应依法予以支持。

有限责任公司的股东、股份有限公司的董事和控股股东因怠于履行义务，导致公司主要财产、账册、重要文件等灭失，无法进行清算，债权人主张其对公司债务承担连带清偿责任的，人民法院应依法予以支持。

上述情形系实际控制人原因造成，债权人主张实际控制人对公司债务承担相应民事责任的，人民法院应依法予以支持。

7.《公司法解释（二）》第十九条　有限责任公司的股东、股份有限公司的董事和控股股东，以及公司的实际控制人在公司解散后，恶意处置公司财产给债权人造成损失，或者未经依法清算，以虚假的清算报告骗取公司登记机关办理法人注销登记，债权人主张其对公司债务承担相应赔偿责任的，人民法院应依法予以支持。

8.《公司法解释（二）》第二十条　公司解散应当在依法清算完毕后，申请办理注销登记。公司未经清算即办理注销登记，导致公司无法进行清算，债权人主张有限责任公司的股东、股份有限公司的董事和控股股东，以及公司的实际控制人对公司债务承担清偿责任的，人民法院应依法予以支持。

公司未经依法清算即办理注销登记，股东或者第三人在公司登记机关办理注销登记时承诺对公司债务承担责任，债权人主张其对公司债务承担相应民事责任的，人民法院应依法予以支持。

9.《九民纪要》第14条　【怠于履行清算义务的认定】公司法司法解释（二）第18条第2款规定的"怠于履行义务"，是指有限责任公司的股东在法定清算事由出现后，在能够履行清算义务的情况下，故意拖延、拒绝履行清算义务，或者因过失导致无法进行清算的消极行为。股东举证证明其已经为履行清算义务采取了积极措施，或者小股东举证证明其既不是公司董事会或者监事会成员，也没有选派人员担任该机关成员，且从未参与公司经营管理，以不构成"怠于履行义务"为由，主张其不应当对公司债务承担连带清偿责任的，人民法院依法予以支持。

4.19　公司亏损时股东能按照公司设立前约定的分配方式获得收益吗？

【案情介绍】

A公司和B公司均为从事混凝土生产及销售的公司，甲为有多年混凝土生产及销售经验的自然人，作为唯一股东经营了B公司十年已久。后来，甲、乙、丙和当地城投公司欲合资创办A公司，并由甲主要负责A公司的生产及运营。

在A公司设立前，甲、乙、丙及城投公司达成"四方协议"，约定城投公司负责公司开办的各项行政审批，甲、乙、丙三方负责公司基础设施建设及采购、安装生产设备等。各方确认，城投公司在A公司设立后，每对外销售1立方米混凝土提取8元固定收益。同时，甲、乙、丙三方签署"三方协议"，约定甲经营的A公司、B公司新签混凝土销售合同，每销售1立方米混凝土并回款后，向乙和丙给予10元的固定收益；三方还明确，当A公司的生产能力不能满足市场需求时，可租用甲经营的B公司的生产设备及车辆，以确保城投公司的需求。

A公司、B公司股权结构如图4-25所示。

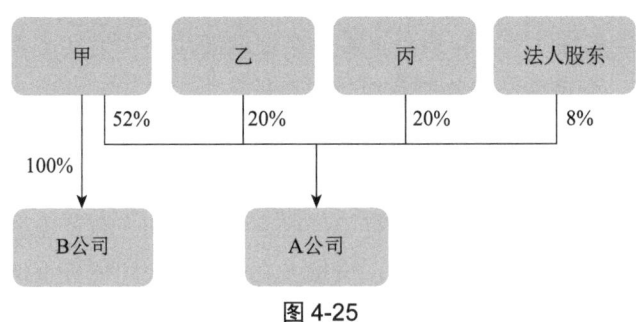

图4-25

后A公司设立，设立时公司章程约定城投公司依据"四方协议"约定含税提取固定收益，乙、丙依据"三方协议"约定含税提取固定收益。A公司经营几年后,连年亏损,甲召集股东会会议,提出确认"三方协议"及"四方协议"关于收益分配的约定自始无效,并提出修改章程对应条款,所有股东参会但丙未在股东会决议上签字。后因未足额获得收益款,丙最终起诉要求甲依据"三方协议"向其支付收益款,并要求A公司和B公司承担连带付款义务。本案中,丙的诉求是否能够得到支持?

【案例分析】

股东设立公司前约定了关于收益分配的协议,但后来公司运营处于亏损状态,其中部分股东能否按照公司设立前的协议约定获得收益。具体分析如下:

首先,本案中的"三方协议"和"四方协议"均包含固定收益条款,该条款的本质是部分合同签约方不担风险,仅享收益。应当指出,各方如此约定是由其合作模式决定的。本案中,只有甲具有实际经营混凝土业务的经验;股东乙和丙属于财务投资人,出钱不出力;法人股东城投公司则是利用政府资源优势推进合作,属于资源方。因此固定收益条款约定本身不存在《民法典》第一百五十三条项下"违反法律、行政法规的强制性规定或公序良俗"的情形,应属有效。

其次,本案中A公司成立后处于连年亏损状态,不具备分红的条件,无法向丙进行利润分配。《公司法》第二百一十条第四款规定:"公司弥补亏损和提取公积金后所余税后利润,有限责任公司按照股东实缴的出资比例分配利润,全体股东约定不按照出资比例分配利润的除外。"因此,公司在弥补亏损和提取公积金后,才能对所余税后利润进行分配。同时,新《公司法》在第二百一十一条还规定:"公司违反本法规定向股东分配利润的,股东应当将违反规定分配的利润退还公司;给公司造成损失的,股东及负有责任的董事、监事、高级管理人员应当承担赔偿责任。"因此在《公司法》层面,A公司连年亏损,是无法向股东进行收益分配的。

那么,在A公司无法根据《公司法》的约定进行收益分配的情况下,作为财务投资人的股东丙能否依据"三方协议"的约定要求股东甲向其支付固定收益并由A公司和B公司承担连带给付义务?

首先,本案中甲曾召集股东会会议提出确认"三方协议"关于收益分配的约定自始无效,并提出修改章程对应条款,但该股东会决议丙未签字。核查A公司章程中关于修改公司章程的约定:"第二十二条 股东会会议通过的议定事项,应当作出决议,决议须经代表半数以上表决权的股东通过,但修改公司章程必须经全体股东表决通过。……第三十八条 城投公司依据'四方协议'约定含税提取固定收益(依法提供合法发票),乙、丙依据'三方协议'约定含税提取固定收益(依法提供合法发票),除甲外的其他股东不管公司盈亏,在提取固定收益后，不得根据股权比例或其他任何形式主张分配公司利润，公司年终汇算清缴后剩余的利润及经营过程中的各类经营性收益均由甲获取。"因丙未在股东会决议上签字，关于章程修改的条款并未通过。甲主张"三方协议"已经被解除是站不住脚的。

其次，如上文分析，本案中"三方协议"关于固定收益的条款约定有效，但A公司在弥补亏损和提取公积金后并无税后利润可供分配，因此关于固定收益的支付，法院认定"相关约定履约条件不成就"，无法按约获取，事实上履约不能。但因合同有效，故合同项下甲需要向丙承担相应的违约责任，A公司并非"三方协议"的缔约方，因此依据"三方协议"，A公司并不负有连带给付义务。

再次，针对B公司对丙是否有支付义务，虽然"三方协议"约定甲经营的A公司、B公司在新签混凝土销售合同后每销售1立方米混凝土并回款后，向乙和丙给予10元的固定收益，但应当指出，在"三方协议"中，此系其个人承诺，甲兑现承诺的方式系处分合同外第三人B公司的财产权益，而B公司具有独立的法人人格，在B公司仅负有给付义务的单务条款中，甲的签字并不能因其身份（是B公司的唯一股东和实际控制人）当然地替代B公司，在未得到B公司追认的情况下，B公司就本案不承担连带给付责任。

综上，本案中股东虽然在A公司设立之前签署了关于收益分配的股东协议，但收益分配条款是否能够执行受制于A公司设立之后的利润分配情况，因股东协议属于股东间意思自治，因此合同项下的相关违约责任还是可以主张，在一定程度上也能保障股东的利益。

【建议方案】

本案中，A公司的股东在公司设立前对收益分配进行了特殊约定，其中部分财务投资人希望获得固定收益，虽然最终固定收益的获取还是受制于A公司设立后利润分配的具体情况，但前期协议的存在也在一定程度上为财务投资人争取了利益，因此在实践中应当注意：

第一，公司设立前的投资协议等可以明确收益分配方式，但需要和设立后的公司章程匹配。鉴于《公司法》对于公司分红的要求较为严格，因此公司设立前的投资协议不要和《公司法》关于利润分配的规定相冲突，保证后续协议的可执行性。同时利润分配的具体约定还要和设立后的公司章程相匹配，相关条款的修改或涉及公司章程的修订，属于《公司法》项下的特别决议事项，当真的出现争议之时，并非轻易可以通过股东会决议改变的内容。

第二，为了保护财务投资人的收益获取权利，在前期投资协议中可以适当采用其他股东个人担保的方式。个人担保收益支付并非直接约定收益分配的方式，在一定程度上将收益的获取转嫁成其他签约方的个人支付义务，这样当出现争议的时候，更有利于保证财务投资人的权益。

第三，前期投资协议若需进一步保证财务投资人的收益权，涉及合同外第三方的连带支付义务，需要谨慎对待，很容易因合同相对性而无法获得支持。因此，可行的做法还是严格按照第三方担保的路径处理，需要明确担保范围并需第三方明确签署，必要的时候还需要第三方提供内部股东会决议等决策文件。

【法条链接】

1.《民法典》第一百五十三条　违反法律、行政法规的强制性规定的民事法律行为无效。但是，该强制性规定不导致该民事法律行为无效的除外。

违背公序良俗的民事法律行为无效。

2.《公司法》第十五条　公司向其他企业投资或者为他人提供担保，按照公司章程的规定，由董事会或者股东会决议；公司章程对投资或者担保的总额及单项投资或者担保的数额有限额规定的，不得超过规定的限额。

公司为公司股东或者实际控制人提供担保的，应当经股东会决议。

前款规定的股东或者受前款规定的实际控制人支配的股东，不得参加前款规定事项的表决。该项表决由出席会议的其他股东所持表决权的过半数通过。

3.《公司法》第五十九条　股东会行使下列职权：

（一）选举和更换董事、监事，决定有关董事、监事的报酬事项；

（二）审议批准董事会的报告；

（三）审议批准监事会的报告；

（四）审议批准公司的利润分配方案和弥补亏损方案；

（五）对公司增加或者减少注册资本作出决议；

（六）对发行公司债券作出决议；

（七）对公司合并、分立、解散、清算或者变更公司形式作出决议；

（八）修改公司章程；

（九）公司章程规定的其他职权。

股东会可以授权董事会对发行公司债券作出决议。

对本条第一款所列事项股东以书面形式一致表示同意的，可以不召开股东会会议，直接作出决定，并由全体股东在决定文件上签名或者盖章。

4.《公司法》第六十六条　股东会的议事方式和表决程序，除本法有规定的外，由公司章程规定。

股东会作出决议，应当经代表过半数表决权的股东通过。

股东会作出修改公司章程、增加或者减少注册资本的决议，以及公司合并、分立、解散或者变更公司形式的决议，应当经代表三分之二以上表决权的股东通过。

5.《公司法》第二百一十条　公司分配当年税后利润时，应当提取利润的百分之十列入公司法定公积金。公司法定公积金累计额为公司注册资本的百分之五十以上的，可以不再提取。

公司的法定公积金不足以弥补以前年度亏损的，在依照前款规定提取法定公积金之前，应当先用当年利润弥补亏损。

公司从税后利润中提取法定公积金后，经股东会决议，还可以从税后利润中提取任意公积金。

公司弥补亏损和提取公积金后所余税后利润，有限责任公司按照股东实缴的出资比例分配利润，全体股东约定不按照出资比例分配利润的除外；股份有限公司按照股东所持有的股份比例分配利润，公司章程另有规定的除外。

公司持有的本公司股份不得分配利润。

6.《公司法》第二百一十一条　公司违反本法规定向股东分配利润的，股东应当将违反规定分配的利润退还公司；给公司造成损失的，股东及负有责任的董事、监事、高级管理人员应当承担赔偿责任。

4.20　用股权转让的方式非规范增资，能否主张返还投资溢价款？

【案情介绍】

甲和乙系夫妻关系，持股 A 公司，其中乙为持股 70% 的大股东并担任 A 公司的法定代表人。丙和丁亦夫妻关系，丙个人名下拥有专利技术，并拟许可给其持股 60% 的 B 公司使用。B 公司还有其他三位股东共同持股 40%，丁负责 B 公司财务及出纳工作，不担任 B 公司股东。

因看好丙许可 B 公司使用的专利技术的商业价值，A 公司拟和 B 公司开展合作，并签署了《投资合作框架协议书》（见图 4-26），约定 B 公司为一家注册资本为 500 万元的公司，A 公司拟对 B 公司进行"增资扩股"，其中 A 公司以现金投入 B 公司 300 万元，占 B 公司 15% 的股权。

第 4 章　股权架构设计的场景应用

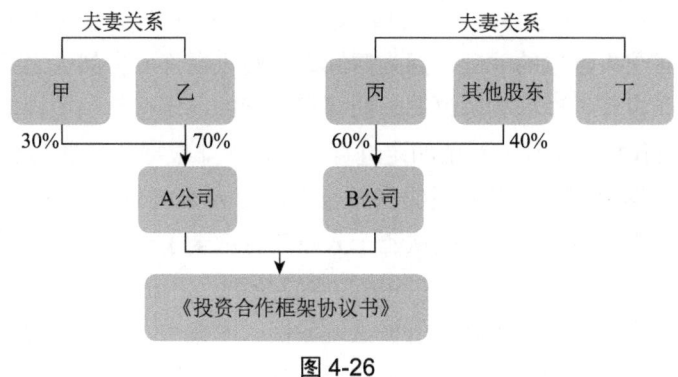

图 4-26

半年后，持有 A 公司 70% 股权的乙向丁个人银行卡转账 236 万元，丁当日取现后，丙于当日向 B 公司银行账户转账 236 万元，备注为"投资款"。同日，持有 A 公司 30% 股权的股东兼法定代表人甲向 B 公司账户转账 64 万元，备注"投资款"。

B 公司章程载明，公司注册资本为 500 万元，首期出资 200 万元于公司设立前到位，第二期出资 300 万元，以无形资产的方式于公司成立之日起两年内缴纳。

当月，验资机构出具验资报告，显示 B 公司累积实缴注册资本 500 万元，占申请注册资本的 100%。本期实收资本情况为：丙新增货币出资 236 万元，甲新增货币出资 64 万元，合计 300 万元；丙以 0 元将其持有的 B 公司 12.8% 股权（认缴注册资本 64 万元，实缴 0 元）转让给新股东甲，其余股东将持有的 B 公司合计 2.2% 股权也转让给甲。至此，甲持有 B 公司 15% 的股权，并完成工商变更（15% 股权登记在甲个人名下）。

后合作因种种原因无法继续，B 公司注销，A 公司认为《投资合作框架协议书》无法继续履行，后续合作方式已经调整为甲个人以 64 万元的价格受让丙持有的 B 公司 12.8% 股权，并要求丙和丁共同退还 A 公司 236 万元。A 公司的诉求是否能够获得支持？

【案例分析】

本案系实践中出现的没有按照《公司法》要求的增资程序进行"增资扩股"，而通过股权转让的方式从老股东手中获取股权，并通过多个个人账户代付投资款导致的纠纷，具有典型性。

首先，A 公司和 B 公司签署了《投资合作框架协议书》，该份投资协议书合法有效，且投资协议中明确了 A 公司投资 B 公司的意图，以及 A 公司愿意用 300

万元的对价购买 B 公司 15% 股权的事实。这一点在本案中成为理解 A 公司和 B 公司两个公司法人意志的关键，因为后续即使转账在许多自然人之间展开，但均系围绕该份《投资合作框架协议书》的履行进行的，转账款项的性质最终还是要根据《投资合作框架协议书》的约定进行界定，而非根据各当事人事后的陈述。

其次，本案中 236 万元款项的性质应定性为 A 公司认购 B 公司 15% 股权的投资溢价款。本案中 236 万元是从乙个人账户打款至丁个人账户，后在同日被提现，最终通过丙打款至 B 公司并备注为"投资款"。在另案中，乙个人认为该笔款项属于乙个人对丁的借款，但被法院驳回。本案中，转账的时间和《投资合作框架协议书》约定的投资款缴付时间是匹配的，且除了 236 万元之外，同日甲作为 A 公司的法定代表人还支付了 64 万元，先后两次转账总金额为 300 万元，恰好是《投资合作框架协议书》所约定的投资入股款金额，足以说明 236 万元是 A 公司为了履行《投资合作框架协议书》通过乙的账户支付给 B 公司的投资款。

同时，本案中各方未按照正常的增资方式进行"扩股"，而是用老股转让的方式，甲以个人名义获得了 B 公司 15% 的股权。因此，本案中产生了《投资合作框架协议书》已经变更为甲个人作为投资方获得公司股权，且仅支付 64 万元出资款占股 12.8% 的争议。但应当指出，从甲是 A 公司的法定代表人，在 A 公司和 B 公司未就《投资合作框架协议书》达成变更，以及甲并未以个人身份重新和 B 公司签署任何关于个人投资 B 公司的法律文件的事实看，本案中，甲系以法定代表人的身份代 A 公司获得了 B 公司股权，本质上 A 公司和 B 公司依然在履行《投资合作框架协议书》，并不存在甲认为的已经变更为甲以个人身份投资 B 公司的事实。

本案中，除了在"增资扩股"过程中获得 B 公司的股权极不规范外，增资款的打款也极不规范。300 万元的投资款中，236 万元最终通过丙的个人账户打款给 B 公司并备注为"投资款"，实质是丙个人账户代付了 A 公司的投资款，结果丙却利用该笔流水完成了自己对 B 公司出资的验资，用以豁免自己的出资义务，而 B 公司的章程中规定的丙的出资方式是非实物出资。丙的上述行为也引起了甲的不满，认为他"侵占"了原本应该退还给 A 公司的钱。

应当指出，本案中，236 万元款项的性质不可能同时既是 A 公司对 B 公司的投资款，又是丙个人对 B 公司的投资款。一方面，B 公司的章程中原本约定的丙的出资方式是非实物出资，丙在未通过股东会决议变更出资方式的情况下，仅仅过账 236 万元表明自己已经完成了出资义务是没有说服力的；另一方面，236 万元的实际走账状态已经充分证明丙仅仅是 A 公司实际出资的代付方，236 万元的资金来源应当是 A 公司，丙并没有履行对 B 公司的出资义务。

最后，本案中虽然 B 公司已经注销，《投资合作框架协议书》已经无法继续履行，但不代表《投资合作框架协议书》已经解除，涉案的 236 万元款项事实上通过丙的个人账户进入了 B 公司，后也被实际用于与公司经营有关的事项。A 公司和 B 公司在 B 公司注销前也从未达成过解除《投资合作框架协议书》的合意，因此甲关于《投资合作框架协议书》变更为甲个人的投资，或 B 公司因注销无法继续履行《投资合作框架协议书》，均不能成为返还 236 万元投资款项的有效请求权基础。

综上，即使是非规范的"增资扩股"程序，在实际执行的过程中投资款项也无法轻易拿回，法院对于投入公司的款项性质会严格考察打款前相关协议的安排，并不会因为增资的不规范就轻易否定投资行为存在的事实。另外，增资款项打款的不规范，尤其像本案中通过多个个人账户走账，极容易在合作破裂的时候引发巨大的争议。

【建议方案】

为了避免实践中采用"股权转让"方式"增资扩股"引发的一系列法律问题，以及实际执行过程中投资款的打款不规范导致的法律纠纷，应当在如下几个方面进行规范：

第一，需要按照合规的法律流程进行"增资扩股"。首先，需要签署合规的增资协议，增资协议是投资方和被投资方之间关于投资合作事项的法律文件，不仅包括合作的具体内容，也包括投资主体、投资估值、投资款支付方式以及违约责任，等等，既明确投资双方的权利义务，也包含投资溢价等重要的商务条款；其次，增资属于需要三分之二以上股东同意的特别决议事项，需要经过规范的股东会决议程序；同时，增资款项应当直接由投资方支付至被投资公司账户，并应该根据投资协议约定的时间和打款路径进行支付；最后，增资的完成还需要各方相互配合完成工商变更登记。本案中，正是增资流程的不规范导致了后续关于投资款项、投资主体等基本要素的法律争议，甚至通过"老股转让"的方式让投资方的法定代表人获得了工商登记的股权份额，导致后续合作失败后各方极大的争议。

第二，公司要制定严格的财务管理制度，尤其要控制用个人账户帮公司走账。本案中，投资款通过 B 公司财务人员及股东的个人账户走账，股东丙甚至利用走账的流水完成自己出资的验资，这是极为不规范的，实质是股东用投资人的钱完成了自己资金的验资，其实自己并未履行出资义务。正是财务制度的漏洞造成丙虚假验资的情况，并引发后续的纠纷。

【法条链接】

1.《民法典》第六十一条　依照法律或者法人章程的规定，代表法人从事民事活动的负责人，为法人的法定代表人。

法定代表人以法人名义从事的民事活动，其法律后果由法人承受。

法人章程或者法人权力机构对法定代表人代表权的限制，不得对抗善意相对人。

2.《民法典》第五百四十三条　当事人协商一致，可以变更合同。

3.《民法典》第五百四十四条　当事人对合同变更的内容约定不明确的，推定为未变更。

4.《公司法》第五十九条　股东会行使下列职权：

（一）选举和更换董事、监事，决定有关董事、监事的报酬事项；

（二）审议批准董事会的报告；

（三）审议批准监事会的报告；

（四）审议批准公司的利润分配方案和弥补亏损方案；

（五）对公司增加或者减少注册资本作出决议；

（六）对发行公司债券作出决议；

（七）对公司合并、分立、解散、清算或者变更公司形式作出决议；

（八）修改公司章程；

（九）公司章程规定的其他职权。

股东会可以授权董事会对发行公司债券作出决议。

对本条第一款所列事项股东以书面形式一致表示同意的，可以不召开股东会会议，直接作出决定，并由全体股东在决定文件上签名或者盖章。

5.《公司法》第六十六条　股东会的议事方式和表决程序，除本法有规定的外，由公司章程规定。

股东会作出决议，应当经代表过半数表决权的股东通过。

股东会作出修改公司章程、增加或者减少注册资本的决议，以及公司合并、分立、解散或者变更公司形式的决议，应当经代表三分之二以上表决权的股东通过。

6.《公司法》第六十七条　有限责任公司设董事会，本法第七十五条另有规定的除外。

董事会行使下列职权：

（一）召集股东会会议，并向股东会报告工作；

（二）执行股东会的决议；

（三）决定公司的经营计划和投资方案；

（四）制订公司的利润分配方案和弥补亏损方案；

（五）制订公司增加或者减少注册资本以及发行公司债券的方案；

（六）制订公司合并、分立、解散或者变更公司形式的方案；

（七）决定公司内部管理机构的设置；

（八）决定聘任或者解聘公司经理及其报酬事项，并根据经理的提名决定聘任或者解聘公司副经理、财务负责人及其报酬事项；

（九）制定公司的基本管理制度；

（十）公司章程规定或者股东会授予的其他职权。

公司章程对董事会职权的限制不得对抗善意相对人。

7.《公司法》第二百二十七条　有限责任公司增加注册资本时，股东在同等条件下有权优先按照实缴的出资比例认缴出资。但是，全体股东约定不按照出资比例优先认缴出资的除外。

股份有限公司为增加注册资本发行新股时，股东不享有优先认购权，公司章程另有规定或者股东会决议决定股东享有优先认购权的除外。

8.《公司法》第二百二十八条　有限责任公司增加注册资本时，股东认缴新增资本的出资，依照本法设立有限责任公司缴纳出资的有关规定执行。

股份有限公司为增加注册资本发行新股时，股东认购新股，依照本法设立股份有限公司缴纳股款的有关规定执行。

4.21　公司对外投资时让高管代持股权，高管是否应该拒绝？

【案情介绍】

A公司系一家注册在上海的新能源科技公司，甲系A公司的CTO。A公司在外地设立B公司，以获得该地区产业政策扶持资金。相关政策要求是：必须有相应的技术人才入职B公司并持有B公司股权；公司注册资本须达到2000万元，并且实缴20%。A公司与甲口头协商，明确A公司将实际全资设立B公司，希望甲为A公司代持B公司30%股权，并安排乙向甲提供出资款120万元。A公司再三向甲保证不会有任何风险，甲虽是公司高管，但毕竟是公司员工，受公司管理，对公司的这个安排不好意思拒绝，最后只能应允，除代持股权外，还在B公司担任总经理职务。前述股权代持及资金安排如图4-27所示。B公司设立后未实际经营，未获得计划中的政策扶持资金，A公司将B公司的400

万元实缴出资从 B 公司账上转走作他用。目前 A 公司经营亦欠佳，甲拟离职，问其代持股权有何风险，该如何处理。

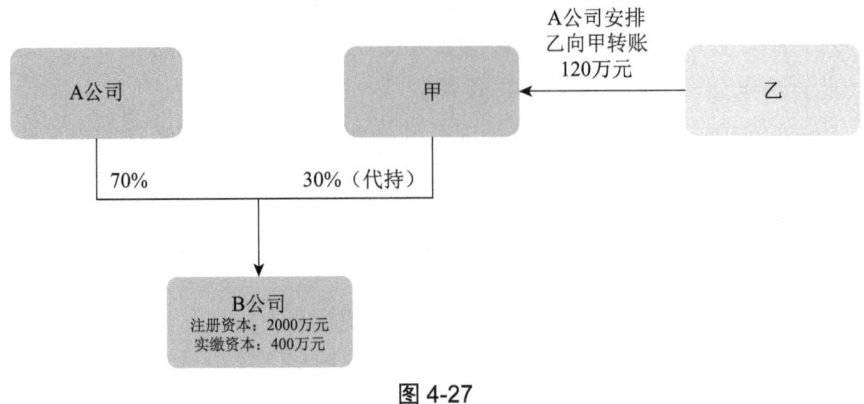

图 4-27

【案例分析】

本案中，因为股权代持，甲可能面临如下法律风险：

第一，甲作为名义股东，A 公司为实际出资人，按目前 B 公司的注册资本及股权比例来计算，甲的出资应为 600 万元，实缴了 120 万元。对于甲认缴但尚未出资的 480 万元，在 A 公司后续未提供出资款以供甲向 B 公司出资时，甲存在被要求履行出资义务的风险。

按照相关法律规定，首先，在公司章程约定的出资期限届满时，即使 A 公司不向甲提供出资款，甲作为名义股东仍须履行 480 万元的出资义务；其次，在 B 公司存在无法清偿的债务时，B 公司的债权人将会要求甲就 B 公司无法清偿的债务在其出资本息范围内承担补充赔偿责任，此时甲无法以其仅为 A 公司代持股权，并非真正的投资者为理由免除责任；最后，B 公司破产时，在法院受理破产申请后，破产管理人将会要求甲缴纳剩余的 480 万元出资，即使公司章程规定的剩余 480 万元出资的期限尚未届满。

第二，A 公司将 B 公司的 400 万元实缴出资从 B 公司账上转走，如果构成抽逃出资，甲作为名义股东面临在不出资或在抽逃出资本息范围内承担责任的风险。

即使抽逃出资的行为实际由 A 公司实施，甲并不知情，但 A 公司与甲之间的股权代持约定仅在二者之间发生效力，不能对抗第三人。甲作为名义股东，其抗辩对抽逃出资行为不知情，并不影响其作为股东抽逃出资事实的认定。在此情况下，甲面临的具体风险如下：

①根据《公司法》及《公司法解释（三）》的规定，股东在公司成立后抽逃出资，股东应当返还抽逃的出资，公司或者其他股东可以请求其向公司依法全面履行出资义务，即甲对公司负有补足出资的义务。因此，B公司或作为B公司股东的A公司可要求甲返还120万元的出资。但本案中，B公司仅有A公司及甲两位股东，甲所持股权系为A公司代持，且抽逃出资行为实际由A公司实施，故不太可能发生B公司及A公司向甲方主张返还出资的情况。但需要注意的是，在实践中如果存在其他股东，则此风险仍然存在。

②根据《公司法解释（三）》的规定，公司债权人以登记于公司登记机关的股东未履行出资义务为由，请求其对公司债务不能清偿的部分在未出资本息范围内承担补充赔偿责任，股东以其仅为名义股东而非实际出资人为由进行抗辩的，人民法院不予支持。可见，甲作为名义股东须对公司债务承担补充赔偿责任。B公司的债权人可能在向B公司主张债权的同时将甲一并列为被告，也可能在债权人与B公司的基础债权债务关系确定后，另案提起股东损害公司债权人利益纠纷的诉讼，要求甲承担赔偿责任。或者B公司作为被执行人，如果其财产不足以清偿其债务，则甲有可能因为A公司的抽逃出资行为而在法院执行阶段被追加为被执行人。需要注意的是，违反出资义务的股东对公司债务承担的是补充赔偿责任，即甲仅对B公司不能清偿的债务部分向债权人承担赔偿责任，承担赔偿责任的范围应以其抽逃出资金额的本金120万元及其利息为限。

第三，A公司将B公司的400万元实缴出资从B公司账上转走，如果构成抽逃出资，甲作为B公司的股东、总经理存在为A公司的抽逃行为承担连带责任的风险。

《公司法》规定，股东抽逃出资，给公司造成损失的，负有责任的董事、监事、高级管理人员应当与该股东承担连带赔偿责任。《公司法解释（三）》规定，股东抽逃出资，公司或者其他股东请求其向公司返还出资本息、协助抽逃出资的其他股东、董事、高级管理人员或者实际控制人对此承担连带责任的，人民法院应予支持；公司债权人请求抽逃出资的股东在抽逃出资本息范围内对公司债务不能清偿的部分承担补充赔偿责任，协助抽逃出资的其他股东、董事、高级管理人员或者实际控制人对此承担连带责任的，人民法院应予支持。

甲作为B公司的股东、总经理，如果其知悉A公司的抽逃出资行为并予以协助，则还应当承担连带责任，承担连带责任的范围为协助A公司抽逃的本金及其利息。

第四，不能有效证明甲系为A公司代持股权而无法追偿的风险，以及向乙返还120万元出资款的风险。

根据《公司法解释（三）》的规定，名义股东承担相应的赔偿责任后，可以向实际出资人追偿。因此，甲作为名义股东对外承担法律责任后，对于其遭受的损失有权向实际出资人 A 公司进行追偿。但本案中，甲与 A 公司未签订任何书面代持协议，亦无其他证据可证明双方存在代持关系，甲与 A 公司、乙之间也无书面协议明确乙向甲提供的 120 万元系乙受 A 公司委托代为支付的、基于股权代持的出资款。在既无书面协议，也无其他证据可以证明甲与 A 公司的股权代持关系的情况下，甲有可能被认定为实际投资了 B 公司，那么甲所遭受的损失无法向 A 公司进行追偿，甲将承担本应由 A 公司承担的所有责任，并且乙方可能向甲主张要求返还其提供的 120 万元。

第五，A 公司没有清偿能力，甲无法实现追偿的风险。

即使能够证明甲与 A 公司之间系代持关系，因此甲可就其因代持关系所遭受的损失向 A 公司进行追偿，但往往此时 A 公司本身亦无清偿能力，甲向 A 公司追偿时，A 公司本身无财产可供执行。本案中，A 公司已实际停止经营，并发生了大量的员工欠薪的劳动纠纷。此时，甲即使提起追偿的诉讼，也面临着无法执行到财产的问题，所有原本应由 A 公司承担的责任实际最终要由甲个人承担，而这种风险对于甲个人及其家庭来说都是无法承受的。

综上，股东与公司之间、股东之间、股东与公司债权人之间的法律关系复杂，名义股东面临多重法律风险。高管为公司代持股权，其后续可能面临的问题、实际承担的赔偿金额远非其可以预期。故高管在面对公司要求其代持股权的要求时，要十分谨慎，在综合考虑风险及应对方案后方可接受。本案中，对于甲来说比较幸运的是，B 公司未实际经营，甲所面临的外部债权人的诉讼风险较小。

【建议方案】

第一，取证以证明代持关系的存在。

甲应与 A 公司、乙沟通取证以证明：甲所持 B 公司 30% 股权系为 A 公司代持，乙向甲提供的 120 万元的性质非借款，即无偿还义务，应由 A 公司向乙偿还。

通过取证，一则甲无须担心乙向其主张返还 120 万元；二则，为甲承担名义股东的责任后向 A 公司追偿保留法律基础。

第二，甲与 A 公司协商注销 B 公司，避免风险扩大。

本案中，甲系 B 公司的总经理，了解 B 公司的实际情况，因此能确定 B 公司未实际经营，对外无负债，故甲无须担心 B 公司外部债权人的诉讼风险。但甲离职后，将不再获知 B 公司的经营情况，不排除 B 公司后续发生对外负债，故建议甲与 A 公司协商通过股东会决议将 B 公司解散，在依法清算后将 B 公司注销。

【法条链接】

1.《公司法》第四十九条　股东应当按期足额缴纳公司章程规定的各自所认缴的出资额。

股东以货币出资的，应当将货币出资足额存入有限责任公司在银行开设的账户；以非货币财产出资的，应当依法办理其财产权的转移手续。

股东未按期足额缴纳出资的，除应当向公司足额缴纳外，还应当对给公司造成的损失承担赔偿责任

2.《公司法》第五十条　有限责任公司设立时，股东未按照公司章程规定实际缴纳出资，或者实际出资的非货币财产的实际价额显著低于所认缴的出资额的，设立时的其他股东与该股东在出资不足的范围内承担连带责任。

3.《公司法》第五十三条　公司成立后，股东不得抽逃出资。

违反前款规定的，股东应当返还抽逃的出资；给公司造成损失的，负有责任的董事、监事、高级管理人员应当与该股东承担连带赔偿责任。

4.《公司法》第五十四条　公司不能清偿到期债务的，公司或者已到期债权的债权人有权要求已认缴出资但未届出资期限的股东提前缴纳出资。

5.《公司法解释（三）》第十三条　股东未履行或者未全面履行出资义务，公司或者其他股东请求其向公司依法全面履行出资义务的，人民法院应予支持。

公司债权人请求未履行或者未全面履行出资义务的股东在未出资本息范围内对公司债务不能清偿的部分承担补充赔偿责任的，人民法院应予支持；未履行或者未全面履行出资义务的股东已经承担上述责任，其他债权人提出相同请求的，人民法院不予支持。

股东在公司设立时未履行或者未全面履行出资义务，依照本条第一款或者第二款提起诉讼的原告，请求公司的发起人与被告股东承担连带责任的，人民法院应予支持；公司的发起人承担责任后，可以向被告股东追偿。

股东在公司增资时未履行或者未全面履行出资义务，依照本条第一款或者第二款提起诉讼的原告，请求未尽《公司法》第一百四十七条第一款规定的义务而使出资未缴足的董事、高级管理人员承担相应责任的，人民法院应予支持；董事、高级管理人员承担责任后，可以向被告股东追偿。

6.《公司法解释（三）》第十四条　股东抽逃出资，公司或者其他股东请求其向公司返还出资本息、协助抽逃出资的其他股东、董事、高级管理人员或者实际控制人对此承担连带责任的，人民法院应予支持。

公司债权人请求抽逃出资的股东在抽逃出资本息范围内对公司债务不能清偿的部分承担补充赔偿责任，协助抽逃出资的其他股东、董事、高级管理人员或者实际控制人对此承担连带责任的，人民法院应予支持；抽逃出资的股东已经承担上述责任，其他债权人提出相同请求的，人民法院不予支持。

7.《公司法解释（三）》第二十六条　公司债权人以登记于公司登记机关的股东未履行出资义务为由，请求其对公司债务不能清偿的部分在未出资本息范围内承担补充赔偿责任，股东以其仅为名义股东而非实际出资人为由进行抗辩的，人民法院不予支持。

名义股东根据前款规定承担赔偿责任后，向实际出资人追偿的，人民法院应予支持。

8.《公司法解释（三）》第二十六条　公司债权人以登记于公司登记机关的股东未履行出资义务为由，请求其对公司债务不能清偿的部分在未出资本息范围内承担补充赔偿责任，股东以其仅为名义股东而非实际出资人为由进行抗辩的，人民法院不予支持。名义股东根据前款规定承担赔偿责任后，向实际出资人追偿的，人民法院应予支持。

9.《企业破产法》第三十五条　人民法院受理破产申请后，债务人的出资人尚未完全履行出资义务的，管理人应当要求该出资人缴纳所认缴的出资，而不受出资期限的限制。

10.《九民纪要》第6条　【股东出资应否加速到期】在注册资本认缴制下，股东依法享有期限利益。债权人以公司不能清偿到期债务为由，请求未届出资期限的股东在未出资范围内对公司不能清偿的债务承担补充赔偿责任的，人民法院不予支持。但是，下列情形除外：

（1）公司作为被执行人的案件，人民法院穷尽执行措施无财产可供执行，已具备破产原因，但不申请破产的；

（2）在公司债务产生后，公司股东（大）会决议或以其他方式延长股东出资期限的。

11.《最高人民法院关于民事执行中变更、追加当事人若干问题的规定》（2020修正）第十八条　作为被执行人的营利法人，财产不足以清偿生效法律文书确定的债务，申请执行人申请变更、追加抽逃出资的股东、出资人为被执行人，在抽逃出资的范围内承担责任的，人民法院应予支持。

4.22 公司如何帮助董监高降低风险？

【案情介绍】

甲、乙、丙共同拥有一家 A 公司。甲占股 60%，同时担任公司法定代表人、董事；乙占股 20%，担任公司董事；丙占股 20%，担任公司董事。甲与乙系夫妻关系，丙系甲与乙的儿子。丁是甲的债权人，同时丁实际控制的 B 公司和 A 公司有业务往来，A 公司尚有部分应收货款未与 B 结算。在甲担任 A 公司法定代表人、大股东以及董事期间，A 公司、B 公司、甲和丁签署清偿协议，确认甲欠丁个人债务 300 万元由 A 公司对 B 公司应收货款优先抵扣，如有不足由甲和 A 公司连带清偿（见图 4-28）。后甲、乙丙出具股东会决议对上述清偿协议进行追认。

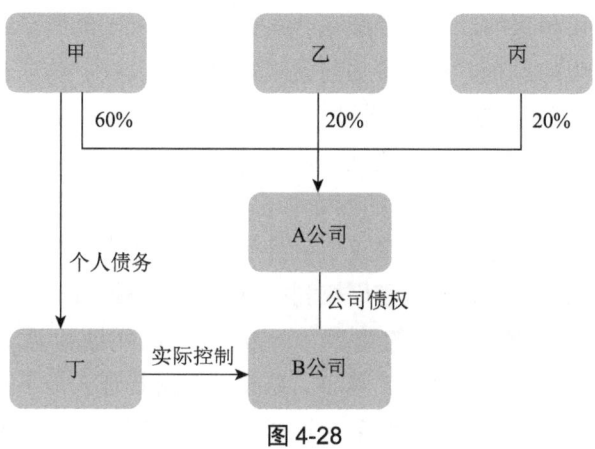

图 4-28

最终上述债务未获得清偿，丁依据清偿协议起诉，法院判决确认 A 公司就上述债务不能清偿部分承担二分之一的清偿责任。

现 A 公司已经破产，本案中甲、乙、丙作为公司董事可能面临怎样的法律风险？公司又该如何帮助董监高降低风险？

【案例分析】

本案涉及公司实际控制人（既是大股东，也是公司董事）以公司债务抵扣和公司为个人债务担保的方式给公司造成损失，是否应当承担赔偿责任的问题，相关要点如下。

第一，本案中 A 公司存在损害的事实。

本案中，甲和丁之前的债务是个人债务，但甲为了偿付其个人债务，用 A 公司对 B 公司的债权抵扣，同时要求 A 公司对甲无法清偿的部分承担连带责任。后来，虽然法院认定保证合同关系无效（针对关于连带责任的约定），但 A 公司仍要在债务不能清偿的部分的二分之一范围内承担赔偿责任。因此 A 公司存在损害的事实（债权的抵扣和二分之一的赔偿责任）。

第二，A 公司的损害事实是否和甲的行为有关。

本案中，甲作为 A 公司的实际控制人，既是大股东，又是法定代表人、董事，因为小股东系自己的妻子和儿子，因此甲实际能控制 A 公司全部的股权，在对外签署清偿协议后，对内补签股东会决议不存在任何障碍。甲在本案中至少在两个层面违反法定义务。

首先，甲作为 A 公司的股东，操纵了股东会，作出了损害公司利益的股东会决议。《公司法》对公司对外担保，尤其是公司实际控制人担保有着严格的股东会会议要求。《公司法》第十五条第二款及第三款规定："公司为公司股东或者实际控制人提供担保的，应当经股东会决议。前款规定的股东或者受前款规定的实际控制人支配的股东，不得参加前款规定事项的表决。该项表决由出席会议的其他股东所持表决权的过半数通过。"本案中，甲要求 A 公司对甲的个人债务担保，其本人构成此项表决的关联方，不得参与表决；另外，乙、丙本身和甲存在亲属关系，属于"受甲支配的股东"，在公司担保议题上也存在一定的关联关系，这导致在本案中股东会决议实际处于架空的状态，甚至可能构成《公司法》第二十一条第二款所述股东滥用权利损害公司利益的情形。

其次，甲同时还是 A 公司的董事。一方面，《公司法》第二十二条明确："公司的控股股东、实际控制人、董事、监事、高级管理人员不得利用关联关系损害公司利益。违反前款规定，给公司造成损失的，应当承担赔偿责任。"本案中，甲作为实际控制人、大股东和董事，利用了关联关系让 A 公司配合同意抵消公司债权以及承担还款连带责任，损害了公司的利益，属于依法可以要求赔偿的范围。另一方面，《公司法》对董事、监事和高管有"忠实、勤勉"的义务要求，并在第一百八十一条中明确列举公司董事不得侵害公司权益违反忠实义务的行为，主要包括"（一）侵占公司财产、挪用公司资金；（二）将公司资金以其个人名义或者以其他个人名义开立账户存储；（三）利用职权贿赂或者收受其他非法收入；（四）接受他人与公司交易的佣金归为己有；（五）擅自披露公司秘密"，同时还设置有兜底条款"违反对公司忠实义务的其他行为"。在本案中甲架空股东会提供担保，以及用公司债权抵扣个人借款的行为已经足以认定未对公司尽到上述义务；违反上述规定所得的收入应当归公司所有。甲虽然并非以董事身份直接获得了收入，其行为和公司损失之间足以建立因果关系，A公司就自己损失的部分要求甲赔偿也是于法有据。

需要提醒的是，乙和丙作为公司的董事，和甲一样，也会在本案中被追责。

第三，本案中谁有权追究甲的责任。

本案中甲因股东和董事的不同身份而应承担不同的责任。其作为股东时，债权人有权依据《公司法》第二十一条规定以"股东损害债权人利益"为案由提起诉讼；其作为董事承担责任时，A公司有权以"损害公司利益责任纠纷"和"公司关联交易损害责任纠纷"为案由提起诉讼，诉讼主体不完全一致。在A公司正常经营时，因其被甲全面控制，由其起诉甲实践中几乎不可能。但这并不表示甲实际控制公司就能免除被诉的风险。一方面，A公司破产后，破产管理人全面接管公司，有权代表公司起诉甲；另一方面，A公司即使未进入破产程序，债权人也可以依据甲的股东身份提起"股东损害债权人利益"之诉。

综上，甲作为公司的实际控制人，既是公司的控股股东，也是公司的董事、监事或者高管，此时应承担双重责任。有些实际控制人认为自己能一手控制公司，这是错误的，一旦公司经营不善进入破产程序，管理人会代表公司追责，另外公司债权人也可能启动追责程序。

【建议方案】

公司的董监高和公司股东都需要对公司承担责任，但双方责任的依据并不完全相同。公司的董监高须在以下几个方面控制自己的风险，公司予以配合和帮助：

第一，确认自己是否同时担任公司的股东。

如果公司的董监高同时还是公司的股东，一方面要注意自己在作为董监高履职过程中不得违反《公司法》要求的"忠实、勤勉"义务（新《公司法》对董监高与公司发生关联交易、侵占公司商业机会、从事与公司竞争的业务均有限制性规定），另一方面应当认识到自己作为股东对公司负有责任。在董监高和股东分离的场合，应当重点关注控股股东的行为是否会对公司利益造成损害，董监高有义务在公司利益被股东损害的情况下及时监督，向公司股东会反映，甚至向某些监督主管部门反映，积极监督行为本身也是尽责履职的体现。

第二，对于公司的日常交易要有充分的合规意识，尤其是对于公司对外担保等业务，需要了解正常的交易规程和审批程序。

健全的公司应当对主要业务的审批和操作规范进行制度化的规定并将其写入章程，董监高按照章程通过的规范行事通常会被认定为已经"忠实、勤勉"。

第三，对于公司主要业务人员要能够把控。

在引起公司实际损失的场合，即使该损失是公司业务人员引起的，甚至是公司股东引起的，董监高也可能因为最终给公司造成损害被倒追责任。因此董监高对于公司主要业务人员的工作应当做到全面知悉，如果存在包庇、共谋情形，董监高甚至有可能因为侵占被追究刑事责任。

【法条链接】

1.《公司法》第十五条　公司向其他企业投资或者为他人提供担保，按照公司章程的规定，由董事会或者股东会决议；公司章程对投资或者担保的总额及单项投资或者担保的数额有限额规定的，不得超过规定的限额。

公司为公司股东或者实际控制人提供担保的，应当经股东会决议。

前款规定的股东或者受前款规定的实际控制人支配的股东，不得参加前款规定事项的表决。该项表决由出席会议的其他股东所持表决权的过半数通过。

2.《公司法》第二十一条　公司股东应当遵守法律、行政法规和公司章程，依法行使股东权利，不得滥用股东权利损害公司或者其他股东的利益。

公司股东滥用股东权利给公司或者其他股东造成损失的，应当承担赔偿责任。

3.《公司法》第二十二条　公司的控股股东、实际控制人、董事、监事、高级管理人员不得利用关联关系损害公司利益。

违反前款规定，给公司造成损失的，应当承担赔偿责任。

4.《公司法》第一百八十条　董事、监事、高级管理人员对公司负有忠实义务，应当采取措施避免自身利益与公司利益冲突，不得利用职权牟取不正当利益。

董事、监事、高级管理人员对公司负有勤勉义务，执行职务应当为公司的最大利益尽到管理者通常应有的合理注意。

公司的控股股东、实际控制人不担任公司董事但实际执行公司事务的，适用前两款规定。

5.《公司法》第一百八十一条　董事、监事、高级管理人员不得有下列行为：（一）侵占公司财产、挪用公司资金；（二）将公司资金以其个人名义或者以其他个人名义开立账户存储；（三）利用职权贿赂或者收受其他非法收入；（四）接受他人与公司交易的佣金归为己有；（五）擅自披露公司秘密；（六）违反对公司忠实义务的其他行为。

6.《公司法》第一百八十二条第一款　董事、监事、高级管理人员，直接或者间接与本公司订立合同或者进行交易，应当就与订立合同或者进行交易有关的事项向董事会或者股东会报告，并按照公司章程的规定经董事会或者股东会决议通过。

7.《公司法》第一百八十八条　董事、监事、高级管理人员执行职务违反法律、行政法规或者公司章程的规定，给公司造成损失的，应当承担赔偿责任。

8.《公司法》第一百九十条　董事、高级管理人员违反法律、行政法规或者公司章程的规定，损害股东利益的，股东可以向人民法院提起诉讼。

9.《民法典》第八十四条　营利法人的控股出资人、实际控制人、董事、监事、高级管理人员不得利用其关联关系损害法人的利益；利用关联关系造成法人损失的，应当承担赔偿责任。

10.《公司法解释（五）》第一条　关联交易损害公司利益，原告公司依据《民法典》第八十四条、《公司法》第二十一条规定请求控股股东、实际控制人、董事、监事、高级管理人员赔偿所造成的损失，被告仅以该交易已经履行了信息披露、经股东会或者股东大会同意等法律、行政法规或者公司章程规定的程序为由抗辩的，人民法院不予支持。

4.23　管理层越权履职有何法律风险？

【案情介绍】

A公司成立于2010年5月，股东为3名法人股东，持股比例分别为40%、30%、30%，其中持股40%的法人股东1为国有控股公司。在公司成立时，三股东共同签署合作协议，约定董事会为经营决策机构，股东会和董事会成员重合，并在合作协议中约定了"高管出资入股"进行利润分配的模式。公司成立后，公司实际经营过程中日常重大经营决策均以"董事会决议"作为抬头，后甲、乙、丙成为公司管理层人员并担任董事会成员（见图4-29），后三人欲根据合作协议的安排通过受让法人股东股权成为公司股东时，因国有控股公司股东国资委未同意而未能进行股权转让的工商登记。

在A公司实际经营的过程中，公司董事会作出多份决议，内容包括：①同意将法人股东持有的合计A公司5%的股权转让给董事甲、乙、丙；②同意将税后利润的10%作为奖励给管理层；③同意将公司管理层曾提供给A公司的借款按照20%计算利息；④同意A公司进行阶段性清算，并将清算后利润的10%分配给管理层。后A公司股东和管理层矛盾加剧，本案中甲、乙、丙作为董事会成员存在何种法律风险？对于上述一系列董事会决议的效力如何认定？

■ 股权架构设计：法律、税务及 30 个实用场景 ▶▶▶

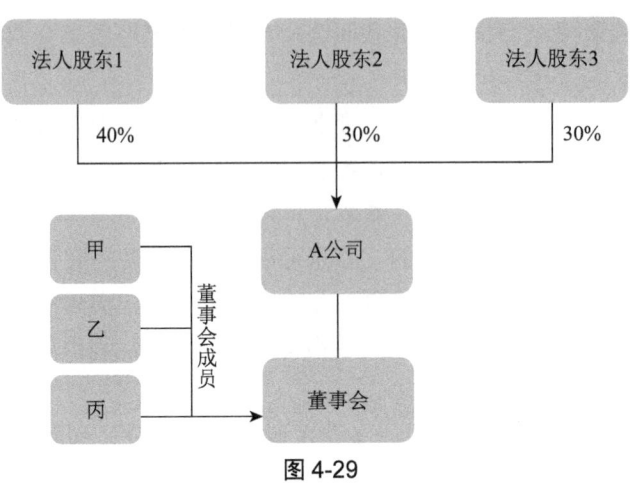

图 4-29

【案例分析】

本案涉及公司管理层中的公司董事在公司经营期间，通过董事会决议的方式作出多项对公司有重大影响的决策，该等决策是否超过了管理层的履职范围，是否有效，管理层是否存在法律风险等问题。

第一，本案中存在争议的 4 项董事会决议的效力问题。

首先，《公司法》及 A 公司章程对公司股东会和董事会的职权和决策权限有明确规定。其中，A 公司章程第 29 条规定，股东依照其所持有的股份份额获得股利和其他形式的利益分配。第 33 条规定，股东会依法行使下列职权：①决定公司的经营方针和投资计划；……⑥审议批准公司的利润分配方案和弥补亏损方案；……⑧对公司合并、分立、解散、清算或者变更公司形式作出决议。第 69 条规定董事原则：①在其职责范围内行使权利，不得越权，越权行为无效……；②除经公司章程规定或者股东会在知情的情况下批准，不得同本公司订立合同或者进行交易；……⑤不得利用职权收受贿赂或者其他非法收入，不得侵占公司的财产。而涉案的 4 份董事会决议的内容涉及股权转让、分红、清算等，均属于股东会决策范围，董事会进行决策属于越权行为。

其次，新《公司法》第二十五条规定："公司股东会、董事会的决议内容违反法律、行政法规的无效。"因此，上述董事会决议是否有效还需要从内容上进行实质判断。

本案中，第 1 项董事会决议涉及 A 公司的股权转让。《中华人民共和国企业国有资产法》（以下简称《企业国有资产法》）第十一条规定："国务院国有资产监督管理机构和地方人民政府按照国务院的规定设立的国有资产管理机

224

构，根据本级人民政府的授权,代表本级人民政府对国家出资企业履行出资人职责。"第五十三条规定:"国有资产转让由履行出资人职责的机构决定。"因此A公司的股权转让应当由履行出资人职责的机构决定。但本案中,国资委对上述股权转让并未同意,因此该董事会决议内容因违反《企业国有资产法》而无效。

第2项董事会决议涉及公司分红问题。新《公司法》第二百一十条第四款规定:"公司弥补亏损和提取公积金后所余税后利润,有限责任公司按照股东实缴的出资比例分配利润,全体股东约定不按照出资比例分配利润的除外。"该法第五十九条第一款同时规定,股东会的职权包括审议批准公司的利润分配方案和弥补亏损方案。涉案董事会决议内容为向管理层即非股东分红,超越董事会职权,未经股东会批准,违反了《公司法》的规定,应属无效。

第3项董事会决议涉及将借款利息提高并实质上增加了管理层收益,损害公司利益。根据新《公司法》第二十二条:"公司的控股股东、实际控制人、董事、监事、高级管理人员不得利用关联关系损害公司利益。违反前款规定,给公司造成损失的,应当承担赔偿责任。"该法第一百八十条第一款同时规定:"董事、监事、高级管理人员对公司负有忠实义务,应当采取措施避免自身利益与公司利益冲突,不得利用职权牟取不正当利益。"该法第一百八十一条规定"董事、监事、高级管理人员不得有下列行为:（一）侵占公司财产、挪用公司资金"。该法第一百八十二条第一款规定:"董事、监事、高级管理人员,直接或者间接与本公司订立合同或者进行交易,应当就与订立合同或者进行交易有关的事项向董事会或者股东会报告,并按照公司章程的规定经董事会或者股东会决议通过。"

同时,A公司含有国资成分,因此还违反了《企业国有资产法》第四十三条第一款"国家出资企业的关联方不得利用与国家出资企业之间的交易,谋取不当利益,损害国家出资企业利益",以及第四十六条第二款"公司董事会对公司与关联方的交易作出决议时,该交易涉及的董事不得行使表决权,也不得代理其他董事行使表决权",应属无效。

第4项董事会决议规定的阶段性清算后分配利润给管理层,从内容上看并不属于《公司法》第二百二十九条、第二百三十一条规定的公司因法定情形解散而应当清算的情形,但关于向管理层分配10%税后利润的内容同样违反《公司法》和《企业国有资产法》的相关规定,应属无效。

第二,本案中管理层的上述越权履职行为,除了导致董事会决议无效外,还存在哪些法律风险?

上述第2项到第4项董事会决议中都存在管理层作出决议,避开股东会,意图增加管理层的收入，且管理层的收入以公司利益受损为代价的情况，尤其是第 3 项，直接产生了增加管理层收益、减少公司收益的结果。《公司法》对董事、监事和高管有"忠实、勤勉"义务的要求，其中《公司法》第一百八十条将忠实义务的内涵界定为"应当采取措施避免自身利益与公司利益冲突，不得利用职权牟取不正当利益"；《公司法》第一百八十一条亦明确列举公司董事不得侵害公司权益的行为，主要包括"（一）侵占公司财产、挪用公司资金；（二）将公司资金以其个人名义或者以其他个人名义开立账户存储；（三）利用职权贿赂或者收受其他非法收入；（四）接受他人与公司交易的佣金归为己有；（五）擅自披露公司秘密；（六）违反对公司忠实义务的其他行为"。在公司管理层（董事、监事、高管）违反"忠实、勤勉"的义务，并给公司造成实际损失的场合，民事程序中，公司可以以"损害公司利益责任纠纷"和"公司关联交易损害责任纠纷"为案由要求董监高对公司承担损害赔偿责任，公司的股东也可按照《公司法》第一百九十条的规定以"损害股东利益责任纠纷"主张赔偿责任；情节严重的，更可能触发刑事追责程序。本案中 A 公司具有国有成分，不排除以贪污罪追究董监高的刑事责任的可能。

综上，在公司运行的过程中，股东会、董事会、监事及总经理等高管有各自的职权范围，这既是《公司法》的要求，也是公司章程的规定。相关决策机制均须符合法律法规及公司章程规范，否则不仅会导致公司决策结果的无效、公司治理模式的失灵，更严重的是，公司管理层越权履职可能触发个人对公司的赔偿责任，甚至个人的刑事责任。

【建议方案】

本案中，A 公司在经营过程中持续作出违法的董事会决议，背后的深层次原因是公司治理机制的失灵，董事越权履职的行为难以在公司内部层面实现纠正。为了避免此类情况的发生，建议做到如下几点。

第一，健全公司治理机制。公司治理机制的建立首先需要公司的股东和董监高都有现代公司的管理意识，同时熟悉《公司法》的相关内容，并在此基础上制定公司章程，进一步细化董监高的权限和职权范围，健全有效的会议制度，并形成股东和董监高之间有效的监督机制。健全的治理机制不仅指书面制度的建立，更重要的是在公司日常经营过程中让制度有效发挥作用，因此人员本身的审核也非常重要，董监高需要深度参与公司管理，其选任将直接影响公司后续的发展方向。

第二，公司的董监高对于公司的经营管理、会议及决策制度要有充分的合规意识。健全的公司应当对股东会、董事会、监事、总经理及其他高管的职权范围在《公司法》的基础上进行细化规定，并予以监督执行，保证公司的决策和治理机制健全，防止出现股东和管理层矛盾加剧导致公司陷入僵局的不利情况。

第三，公司的董监高要熟知自己的职权范围，尤其是董事会要理解自身对股东会负责，防止出现越权履职、越权决策的情况。任何形式的越权履职行为一旦涉及损害公司利益情形，或难以避免在民事或刑事上承担相应的法律责任。

【法条链接】

1.《公司法》第二十五条　公司股东会、董事会的决议内容违反法律、行政法规的无效。

2.《公司法》第二十六条　公司股东会、董事会的会议召集程序、表决方式违反法律、行政法规或者公司章程，或者决议内容违反公司章程的，股东自决议作出之日起六十日内，可以请求人民法院撤销。但是，股东会、董事会的会议召集程序或者表决方式仅有轻微瑕疵，对决议未产生实质影响的除外。

未被通知参加股东会会议的股东自知道或者应当知道股东会决议作出之日起六十日内，可以请求人民法院撤销；自决议作出之日起一年内没有行使撤销权的，撤销权消灭。

3.《公司法》第二十一条　公司股东应当遵守法律、行政法规和公司章程，依法行使股东权利，不得滥用股东权利损害公司或者其他股东的利益。

公司股东滥用股东权利给公司或者其他股东造成损失的，应当承担赔偿责任。

4.《公司法》第二十二条　公司的控股股东、实际控制人、董事、监事、高级管理人员不得利用关联关系损害公司利益。

违反前款规定，给公司造成损失的，应当承担赔偿责任。

5.《公司法》第一百八十条　董事、监事、高级管理人员对公司负有忠实义务，应当采取措施避免自身利益与公司利益冲突，不得利用职权牟取不正当利益。

董事、监事、高级管理人员对公司负有勤勉义务，执行职务应当为公司的最大利益尽到管理者通常应有的合理注意。

公司的控股股东、实际控制人不担任公司董事但实际执行公司事务的，适用前两款规定。

6.《公司法》第一百八十一条　董事、监事、高级管理人员不得有下列行为：（一）侵占公司财产、挪用公司资金；（二）将公司资金以其个人名义或者以其他个人名义开立账户存储；（三）利用职权贿赂或者收受其他非法收入；（四）接受他人与公司交易的佣金归为己有；（五）擅自披露公司秘密；（六）违反对公司忠实义务的其他行为。

7.《公司法》第一百八十二条第一款　董事、监事、高级管理人员，直接或者间接与本公司订立合同或者进行交易，应当就与订立合同或者进行交易有关的事项向董事会或者股东会报告，并按照公司章程的规定经董事会或者股东会决议通过。

8.《公司法》第一百八十八条　董事、监事、高级管理人员执行职务违反法律、行政法规或者公司章程的规定，给公司造成损失的，应当承担赔偿责任。

9.《公司法》第一百九十条　董事、高级管理人员违反法律、行政法规或者公司章程的规定，损害股东利益的，股东可以向人民法院提起诉讼。

10.《民法典》第八十四条　营利法人的控股出资人、实际控制人、董事、监事、高级管理人员不得利用其关联关系损害法人的利益；利用关联关系造成法人损失的，应当承担赔偿责任。

11.《企业国有资产法》第十一条　国务院国有资产监督管理机构和地方人民政府按照国务院的规定设立的国有资产监督管理机构，根据本级人民政府的授权，代表本级人民政府对国家出资企业履行出资人职责。

国务院和地方人民政府根据需要，可以授权其他部门、机构代表本级人民政府对国家出资企业履行出资人职责。

代表本级人民政府履行出资人职责的机构、部门，以下统称履行出资人职责的机构。

12.《企业国有资产法》第四十三条第一款　国家出资企业的关联方不得利用与国家出资企业之间的交易，谋取不当利益，损害国家出资企业利益。

4.24　平价转让股权要缴纳个人所得税吗？

【案情介绍】

S公司系一家从事汽车塑胶零部件生产的公司。该公司由王先生出资100万元设立，登记股东为王先生和其妻子李女士，两人持股比例分别为70%和30%。经过多年经营，公司发展良好，净资产已达500万元。公司销售经理李先生系王先生妻子李女士的弟弟，跟随王先生打拼多年，深受王先生信任。公司技术经理赵先生系外聘，业务能力突出，很受王先生器重。为了进一步增强公司的凝聚力，王先生决定将自己名下的股权向李先生和赵先生分别转让10%。为了避免缴纳个税，采用平价转让的方式，转让10%股权的价格为10万元。股权登记变更后，税务机关认为股权转让价格偏低，要求两次股权转让分别按照受让价格50万元扣除股权原成本和合理费用后缴纳个人所得税。

【案例分析】

按照税法规定，个人转让股权，以股权转让收入减除股权原值和合理费用后的余额为应纳税所得额，按"财产转让所得"缴纳个人所得税，税率为20%。实务中很多人认为，既然股权转让的应纳税所得额为股权转让收入减除股权原值和合理费用后的余额，那么平价转让、低价（甚至低至0元）转让，转让价格减去股权原值余额为零或者为负数，此时就不存在应纳税所得额，自然就不需要缴纳个人所得税了。这种观点看似有道理，但如果真是这样，关于股权转让的税收制度岂不完全架空？核心问题在于，转让价格即股权转让收入的确定标准是什么？是不是可以由双方自由确定？

就上述问题，67号文作了相应规定。根据该文件，股权转让收入应按照公平交易原则确定。申报的股权转让收入低于股权对应的净资产份额的，视为转让收入明显偏低；申报的股权转让收入明显偏低且无正当理由的，主管税务机关可以核定股权转让收入；主管税务机关依次按照净资产核定法、类比法、其他合理方法来核定股权转让收入。

在本案中，两次股权转让收入的公平交易价格应该是对应净资产500万元的20%，即100万元，按照注册资本100万元的20%即平价20万元转让，价格显然是偏低了，所以税务机关核定调整股权转让收入。当然，如果转让股权对应的净资产本来就是20万元或者低于20万元，就不属于转让价格明显偏低的情形了。可见，是否平价转让并不是要不要缴税的关键，关键是转让的价格是否公平合理，转让价格公平合理的平价转让是不需要缴纳个人所得税的。

转让价格偏低，税务机关是不是一定要核定股权转让收入呢？也不是，对此有例外的规定。67号文第十三条明确规定，继承或将股权转让给其能提供具有法律效力身份关系证明的配偶、父母、子女、祖父母、外祖父母、孙子女、外孙子女、兄弟姐妹以及对转让人承担直接抚养或者赡养义务的抚养人或者赡养人，价格偏低是具有正当理由的，无须就转让收入缴纳个人所得税。该条还规定，能出具有效文件，证明被投资企业因国家政策调整，生产经营受到重大影响，导致低价转让股权；相关法律、政府文件或企业章程规定，并有相关资料充分证明转让价格合理且真实的本企业员工持有的不能对外转让股权的内部转让；股权转让双方能够提供有效证据证明其合理性的其他合理情形，都可以视为有正当理由。

本案中，王先生与李先生、赵先生股权转让价格明显偏低，且并无法定的正当理由，税务机关认为股权转让价格偏低，要求两次股权转让分别按照受让价格50万元扣除股权原成本和合理费用后缴纳个人所得税，并无不当。假设上述转让的 20% 股权原成本和合理费用为 20 万元，则两次股权转让王先生应缴纳个人所得税金额共计（100−20）×20%=16（万元）。

【建议方案】

如上所述，影响王先生纳税的关键因素是平价转让定价是否公平合理，是否具有正当理由。王先生妻子李女士与李先生是姐弟关系，根据 67 号文第十三条的规定，如果从李女士名下转让 10% 股权给李先生，平价转让是有正当理由的，税务机关不会对转让收入进行核定，李女士无须缴纳个人所得税。通过改变转让主体，即可节税 8 万元，可见，在股权转让中，合理利用特定主体之间的关系是可以达到良好的节税效果的。

【法条链接】

1. 67 号文第十条　股权转让收入应当按照公平交易原则确定。

第十一条　符合下列情形之一的，主管税务机关可以核定股权转让收入：

（一）申报的股权转让收入明显偏低且无正当理由的；

……

第十二条　符合下列情形之一，视为股权转让收入明显偏低：

（一）申报的股权转让收入低于股权对应的净资产份额的；

……

第十三条　符合下列条件之一的股权转让收入明显偏低，视为有正当理由：

……

（二）继承或将股权转让给其能提供具有法律效力身份关系证明的配偶、父母、子女、祖父母、外祖父母、孙子女、外孙子女、兄弟姐妹以及对转让人承担直接抚养或者赡养义务的抚养人或者赡养人；

……

第十四条　主管税务机关应依次按照下列方法核定股权转让收入：

（一）净资产核定法

股权转让收入按照每股净资产或股权对应的净资产份额核定。

……

4.25　股权转让定价，"1 元"与"0 元"哪个好？

【案情介绍】

洪先生 2009 年出资 100 万元参与设立 J 公司，占该公司 70% 的股权。2015

年，洪先生已届退休年龄，且儿子小洪在公司任职多年，已经得到充分历练，于是洪先生决定将自己在 J 公司的股权转让给小洪。经评估，转让股权的市场公允价值为 300 万元。此前，洪先生也曾进行过公司内部股权转让，就转让定价 1 元还是 0 元的问题咨询过专业人士，当时的结论是定价 1 元更好，于是此次转让依然按照定价 1 元的方案实施。

2019 年小洪由于业务方向调整，决定将 J 公司的全部股权转让给黄某，经评估此时转让股权的市场公允价值（转让收入）为 300 万元。经核算，小洪需要缴纳的个人所得税远远超过预期。

【案例分析】

2014 年 3 月 1 日公司注册资本改为认缴制，在一定程度上放宽了公司工商登记的条件，公司设立更加便利，成本和门槛大大降低。在此背景下，股东会出于各种考虑，选择以 0 元或 1 元低价转让股权。比如，公司净资产为负的情况下股东进行股权转让交易，为了达到股权架构调整、重组、融资、股权激励、继承、节税等目的而进行股权转让，这些情形都会产生 0 元或 1 元转让股权的现实需求。以该方式转让股权，对于引进新股东、整合个人资源、提高资金利用效率、促进公司发展等有重要的现实意义。"0 元转让"和"1 元转让"，从数额上看相差甚微，但在法律性质上有着重要的区别，并且在涉税方面也有较大的差异，选择不当会带来风险。

1. "0 元转让""1 元转让"的法律分析

（1）从效力上分析

两者在法律上均属有效，具有可行性。我国对国有企业的股权转让价格有严格的规定，要求转让时履行严格的资产评估程序；但对于非国有企业，股权转让价格属于转让双方的意思自治范畴。理论上，公司股权转让价格应当是转让方和受让方对股权价值、持股风险以及商业利益等进行综合考虑的结果，法律一般不会直接干预。只要是双方真实意思表示，在不违反法律、行政法规的强制性规定且不损害国家、公司、其他股东、债权人的相关利益的前提下，无论是"0 元转让"还是"1 元转让"，一般均属于有效。

（2）从性质上分析

两者的性质可能不同，"0 元转让"法律关系不唯一，有可能被认定为赠与，而"1 元转让"确定属于买卖。赠与合同，合同性质为单务合同，受赠与方在无附条件或附义务的前提下，只享受权利，无须履行义务；而股权转让合同是双务合同，合同双方依据法律规定和合同约定履行各自义务，享受相应权利，亦可根据抗辩权主张对方履行义务或者拒绝履行己方义务。当然，在实践中并不是只要是"0元转让"就会被定性为赠与，司法实践中，法院会考虑转让双方的关系，以及合同文义、对价等。因此，"0元转让"的法律性质处于不确定状态，双方有可能对此发生争议。

（3）从合同的撤销条件来分析

两者不同。"0元转让"有可能被认定为赠与。根据《民法典》的规定，赠与合同在赠与完成之前，拥有任意撤销权，除了经过公证的赠与合同或者依法不得撤销的具有救灾、扶贫、助残等公益、道德义务性质的赠与合同，赠与人在赠与财产的权利转移之前可以撤销赠与。即使赠与权利转移，也存在被赠与方的行为导致赠与合同撤销的情形，这给了被赠与方更多的约束。当受赠人严重侵害赠与人或者赠与人近亲属的合法权益，对赠与人有扶养义务而不履行，不履行赠与合同约定的义务时，赠与人亦可以撤销赠与。而"1元转让"性质上属于买卖，主要适用于关于合同效力、可撤销合同等的法律规定，如无重大误解、欺诈、胁迫、显失公平等情形，股权转让方无权撤销转让；同时，如不履行转让股权等合同约定的义务，还需要对受让方承担相应的违约责任。

综上，"0元转让"因其法律性质容易引发争议，若被认定为赠与合同，转让人享有任意撤销权，对转让人更为有利；而"1元转让"在性质上属于买卖，法律关系明确，双方权利义务均衡。所以，为了避免不必要的纷争，平衡双方权利义务，实践中"1元转让"方案相对更优，也较常见。

本案中，洪先生根据以往经验采用"1元转让"，应该是从法律风险层面考虑的结果。

2."0元转让""1元转让"的涉税分析

（1）因定价过低，会引起税务机关重点核查，有可能被税务机关核定股权转让收入

股权转让的定价应按照公平交易原则确定，如果定价过低，会侵蚀个人所得税的应纳税所得额，导致税收的流失。如果转让股权的定价明显低于相应的企业净资产，税务机关会认定股权转让收入明显偏低，依法可以核定征收，即按照转让股权的市场公允价值核算股权转让收入并核算税款。有些当事人以0元或1元转让的目的就是少缴纳税款，甚至有人签署"阴阳合同"，签署低价转让的合同仅仅用作申报税款，这是典型的偷税行为，会遭受税务机关的行政处罚，严重的甚至可以追究刑事责任。但是，将股权转让给能提供具有法律效力身份关系证明的配偶、父母、子女、祖父母、外祖父母、孙子女、外孙子女、兄弟姐妹以及对转让人承担直接抚养或者赡养义务的抚养人或者赡养人，属于股权转让收入偏低有正当理由的情形，税务机关不会核定股权转让收入。

（2）特定关系主体间股权转让错误选择定价，丧失可扣除的计税基础，导致重复收税

如上所述，配偶、父母、子女、祖父母、外祖父母、孙子女、外孙子女、兄弟姐妹以及对转让人承担直接抚养或者赡养义务的抚养人或者赡养人之间低价转让股权，属于有正当理由，税务机关不会核定征收税款，这些主体，我们称之为"特定关系主体"。特定关系主体间股权转让选择"0元转让"或者"1元转让"，均符合法律规定，不会导致税务机关的否定性评价，在转让过程中均可以不缴纳个人所得税。但是，若今后受让人向第三人转让受让股权，其计税基础即可扣除的股权原值不同。按照现行规定，个人转让股权，以股权转让收入减除股权原值和合理费用后的余额为应纳税所得额，按"财产转让所得"缴纳个人所得税，税率为20%。股权原值不同，直接导致应缴纳税款不同。若特定关系主体选择"0元转让"，按照67号文第十五条第三款的规定，按取得股权发生的合理税费与原持有人的股权原值之和确认股权原值。若特定关系主体选择"1元转让"，那么股权原值就是1元。也就是说，选择"1元转让"，就会丧失可扣除的计税原值，必然导致多缴纳税款。

本案中，由于洪先生与小洪系父子关系，此次股权转让选择"1元转让"或者"0元转让"均能获得税务机关认可，无须缴纳个人所得税。但若选择"0元转让"，则2019年小洪转让股权时，是可以从股权转让收入300万元中扣除2009年洪先生出资的100万元，即扣除转让股权的股权原值；若选择"1元转让"，则可扣除的股权原值为1元。两者相差999999元，相应税款要多出199999.8元。若选择定价100万元，也就是定价为股权原值，此时无须缴纳个人所得税，同样可以扣除100万元的股权原值，和定价0元的效果一样。

【建议方案】

①一般主体之间选择"1元转让"或"0元转让"，要注意价格与市场公允价值是否相符，若不相符，建议按照市场公允价格转让，以免税务机关核定转让收入。若相符，则建议做好价格评估，以备税务机关的核查。另外，若选择"0元转让"，建议明确合同性质是赠与还是买卖，以免引起纷争。

②特定关系主体间股权转让定价要慎重。股权转让定价的原则就是要么定价是0元，要么定价是原始取得成本，而不能定价在0元和原始取得成本之间，定价在中间都会损失计税基础，从而产生重复交税的问题。

【法条链接】

1.原《公司法》第七十一条　有限责任公司的股东之间可以相互转让其全部

或者部分股权。

2.《民法典》第六百五十八条　赠与人在赠与财产的权利转移之前可以撤销赠与。

经过公证的赠与合同或者依法不得撤销的具有救灾、扶贫、助残等公益、道德义务性质的赠与合同，不适用前款规定。

3.《民法典》第六百六十三条　受赠人有下列情形之一的，赠与人可以撤销赠与：

（一）严重侵害赠与人或者赠与人近亲属的合法权益；

（二）对赠与人有扶养义务而不履行；

（三）不履行赠与合同约定的义务。

赠与人的撤销权，自知道或者应当知道撤销事由之日起一年内行使。

4. 67号文第十三条　符合下列条件之一的股权转让收入明显偏低，视为有正当理由：

……

（二）继承或将股权转让给其能提供具有法律效力身份关系证明的配偶、父母、子女、祖父母、外祖父母、孙子女、外孙子女、兄弟姐妹以及对转让人承担直接抚养或者赡养义务的抚养人或者赡养人；

……

第十五条　个人转让股权的原值依照以下方法确认：

……

（三）通过无偿让渡方式取得股权，具备本办法第十三条第二项所列情形的，按取得股权发生的合理税费与原持有人的股权原值之和确认股权原值；

……

4.26　非税货币出资有何法律风险？

【案情介绍】

张工是Z研究院的研究人员，是生物制药领域的专家，工作期间为单位取得了多项生物杀虫的专利技术，具有广泛的市场应用前景。A公司为一家生物制药公司，对张工及其科研成果非常感兴趣，希望与张工合作，共同开发生物杀虫产品或转化相应的科技成果。

经商定，双方决定共同设立 B 公司作为合作平台。为享受相关税收优惠，就张工出资进行如下安排：张工以一项生物杀虫专利技术（经评估，该专利技术估值为 300 万元，下称"杀虫专利"）出资，技术入股 B 公司，占 B 公司 30%股份；张工就技术出资获得 B 公司股份应纳所得税申请递延纳税的优惠政策。

张工用于出资入股的杀虫专利为其在职期间的职务成果。该专利本来登记在 Z 研究院所名下。为鼓励科研人员技术成果转化，Z 研究院决定将杀虫专利无偿奖励给张工。更名后，张工将其用于 B 公司的出资。

B 公司顺利于 2020 年 11 月 30 日注册成立。经 B 公司所在地税务机关审核，张工的出资符合享受递延纳税的优惠政策，实现了当初的纳税筹划。

2021 年年初，Z 研究院所在地的税务机关发出通知，要求张工就其从 Z 研究院无偿取得专利权缴纳个人所得税。收到该通知，各方才知道，张工就其从 Z 研究院无偿取得专利需要缴纳巨额的个人所得税。这一结果出乎各方意料，于是各方开始四处咨询，寻求解决方案。

【案例分析】

本案中，张工以专利技术出资，享受递延纳税的优惠是符合现行政策的。根据《财政部 国家税务总局关于完善股权激励和技术入股有关所得税政策的通知》（财税〔2016〕101 号）第三条的规定，自 2016 年 9 月 1 日起，企业或个人以技术成果投资入股到境内居民企业，被投资企业支付的对价全部为股票（权）的，投资入股当期可暂不纳税，允许递延至转让股权时，按股权转让收入减去技术成果原值和合理税费后的差额计算缴纳所得税。也就是说，张工以专利技术入股，获得 B 公司的股权时，是不需要缴纳个人所得税的，将来转让时再缴纳所得税。将来转让时，如果减去技术成果原值和合理税费后的差额是零或者负数，也是不需要缴纳个人所得税的。可见，该政策递延了纳税的期限，同时，如果创业失败，转让股权没有所得，也就不需要纳税了，这对技术入股设立公司的创业者可谓是最贴心的优惠政策了。对于该项优惠政策，本案中的当事人均有所关注，且积极创造条件来享受该优惠政策。

为什么张工从单位获得专利奖励需要缴纳个人所得税？张工从 Z 研究院获得的杀虫专利是否属于税法上缴纳个人所得税的收入？如果是，那又具体属于哪一类收入？我们来分析一下。

本案中张工是 Z 研究院的职工，在该单位取得的工资、薪金所得属于《个人所得税法》规定的纳税收入，这是毫无疑问的。本案中的杀虫专利虽然为张工发明，但其属于职务发明，所有权归单位，实际上起初也登记在单位名下，属于单位的知识产权。单位将该专利无偿转让于张工，性质上属于单位发放奖金，只是该奖金是以非现金的形式发放的。可见，张工获得杀虫专利也属于税法上的工资、薪金所得。所以，税务机关要求张工缴纳个人所得税的处理是具有法律依据的。按照工资、薪金所得缴纳个税，适用 3%～45% 七级超额累计税率，综合所得达到 96 万元以上部分，税率即可达到 45%。故按照该专利的评估价 300 万元计税，金额可谓巨大了。

本案中，为了享受相关税收优惠政策，当事人是有"老法师"（税务机关退休的涉税服务人员，备受客户信赖）全程指导的，可惜还是遗漏了相关纳税义务。本案中 Z 研究院所在地税务机关要求张工缴纳个人所得税的事实依据，就是 B 公司成立时申请递延纳税税收优惠政策提供的相关备案资料，主要有张工从 Z 研究院无偿取得专利技术奖励的材料和专利技术评估价格 300 万元的材料，税务机关征税事实依据和计税基数是非常明确的。

笔者听完当事人的介绍，深为惋惜。关于科技人员技术成果转化，国家出台了很多税收优惠政策。想实现合法节税的目的，当事人有多种方案和路径可行，可惜当事人不知不觉中选择了最差的路径。

【建议方案】

当事人想实现合法节税的目的，有哪些路径可以走呢？

本案中，出乎各方当事人意料的就是张工取得专利技术环节所需要缴纳的巨额个人所得税。该环节可以选择以下路径：

1. 张工以买卖方式从 Z 研究院取得杀虫专利

无偿获得专利要交巨额个税，购买专利纳税会更优惠？在回答这个问题之前，我们先来梳理一下技术转让部分相关的税收政策。

（1）企业所得税

根据《企业所得税法实施条例》（中华人民共和国国务院令第 512 号），自 2008 年 1 月 1 日起，在一个纳税年度内，居民企业符合条件的技术转让所得不超过 500 万元的部分，免征企业所得税；超过 500 万元的部分，减半征收企业所得税。

（2）增值税

根据《财政部 国家税务总局关于全面推开营业税改征增值税试点的通知》（财税〔2016〕36 号），纳税人提供技术转让、技术开发和与之相关的技术咨询、技术服务，免征增值税。

（3）印花税

根据《中华人民共和国印花税法》税目税率规定，专利权转移书据，按所载金额万分之三贴花。

本案中，若张工从Z研究院购买杀虫专利，双方主要涉及的就是增值税和企业所得税。依照上述规定，增值税是免征的，无须考虑；而企业所得税在500万元以内也是免征的。双方合理筹划，完全可以达到合法节税的目的。

2.Z研究院以杀虫专利入股B公司，取得B公司股权后再奖励给张工

同样，我们先梳理下技术成果奖励的相关涉税政策。

①《财政部 税务总局 科技部关于科技人员取得职务科技成果转化现金奖励有关个人所得税政策的通知》（财税〔2018〕58号）第一条规定，依法批准设立的非营利性研究开发机构和高等学校根据《中华人民共和国促进科技成果转化法》规定，从职务科技成果转化收入中给予科技人员的现金奖励，可减按50%计入科技人员当月"工资、薪金所得"，依法缴纳个人所得税。

②《国家税务总局关于取消促进科技成果转化暂不征收个人所得税审核权有关问题的通知》（国税函〔2007〕833号）第一条规定，科研机构、高等学校转化职务科技成果以股份或出资比例等股权形式给予个人奖励，暂不征收个人所得税。

③《国家税务总局关于促进科技成果转化有关个人所得税问题的通知》（国税发〔1999〕125号）第三条规定，获奖人转让股权、出资比例，对其所得按"财产转让所得"应税项目征收个人所得税，财产原值为零。

通过对以上政策的分析可知，科研人员所获得的科技成果转化为股权奖励后，其在获得股权时，暂不征收个人所得税；后续发生转让时，按"财产转让所得"应税项目征收个人所得税。除了股权奖励以外，科技人员从非营利性研究开发机构和高等学校所进行的科技成果转化收入中取得的现金奖励，减按50%计入科技人员当月"工资、薪金所得"，缴纳个人所得税。

本案中，Z研究院以杀虫专利入股B公司，取得B公司股权后再奖励给张工，符合条件，即可享受上述优惠政策。

【法条链接】

1.《财政部 国家税务总局关于完善股权激励和技术入股有关所得税政策的通知》（财税〔2016〕101号）

三、对技术成果投资入股实施选择性税收优惠政策

（一）企业或个人以技术成果投资入股到境内居民企业，被投资企业支付的对价全部为股票（权）的，企业或个人可选择继续按现行有关税收政策执行，也可选择适用递延纳税优惠政策。

选择技术成果投资入股递延纳税政策的，经向主管税务机关备案，投资入股当期可暂不纳税，允许递延至转让股权时，按股权转让收入减去技术成果原值和

合理税费后的差额计算缴纳所得税。

……

2.《企业所得税法实施条例》（中华人民共和国国务院令第 512 号）第九十条《企业所得税法》第二十七条第（四）项所称符合条件的技术转让所得免征、减征企业所得税，是指一个纳税年度内，居民企业技术转让所得不超过 500 万元的部分，免征企业所得税；超过 500 万元的部分，减半征收企业所得税。

4.27 公司股权如何退回才能不缴税？

【案情介绍】

张老板名下有多家公司，公司股份主要由张老板及其员工持有。各公司平行运行，无控股关系。经过多年经营，各个公司均取得了不错的业绩。2019 年，为了统一管理各家公司，整合各家公司资源，打造统一品牌，张老板决定将旗下公司进行整合。整合方案是，将张老板名下的 A 公司作为持股平台，控股其他各家公司。整合手段主要是将各家公司的股权转让给 A 公司，以达到 A 公司控股的目的，股权转让均采用平价转让的方式。股权的出让方均为张老板及其手下高管（以下称"股权转让方"），股权转让款均未实际支付。

上述股权转让均在工商部门进行了变更登记。工商登记变更不久，各股权转让方收到税务部门的通知，要求各方申报及缴纳转让股权的个人所得税，合计达 400 余万元。接到通知后，张老板大呼意外，如果早知道需要缴纳巨额税款，他根本不会考虑对名下公司进行整合。于是张老板与税务部门沟通，询问将变更的股权还给原来的股东是不是可以不纳税。税务部门表示，股权转让后再变更回原来的股东，属于再次转让股权，并不免除第一次股权转让的纳税义务。

【案例分析】

个人股权交易长期以来是个人所得税征管的难点。过去因为监管手段有限以及部门间数据割裂等现实情况，导致税收流失比较严重。很多老板因此对股权转让的纳税义务缺乏认知，以为只要平价转让就无须缴纳个人所得税。所以我们会看到本案中，张老板随意采用股权转让进行公司整合，而对发生的纳税义务完全没有预料，更不要说提前进行纳税筹划了。

为进一步加强对个人股权交易纳税的征管，2014 年，67 号文出台，对股权转让所得个人所得税进行具体规定。根据 67 号文，个人转让股权，以股权转让收入减除股权原值和合理费用后的余额为应纳税所得额，按"财产转让所得"缴纳个人所得税，税率为20%。同时，根据《个人所得税管理办法》的规定，各级税务机关应积极创造条件，为纳税人开具完税凭证（证明），通过基础信息管理系统打印"中华人民共和国个人所得税完税证明"，为纳税人提供完税依据。各地工商部门对此也有规定，要求转让人提交个税完税证明。

随后各地纷纷出台政策，要求自然人股东股权转让先行进行纳税申报，然后才能进行股权转让的工商登记变更，即所谓的"先税后转"。2022年11月28日，国家税务总局上海市税务局、上海市市场监督管理局联合发布《关于进一步做好股权变更登记个人所得税完税凭证查验服务工作的通告》，规定，个人转让股权办理股东变更登记的，在向市场监督管理部门办理变更登记前，扣缴义务人、纳税人应依法在被投资企业所在地主管税务机关办理纳税申报。国家税务总局上海市税务局与上海市市场监督管理局实行个人股权转让信息自动交互机制。市场主体登记机关根据税务机关提供的"自然人股东股权变更完税情况表"办理股权变更登记。本案发生在2019年，发生地为上海，当时上海还未明确"先税后转"的规定，才会发生股权变更后才被要求纳税申报的情形。

2021年，国家税务总局稽查局在官网发布《税务总局贯彻〈关于进一步深化税收征管改革的意见〉精神，以税收风险为导向，精准实施税务监管》一文，更是将"高收入群体股权转让"列为当年的八大重点稽查行业或领域。因此近年来屡屡爆出自然人股权转让被要求补缴巨额个人所得税的案例，本案就是在此背景下发生的。

按照税法规定，个人转让股权，以股权转让收入减除股权原值和合理费用后的余额为应纳税所得额，按"财产转让所得"缴纳个人所得税。实践中，很多人认为，平价转让股权，转让价格减去股权原值余额为0，就不存在应纳税所得额，自然就不需要缴纳个人所得税了。这个认识是错误的，如果如此简单操作就可以不缴税，只要股权转让双方配合都平价转让，税务局岂不是永远收不到税？就此问题，67号文规定，股权转让收入应当按照公平交易原则确定。申报的股权转让收入低于股权对应的净资产份额的，视为转让收入明显偏低。对于申报的股权转让收入明显偏低且无正当理由的，主管税务机关可以核定股权转让收入。本案中，税务局就是认为"平价转让"违反公平交易原则，且无正当理由，于是核定股权转让收入，才会产生高额的个人所得税。

【建议方案】

本案中，张老板显然后悔进行系列股权转让，向税务局提出将变更的股权再还给原来的股东，以此来解除纳税义务。《国家税务总局关于纳税人收回转让的股权征收个人所得税问题的批复》（国税函〔2005〕130号，以下称"130号文"）规定："股权转让合同履行完毕、股权已作变更登记，且所得已经实现的，转让人取得的股权转让收入应当依法缴纳个人所得税。转让行为结束后，当事人双方签订并执行解除原股权转让合同、退回股权的协议，是另一次股权转让行为，对前次转让行为征收的个人所得税款不予退回。"根据上述规定，张老板的问题显然不能解决。

如何才能解决张老板的问题呢？答案仍然在130号文里。该文进一步规定："股权转让合同未履行完毕，因执行仲裁委员会作出的解除股权转让合同及补充协议的裁决、停止执行原股权转让合同，并原价收回已转让股权的，由于其股权转让行为尚未完成、收入未完全实现，随着股权转让关系的解除，股权收益不复存在，根据《个人所得税法》和《征管法》的有关规定，以及从行政行为合理性原则出发，纳税人不应缴纳个人所得税。"根据该规定，若股权转让合同未履行完毕，或者股权转让合同被法院、仲裁机构判定解除，股权原价回转的，由于转让行为未完成，收入未完全实现，随着转让关系的解除，转让收益不复存在，因此纳税人无须缴纳税款，已缴税款应予退还。

大家也许注意到了，本案中一系列股权转让均未支付股权转让款，也就是说符合上述规定中"股权转让合同未履行完毕"的情形。只要股权转让双方依法取得司法机关解除股权转让合同的裁决、判决，即可以不缴纳个人所得税。

【法条链接】

1.67号文第十二条 符合下列情形之一，视为股权转让收入明显偏低：

（一）申报的股权转让收入低于股权对应的净资产份额的。其中，被投资企业拥有土地使用权、房屋、房地产企业未销售房产、知识产权、探矿权、采矿权、股权等资产的，申报的股权转让收入低于股权对应的净资产公允价值份额的；

（二）申报的股权转让收入低于初始投资成本或低于取得该股权所支付的价款及相关税费的；

（三）申报的股权转让收入低于相同或类似条件下同一企业同一股东或其他股东股权转让收入的；

（四）申报的股权转让收入低于相同或类似条件下同类行业的企业股权转让收入的；

（五）不具合理性的无偿让渡股权或股份；

（六）主管税务机关认定的其他情形。

第十三条 符合下列条件之一的股权转让收入明显偏低，视为有正当理由：

（一）能出具有效文件，证明被投资企业因国家政策调整，生产经营受到重大影响，导致低价转让股权；

（二）继承或将股权转让给其能提供具有法律效力身份关系证明的配偶、父母、子女、祖父母、外祖父母、孙子女、外孙子女、兄弟姐妹以及对转让人承担直接抚养或者赡养义务的抚养人或者赡养人；

（三）相关法律、政府文件或企业章程规定，并有相关资料充分证明转让价格合理且真实的本企业员工持有的不能对外转让股权的内部转让；

（四）股权转让双方能够提供有效证据证明其合理性的其他合理情形。

2.《国家税务总局关于纳税人收回转让的股权征收个人所得税问题的批复》（国税函〔2005〕130号）

四川省地方税务局：

你局《关于纳税人收回转让的股权是否退还已纳个人所得税问题的请示》（川地税发〔2004〕126号）收悉。经研究，现批复如下：

一、根据《中华人民共和国个人所得税法》（以下简称个人所得税法）及其实施条例和《中华人民共和国税收征收管理法》（以下简称征管法）的有关规定，股权转让合同履行完毕、股权已作变更登记，且所得已经实现的，转让人取得的股权转让收入应当依法缴纳个人所得税。转让行为结束后，当事人双方签订并执行解除原股权转让合同、退回股权的协议，是另一次股权转让行为，对前次转让行为征收的个人所得税款不予退回。

二、股权转让合同未履行完毕，因执行仲裁委员会作出的解除股权转让合同及补充协议的裁决、停止执行原股权转让合同，并原价收回已转让股权的，由于其股权转让行为尚未完成、收入未完全实现，随着股权转让关系的解除，股权收益不复存在，根据《个人所得税法》和《征管法》的有关规定，以及从行政行为合理性原则出发，纳税人不应缴纳个人所得税。

4.28 定向分红有税务风险吗？

【案情介绍】

A公司由张某、程某、B公司发起设立，三者占股比例分别为60%、30%、10%，均已实缴。B公司由张某及其家族人员控股。经过多年经营，A公司积累了可观的利润。2024年3月，A公司召开股东会，达成决议：向股东B公司分红200万元，张某、程某不参与分红。

【案例分析】

1. 定向分红的司法认定

所谓定向分红，是指股东未按照持股比例分配利润的分红方式。定向分红会导致相比于按股权比例分红，有的股东多分，有的股东少分，甚至有的股东不分。比如在本案中，A 公司全体股东就决定向一名股东分红，其他股东不分红。

根据《公司法》第二百一十条的规定，公司弥补亏损和提取公积金后所余税后利润，有限责任公司按照股东实缴的出资比例分配利润，全体股东约定不按照出资比例分配利润的除外；股份有限公司按照股东所持有的股份比例分配利润，公司章程另有规定的除外。可见《公司法》对定向分红是完全允许的，只要全体股东在公司章程中予以约定，或者全体股东一致约定即可。

2. 定向分红的涉税分析

（1）分红的税务处理

根据现行税法规定，居民企业之间投资分红是免征企业所得税的，也就是说公司分红给公司股东，是无须缴纳企业所得税的。而分红至自然人股东以及合伙企业股东，均须缴纳 20% 的个人所得税。具体参见本书表 3-2。

一家公司股东有自然人、合伙企业、公司股东，定向分红至公司股东，在这一层级的分配中，无须缴纳企业所得税，税负最轻。当然，公司股东若将其分配的利润继续分配至其自然人或者合伙企业股东，就需要缴纳企业所得税。分红的现行涉税处理给股东分红一定的税务筹划空间，比如本案中，若按持股比例分红，张某占股 60%，需要缴纳个人所得税 200×60%×20%=24（万元）；李某占股 30%，需要缴纳个人所得税 200×30%×20%=12（万元）。A 公司采用定向分红方式节税达 36 万元，可谓节税效果明显。

（2）定向分红的涉税风险

如前所述，采用定向分红的方式，将利润分配至公司股东，与按照持股比例分红相比，会导致自然人股东以及合伙企业股东少缴或者不缴个人所得税。对此，我们先看一看表 4-1 中的相关答复：

第 4 章　股权架构设计的场景应用

表 4-1　税务机关有关定向分红的一些答复

税务机关	答复起因	答复主要观点和内容	答复日期
国家税务总局	某有限公司由A（法人）和B（法人）及C（自然人）出资组成，出资比例为3：3：4，公司章程规定分红比例为4：4：2，2012年度公司分红100万元，请问：A和B各分得的40万元是否可以免税？	观点：有限公司不按出资比例分红，而减少自然人应纳税所得额的，税务机关有权进行合理调整。 内容： 您好，您在我们网站上提交的纳税咨询问题收悉，现针对您所提供的信息简要回复如下： 《税收征收管理法》第三十六条规定，企业或者外国企业在中国境内设立的从事生产、经营的机构、场所与其关联企业之间的业务往来，应当按照独立企业之间的业务往来收取或者支付价款、费用；不按照独立企业之间的业务往来收取或者支付价款、费用，而减少其应纳税的收入或者所得额的，税务机关有权进行合理调整。据此，有限公司不按出资比例分红，而减少自然人应纳税所得额的，税务机关有权进行合理调整	2013.5.17
江苏省地方税务局	某有限公司由A（法人）和B（法人）及C（自然人）出资组成，出资比例为3：3：4，公司章程规定分红比例为4：4：2，2012年度公司分红100万元，请问：A和B各分得的40万元是否可以免企业所得税？	观点：法人股东取得的不按出资比例的分红收益，符合《企业所得税法》第二十六条的规定，可以免税。 内容： 您好！您在我们网站上提交的问题已收悉，现针对您所提供的信息简要回复如下： 根据《企业所得税法》及《实施条例》的规定，在中华人民共和国境内，企业和其他取得收入的组织（以下统称"企业"）为企业所得税的纳税人，依照本法的规定缴纳企业所得税。个人独资企业、合伙企业不适用本法。符合条件的居民企业之间的股息、红利等权益性投资收益，为免税收入。所称符合条件的居民企业之间的股息、红利等权益性投资收益，是指居民企业直接投资于其他居民企业取得的投资收益，不包括连续持有居民企业公开发行并上市流通的股票不足12个月取得的投资收益。 因此，您企业取得符合上述文件规定的投资收益免征企业所得税。如不符合规定，应合并到收入总额计征企业所得税	2013.5.13

续表

税务机关	答复起因	答复主要观点和内容	答复日期
河北省税务局	某有限公司由A（法人）和B（法人）及C（自然人）出资组成，出资比例为3∶3∶4，公司章程规定分红比例为4∶4∶2，2012年度公司分红100万元，请问：A和B各分得的40万元是否可以免税？	观点：法人股东取得的不符合出资比例的分红收益，符合《企业所得税法》第二十六条的规定，可以免税。 内容： 您好！您提交的问题已收悉，现针对您所提供的信息回复如下： 根据《企业所得税法》第六条，企业以货币形式和非货币形式从各种来源取得的收入，为收入总额，包括股息、红利等权益性投资收益。根据该法第二十六条，在中国境内设立机构、场所的非居民企业从居民企业取得与该机构、场所有实际联系的股息、红利等权益性投资收益，为免税收入。根据《企业所得税法实施条例》（中华人民共和国国务院令第512号）规定：第八十三条《企业所得税法》第二十六条第（二）项所称符合条件的居民企业之间的股息、红利等权益性投资收益，是指居民企业直接投资于其他居民企业取得的投资收益；《企业所得税法》第二十六条第（二）项和第（三）项所称股息、红利等权益性投资收益，不包括连续持有居民企业公开发行并上市流通的股票不足12个月取得的投资收益	2021.4

由以上规定来看，税法对定向分红并无限制性规定，但在定向分红时，法人股免税需要符合《企业所得税法》第二十六条的规定。税务机关认为定向分红减少自然人应纳税所得额的，有权进行合理调整。

根据《个人所得税法》第八条第（三）项的规定，个人实施其他不具有合理商业目的的安排而获取不当税收利益的，税务机关有权按照合理方法进行纳税调整。目前《个人所得税法》的"反避税条款"依旧缺乏系统的规则支持，个人所得税征收相关的法律法规中对何为"不具有合理商业目的""不当税收利益"均不存在具体界定，但考虑到《企业所得税法》相关规定中已明确"反避税程序"的具体执行制度，可以予以参照。《企业所得税法实施条例》立法起草小组在《实施条例释义及适用指南》中明确，不具有合理商业目的的安排应该满足以下三个条件：一是必须存在一个安排，是指人为规划的一个或一系列行动或者交易；二是企业必须从该安排中获取"税收利益"，即减少应纳税收入或者所得额；三是企业将获取税收利益作为其从事某种安排的唯一或主要目的。只有满足了以上三个条件，才可断定其"不具有合理商业目的"且已经构成了避税事实。

参照《企业所得税法》反避税规则可知，定向分红方案是否可能被实施反避税纳税调整，取决于分红方案本身是否构成"不合理的商业安排"，及相关主体是否获得"不当税收利益"，那么当定向分红表现为自然人股东少分或者不分，实质上造成应税收入减少时，对于其是否构成"不合理的商业安排"，可能被实施反避税纳税调整，实践中争议较大。一种观点认为定向分红不宜适用反避税调整。原因是定向分红至公司股东，虽然在该层级免税，但若该公司股东继续分红至自然人时，依然要分红，所以并没有导致国家税收利益的实质性减少。同时，定向分红安排往往具有其特定的商业背景，若定向分红的唯一或主要目的就是实现该项具体的商业目的，而非获取税收利益，就不应予以调整。另一种观点认为定向分红应被实施反避税调整，这种安排至少可以获得延迟纳税的利益，属于"减少、免除或者推迟缴纳税款"的情形，明显不具有合理商业目的，且相关主体获取了不当税收利益，税务机关可以根据反避税原则实施纳税调整。

【建议方案】

综上，鉴于实践中对于定向分红存在是否适用反避税原则实施纳税调整的争议，我们建议，如企业打算利用定向分红进行税务筹划安排，应该重点考虑该安排的其他商业合理性，如无法合理解释除了税务安排以外的商业合理性，则存在被税务调整的风险。

【法条链接】

1.《企业所得税法》第二十六条　企业的下列收入为免税收入：

（一）国债利息收入；

（二）符合条件的居民企业之间的股息、红利等权益性投资收益；

（三）在中国境内设立机构、场所的非居民企业从居民企业取得与该机构、场所有实际联系的股息、红利等权益性投资收益；

（四）符合条件的非营利组织的收入。

2.《个人所得税法》第八条　有下列情形之一的，税务机关有权按照合理方法进行纳税调整：

（一）个人与其关联方之间的业务往来不符合独立交易原则而减少本人或者其关联方应纳税额，且无正当理由；

（二）居民个人控制的，或者居民个人和居民企业共同控制的设立在实际税负明显偏低的国家（地区）的企业，无合理经营需要，对应当归属于居民个人的利润不作分配或者减少分配；

（三）个人实施其他不具有合理商业目的的安排而获取不当税收利益。

税务机关依照前款规定作出纳税调整，需要补征税款的，应当补征税款，并依法加收利息。

4.29 员工持股平台"公司变合伙"，要不要交税？

【案情介绍】

上海 K 公司注册于上海 B 区，持有 T 上市公司股份。2004 年 4 月，经谋划，上海 K 公司迁到北京，同时更名为北京 K 公司。后其根据迁入地政策，通过工商部门将组织形式直接由公司变更为有限合伙企业，更名为北京 K 合伙。2020 年 6 月北京 K 合伙迁回上海，将名称变更为上海 K 合伙，明确作为上市公司 T 公司的员工持股平台。2022 年 11 月、12 月上海 K 合伙收到国家税务总局上海市 B 分局发出的"税务事项通知书"和"责令限期整改通知书"，指出该企业涉嫌在转换组织形式的过程中未申报缴纳相关税款，须补缴的税款达 25 亿元。

【案例分析】

本案经媒体报道后，引起热议。员工持股平台公司迁址并转换为合伙企业的筹划方案在实践中有一定数量的案例。我们不禁要问，公司大费周章迁址并将组织形式从公司转换为合伙的背后考量是什么？上海 K 合伙被税务机关要求补税有没有法律依据？为什么该筹划方案能够落地？

1. "公司"变"合伙"的背后考量

员工持股平台相较于公司存在诸多优势，比如控制权强以及人员变动对被持股公司影响小等，税收也是优势之一，主要体现在减持上市公司股票的交易即股权转让方面。根据税法规定，在股权转让的所得税方面，公司持股和合伙持股具有较大的差别。

在自然人以公司平台持有上市公司股票的架构下，减持环节面临"双重征税"，即公司平台本身就股票转让所得缴纳 25% 的企业所得税，公司平台向自然人股东再分配时，再征收 20% 的"股息、红利"个人所得税，合并综合税负达 40%。

而在自然人以合伙平台持有上市公司股票的架构下，由于合伙企业是"税收透明体"，不缴纳企业所得税，仅存在"一道税"，仅自然人合伙人须按照经营所得，适用 5%～35% 的五级超额累进税率缴纳个人所得税。由此，合伙企业股票转让的所得税综合税负最高也未超过 30%，低于公司的税负。看似税率相差不大，但结合所在地的税收优惠政策、财政返还机制，其税负具备进一步筹划的空间。比如员工持股平台持有的大多是限售股，每一个年度逐步解禁，那么平台可以通过规划一年内股票转让的节奏，尽可能地降低综合税负。

2. 上海 K 合伙被税务机关要求补税的法律依据

《财政部 国家税务总局关于企业重组业务企业所得税处理若干问题的通知》（财税〔2009〕59 号，以下称"59 号文"）第一条规定："本通知所称企业重组，是指企业在日常经营活动以外发生的法律结构或经济结构重大改变交易，包括企业法律形式改变、债务重组、股权收购、资产收购、合并、分立等。"可见，税法层面上的企业重组的概念并不是我们通常所理解的狭义层面的重组，企业法律形式的改变也属于企业重组交易的范畴。显然，"公司"变"合伙"属于企业法律形式的变更，属于企业重组交易的一种形式，自然就会涉及所得税。

对此，59 号文第四条第一款进一步明确规定"企业由法人转变为个人独资企业、合伙企业等非法人组织，或将登记注册地转移至中华人民共和国境外（包括港澳台地区），应视同企业进行清算、分配，股东重新投资成立新企业。企业的全部资产以及股东投资的计税基础均应以公允价值为基础确定"。根据上述规定，企业的组织形式从公司转变为合伙企业，原公司平台须按照清算原则，按照其资产处置损益，并缴纳所得税；同时，这部分收益应视同分配给其股东，其股东按照相关规则缴纳所得税。本案中，原 K 公司持股平台主要资产是持有的上市公司股票，公司法律形式变更，按照清算的原则，相当于将持有的股票按照当时的公允价值（市场价）出售，减去该股票的原始投资成本和必要的税费，剩余的所得在公司层面需要缴纳企业所得税，分配给股东，股东需要缴纳个人所得税。大家都知道，上市公司原始股上市后溢价都非常高，所以须补缴的税款达 25 亿元大致就是如此来的。

3. "公司"变"合伙"能够落地的原因

本案中"公司"变"合伙"前，K 公司先从上海迁往北京，然后在北京完成了变更合伙的关键一环。那么 K 公司可以在上海完成如上操作吗？答案是否定的。目前，国家层面并没有"公司"变"合伙"的相关规定。按照一般法律原则，"公司"到"合伙"的变化，发生了公司的注销和合伙企业的设立两个法律事实。因此，先办理公司注销登记，再办理合伙设立登记，通过两步实现"公司"到"合伙"的转变应属一般规则。而直接变更则是特殊的操作手法。在国家层面以及上海市均没有关于"直接变更"的规定，也就是说，在上海无法从"公司"直接变更为"合伙"。而北京恰恰有相关政策，北京市工商行政管理局《关于印发〈中关村国家自主创新示范区企业组织形式转换登记试行办法〉的通知》（京工商发〔2010〕131 号）第四条规定："本办法第二条规定的公司制企业法人转换为其他组织形式包括以下转换方式：（一）公司制企业法人转换为合伙企业；（二）公司制企业法人转换为个人独资企业；（三）公司制企业法人转换为分公司。"这里就包含公司制企业法人转换为合伙企业。2021年6月21日，北京市市场监督管理局网站对咨询问题"如何办理有限责任公司变更为有限合伙企业"进行答复，该答复区分有限公司注册地址，明确了不同的企业组织形式转换政策：示范区内企业，可直接转换；示范区外企业，先注销后设立。

示范区内的有限公司无须注销即可直接变更为合伙企业，在此过程中无须清算吗？答案却是否定的。《中关村国家自主创新示范区企业组织形式转换登记试行办法》第十四条规定："公司制企业法人、合伙企业、个人独资企业转换组织形式的，应当结清原企业各项税款，履行清算程序，并公告企业组织形式转换。"也就是说，虽然在工商层面可直接将企业性质由公司转变为合伙企业，但在税务层面，公司仍然需要结清原企业各项税款，履行清算程序。

实践操作中，工商层面变更通常不以相关纳税申报材料作为申请变更登记所必需的提交材料，因此在工商变更时，税务部门不能及时进行税收监管，企业不申报纳税也能完成工商变更。如果工商变更时就要求 K 公司提供纳税申报材料，K 公司也就不会如此操作了，本案也不会发生，在 K 公司的自辩理由中，也提到了这个问题。

【建议方案】

本案中，K 公司的筹划方案是以往所谓"税筹专家"屡试不爽的办法，但一切不合规的税筹必然面临巨大的风险。在巨大的税务利益面前，必定会有企业抱有侥幸心理，铤而走险。本案中错误的根源在于当初搭建员工持股平台时，没有考虑今后的涉税事务，导致后续的被动。这恰恰说明股权架构设计不能忽略涉税因素。不同的持股主体在税务方面各有不同，原则上讲各有优劣，但结合自己持股的目的，选择恰当的持股方式尤为重要。比如本案中，K 公司若不是持股平台，而是投资公司平台，那么从上市公司分红无须缴纳所得税，将来投资也无须纳税，显然是合适的；但作为持股平台，却面临双重征税的问题。可见，公司股权架构设计，一定要贯彻以终为始的理念，也就是说在股权架构搭建的时候，就要考虑目的，是长期持有，还是短期变现，等等，这样才能选择恰当的持股主体，从而避免相应的涉税风险。

【法条链接】

1.《财政部 国家税务总局关于企业重组业务企业所得税处理若干问题的通知》（财税〔2009〕59号）

一、本通知所称企业重组，是指企业在日常经营活动以外发生的法律结构或经济结构重大改变的交易，包括企业法律形式改变、债务重组、股权收购、资产收购、合并、分立等。

……

四、企业重组，除符合本通知规定适用特殊性税务处理规定的外，按以下规定进行税务处理：

（一）企业由法人转变为个人独资企业、合伙企业等非法人组织，或将登记注册地转移至中华人民共和国境外（包括港澳台地区），应视同企业进行清算、分配，股东重新投资成立新企业。企业的全部资产以及股东投资的计税基础均应以公允价值为基础确定。

企业发生其他法律形式简单改变的，可直接变更税务登记，除另有规定外，有关企业所得税纳税事项（包括亏损结转、税收优惠等权益和义务）由变更后企业承继，但因住所发生变化而不符合税收优惠条件的除外。

……

4.30 对赌协议补偿，税务如何处理？

【案情介绍】

2016年6月，广东Y科技股份有限公司（以下简称为"Y科技"）与X电子科技有限公司（以下简称为"X电子"）自然人股东胡某等人签订《业绩补偿协议》，约定Y科技收购胡某等人所持X电子合计66.2%的股权。同时胡某等人对X电子2016年度至2018年度的净利润做出承诺，若未达到目标，则胡某等人需要就利润不足部分进行现金补偿。经核算，X电子2016年度至2018年度的合计净利润为负五千余万元，因此胡某等人需要进行业绩补偿，现金金额达1.12亿余元。此前Y科技已经就胡某等人取得股权转让款履行了代扣代缴个人所得税义务，胡某等人支付业绩补偿款后，Y科技于2019年7月向D市税务局申请办理上述个人所得税退税。

【案例分析】

1.对赌协议现行司法认定

《九民纪要》对赌协议的效力与履行进行了专门的规定。《九民纪要》认为，"对赌协议"是一个约定俗成的称呼，又称估值调整协议，是投资方在与融资方达成股权性投融资协议时，为解决投融双方对目标公司未来发展的不确定性、信息不对称以及代理成本，而设计的包含了金钱补偿、股权回购等对未来目标公司的估值进行调整的协议或条款。

从订立对赌协议的主体来看，有投资方与目标公司的股东或者实际控制人对赌，有投资方与目标公司对赌，有投资方与目标公司的股东、目标公司共同对赌等形式。对于投资方与目标公司的股东或者实际控制人订立的对赌协议，如无其他无效事由，认定有效并支持实际履行，实践中并无争议。投资方与目标公司订立的对赌协议在不存在法定无效事由的情况下，目标公司仅以存在股权回购或者金钱补偿约定为由，主张对赌协议无效的，人民法院不予支持。也就是说，如无其他法定事由，投资方与目标公司订立的对赌协议将被认定为有效。

总之，《九民纪要》总体上肯定对赌协议的效力，为实践中普遍存在的对赌提供了明确的司法指引。本案中，Y科技以X电子为目标公司与胡某等人订立对赌协议，在司法实践中人们对其法律效力是没有争议的。双方对赌采用了现金补偿模式，实践中也是相对简便明确的方式。所以，胡某等股东对赌失败后，主动履行了对赌协议。

2. 对赌协议涉税认定

相对于司法对对赌协议相对明确的认定。对赌协议涉税问题却相对复杂并存在争议。复杂性及争议不在于对赌协议达成、增资或股权转让阶段，而在于对赌协议激活后，发生股权价值调整后，税务如何处理。具体表现在：①对于现金调整型的对赌股权，若对赌条件激活，后续取得的补偿是否需要缴税？后续因补偿产生损失，是否可以要求退税？②对于股权调整型的对赌股权，若股权回购条件激活，股权回购是否需要交税？基于本案中的协议属于现金调整型的对赌协议，限于篇幅，本书就该类型对赌协议进行分析。

我们首先用表4-2梳理一下国家层面的相关规定：

表4-2 国家层面的相关规定

文件名称	相关规定
《国家税务总局关于发布〈股权转让个人所得税管理办法〉（试行）的公告》（国家税务总局公告2014年第67号）	第八条 转让方取得与股权转让相关的各种款项，包括违约金、补偿金以及其他名目的款项、资产、权益等，均应当并入股权转让收入。 第九条 纳税人按照合同约定，在满足约定条件后取得的后续收入，应当作为股权转让收入

续表

文件名称	相关规定
《国家税务总局关于纳税人收回转让的股权征收个人所得税问题的批复》（国税函〔2005〕130号）	①股权转让合同履行完毕、股权已作变更登记，且所得已经实现的，转让人取得的股权转让收入应当依法缴纳个人所得税。转让行为结束后，当事人双方签订并执行解除原股权转让合同、退回股权的协议，是另一次股权转让行为，对前次转让行为征收的个人所得税款不予退回。 ②股权转让合同未履行完毕，因执行仲裁委员会作出的解除股权转让合同及补充协议的裁决、停止执行原股权转让合同，并原价收回已转让股权的，由于其股权转让行为尚未完成、收入未完全实现，随着股权转让关系的解除，股权收益不复存在，根据《个人所得税法》和《征管法》的有关规定，以及从行政行为合理性原则出发，纳税人不应缴纳个人所得税
《国家税务总局关于企业所得税若干问题的公告》（国家税务总局公告2011年第34号）	投资企业撤回或减少投资的税务处理： 投资企业从被投资企业撤回或减少投资，其取得的资产中，相当于初始出资的部分，应确认为投资收回；相当于被投资企业累计未分配利润和累计盈余公积按减少实收资本比例计算的部分，应确认为股息所得；其余部分确认为投资资产转让所得。 被投资企业发生的经营亏损，由被投资企业按规定结转弥补；投资企业不得调整降低其投资成本，也不得将其确认为投资损失

由以上规定可知，转让方因对赌协议激活而取得的补偿，应当作为股权转让收入，征收所得税。股权回购，按照130号文的规定，应视为另一次股权转让，对前次转让行为征收的个税不予退回。但是，投资方取得补偿，是否需要纳税？转让方因补偿投资方而遭受损失，是否可以要求退税？本案中，Y公司取得的业绩补偿现金1.12亿余元是否需要纳税？此前Y科技已经就胡某等人取得股权转让款代扣代缴个人所得税，胡某等人支付业绩补偿款后，这些税款能不能退回？对此，国家层面并没有明确的规定。各地对此问题的规定也不尽相同。

我们来看表4-3中各地税务机关对上述问题的相关规定：

表4-3 各地税务机关的相关规定

税务机关	答复起因	答复主要观点和内容	答复日期
海南省地方税务局	关于对赌协议利润补偿企业所得税相关问题的复函（琼地税函〔2014〕198号）	观点：取得利润补偿方调整初始投资成本。 内容： 依据《企业所得税法》及《企业所得税法实施条例》关于投资资产的相关规定，你公司在该对赌协议中取得的利润补偿可以视为对最初受让股权的定价调整，即收到利润补偿当年调整相应长期股权投资的初始投资成本	2014.5.5
四川省税务局	答复政协四川省第十二届委员会第三次会议第0427号提案"关于股权转让中对赌协议税收确认问题的建议"	观点：坚持税不重征也不漏征、税会处理一致的处理原则。 内容： 关于对赌协议的税务处理，并无直接明确的文件规范，个人所得税现行政策依据为67号文，该办法从原则上明确了基本政策。具体操作仍需要进一步细化。 2019年，我局已就相关问题进行了调研、探讨，形成了处理该问题的观点和建议。并向国家税务总局所得税司作了专题报告。接到您的提案建议后，因省税务局没有政策解释权，我局专题研究了该问题，再次以书面形式向国家税务总局报告，提请国家税务总局研究出台政策文件。下一步，我局将坚持税不重征也不漏征、税会处理一致的处理原则，推动早日解决对赌协议涉及的税收难题	2020.7.27

续表

税务机关	答复起因	答复主要观点和内容	答复日期
福建省税务局	12366纳税服务平台答复询问	观点：个人已缴税款没有退税政策，收到补偿不征税。 内容一： 　　2020年1月，张三向李四购买其持有的A公司100%股权，李四对A公司的投资成本为100万元，张三购买A公司的价格为200万元，溢价100万元，李四已经就该笔股权转让收益缴纳了20万元个人所得税。在转让协议中，李四承诺，如果A公司2020年度的净利润低于50万元，李四将补偿50万元给张三。2020年4月，A公司经审计的净利润金额为35万元，没有完成承诺的利润目标，因此，李四需要补偿张三50万元。请问：①李四支付50万元补偿款后，是否可以向税务机关申请退回10万元股权转让的个人所得税？②张三收到这50万元补偿款，是否需要缴纳个人所得税？是否需要按照偶然所得缴纳20%的个人所得税？答：《个人所得税法》第六条规定，财产转让所得，以转让财产的收入额减除财产原值和合理费用后的余额，为应纳税所得额，您所述的情形没有退还个人所得税的相关政策；偶然所得，是指个人得奖、中奖、中彩以及其他偶然性质的所得，您所述"张三收到这50万元补偿款"不属于偶然所得，不缴纳个人所得税。 内容二： 　　企业股权转让签订对赌协议，协议要求三年净利润不低于3亿元，达不到要求按规定进行现金补偿，个人所得税已缴纳。现三年已过，因净利润达不到要求，要现金补偿，那么之前缴纳的个人所得税能否申请退还？ 　　答：根据您提供的信息，您所述的情形没有退还个人所得税的相关政策	2021.6.7 2019.6.26

253

续表

税务机关	答复起因	答复主要观点和内容	答复日期
宁波市税务局	12366纳税服务平台答复询问	观点：不执行海南答复做法。 A公司从交易对手方收购了目标公司100%的股权，同时签署了对赌协议，约定目标公司应在三年内实现一定的利润目标，否则交易对手方应向A公司支付补偿金。现因目标公司未实现利润目标，交易对手方向A公司实际支付了补偿金。请问对这部分补偿金如何确认？是否可以调整相应长期股权投资的初始投资成本？2014年5月5日《海南省地方税务局关于对赌协议利润补偿企业所得税相关问题的复函》（琼地税函〔2014〕198号）明确，依据《企业所得税法》及其实施条例关于投资资产的相关规定，对赌协议中取得的利润补偿可以视为对最初受让股权的定价调整，即收到利润补偿当年调整相应长期股权投资的初始投资成本，请问是否可以比照此规定执行？谢谢。 答：《企业所得税法实施条例》第五十六条规定，企业的各项资产，包括固定资产、生物资产、无形资产、长期待摊费用、投资资产、存货等，以历史成本为计税基础，所称"历史成本"，是指企业取得该项资产时实际发生的支出；宁波不执行	2020.3.16

综合上述各地政策文件以及各地税务局的回复态度来看，由于没有国家层面的相关规定，各地税务局对对赌协议补偿征税问题持谨慎的态度。海南省税务局明确投资方取得的利润补偿，需要调减其股权投资的初始成本，但对于支付利润补偿的一方如何进行税务处理没有明确；宁波市税务局并不认同海南省税务局的做法；四川省税务局只是给了处理原则；福建省税务局明确个人已缴税款没有退税政策，投资方收到补偿不征税。但实践中，也有地方税务局批准对赌失败后的相关退税，比如东莞市税务局审批通过了对赌失败后银禧科技的退税申请。[1]

---

[1] 银禧科技2019年9月26日《关于收到兴科电子科技原股东部分业绩补偿款的公告》显示，银禧科技于2019年7月向东莞市税务局提交了个人所得税退税申请，根据兴科电子科技原股东胡某、许某、高某补偿的股票申请退税112,550,463.36元，若上述个人所得税得以退回，兴科电子科技原股东胡某、许某、高某的该部分退税可冲抵其业绩补偿款现金补偿部分金额。2019年12月4日《关于收到兴科电子科技原股东部分业绩补偿款的公告》进一步显示，公司已收到胡某、许某、高某现金补偿款合计112,550,462.76元。结合以上公告信息，东莞市税务局已就银禧科技于2019年7月提交的个人所得税退税申请办理了多缴税款退税。

【建议方案】

笔者认为，对于现金业绩补偿型的对赌协议，对于投资方取得的利润补偿，海南省税务局的做法是合理的，即调减其股权投资的初始成本，无须纳税。支付利润补偿的一方，如果已缴税款，理应按照东莞市税务局的做法，允许退税。因为该种情形实质上就是对投资价值的重新估值，按照重估后的价值征税，体现了实质征税的原则。但毕竟国家层面对此没有明确规定，且各地政策不一，其潜在的风险依然存在。在现行政策下，我们建议：

1. 对赌协议对赌方式建议采用"做加法"的形式

实践中常见的对赌协议是"做减法"，即触发对赌条款，转让股权一方要对受让方进行补偿，实质上是降低股权的转让价值。由于股权转让纳税时间早于股权估值的时间，股权转让时需要按照全款缴纳税款，相比于股权转让时，股权转让方存在多交股权减少部分的所得税的问题。而股权受让方由于股权估值减少，会收到股权转让方的补偿，该部分如果交税，则又存在重复征税的问题。若采用"做加法"的形式，触发对赌条款时，受让方对转让方进行补偿，此时转让方取得的补偿属于收入的增加，依法缴纳所得税即可；而受让方的支出属于投资款，无须纳税，则不存在重复纳税的问题。

2. 预判涉税风险，合理分担风险损失

实践中，对赌协议补偿金额往往巨大，涉及税额也非常大。若双方对涉税损失能有预判，取得一致意见，在协议里对此有所安排，建立分担机制，也会减少不必要的纷争。

3. 主动与税务机关沟通

相关交易方可以主动与主管税务机关沟通对赌协议安排，争取税务处理的"预先裁定"，确认业绩补偿情形涉及的税务处理方式。如有可能，尽量取得主管税务机关的认可，增强税务处理的确定性，降低交易事后的税务风险。若对赌协议相关方碰到上述可以办理退税的情形，建议积极向当地税务部门申请办理退税。毕竟对于对赌涉税问题的处理，各地税务部门都没有统一定论，实务中也有部分税务机关允许办理退税或者折抵股权转让款。

【法条链接】

《九民纪要》第5条 【与目标公司"对赌"】投资方与目标公司订立的"对赌协议"在不存在法定无效事由的情况下，目标公司仅以存在股权回购或者金钱补偿约定为由，主张"对赌协议"无效的，人民法院不予支持，但投资方主张实际履行的，人民法院应当审查是否符合公司法关于"股东不得抽逃出资"及股份回购的强制性规定，判决是否支持其诉讼请求。

投资方请求目标公司回购股权的，人民法院应当依据《公司法》第 35 条关于"股东不得抽逃出资"或者第 142 条关于股份回购的强制性规定进行审查。经审查，目标公司未完成减资程序的，人民法院应当驳回其诉讼请求。

投资方请求目标公司承担金钱补偿义务的，人民法院应当依据《公司法》第 35 条关于"股东不得抽逃出资"和第 166 条关于利润分配的强制性规定进行审查。经审查，目标公司没有利润或者虽有利润但不足以补偿投资方的，人民法院应当驳回或者部分支持其诉讼请求。今后目标公司有利润时，投资方还可以依据该事实另行提起诉讼。